LES FILS DE PRINCES

DU MÊME AUTEUR

Mao, sa cour et ses complots, Fayard, 2012
La Chine m'inquiète, Perrin, « Tempus », 2009
Comprendre la Chine aujourd'hui, Perrin, « Tempus », 2008
Où va la Chine ?, Fayard, 2002
L'Asie et nous : entretien avec Aimé Savard, Desclée de Brouwer, 2001
L'Asie en danger, Fayard, 1998
L'Asie retrouvée (dir. avec David Camroux), Seuil, 1997
Chine, l'archipel oublié, Fayard, 1992
La Mariage en Chine (avec Hua Chang-Ming), Presses de la Fondation
    nationale des Sciences politiques, 1987
La Société chinoise après Mao : entre autorité et modernité, Fayard, 1986

Jean-Luc Domenach

LES FILS DE PRINCES

Les grandes études internationales
Fayard

Collection « Les grandes études internationales »

Cette collection de livres est publiée à l'initiative de Sciences Po et dirigée par Alain Dieckhoff, directeur du CERI (Centre de recherches internationales, unité mixte Sciences Po-CNRS), et Judith Burko.

En couverture : Xi Jinping (à gauche), avec son père
Xi Zhongxun, 1958 © Bridgeman/CPA Media.
Création : un chat au plafond

Avant-propos

Les étapes d'une ascension

Pour prendre la mesure de ce phénomène inédit qui voit les descendants des révolutionnaires les plus illustres diriger un pays communiste et gouverner sa mutation capitaliste au nom de leur filiation, il faut connaître et analyser leur histoire. Et donc comprendre comment et pourquoi s'est formée cette caste aristocratique.

La réponse se trouve d'abord dans la geste guerrière de la victoire communiste de 1949 en Chine, qui a réservé, on le sait, des pouvoirs énormes aux commandants de la guérilla, lesquels se sont ensuite constitués en caste sociale puis politique. La cohabitation de nombre d'entre eux au même endroit, les « Murs rouges » et l'histoire politique de la Chine populaire, qui est celle du fossé croissant qui s'est creusé entre Mao Zedong et les différentes factions de la caste elle-même, sont un début d'explication de cette cohésion qui dure depuis trois générations. Les ouvrages classiques sur la Chine contemporaine en ont rendu compte, et j'en ai moi-même brossé une analyse précise dans un livre publié en 2012[1]. Cet ouvrage ne donnait pas une place centrale aux enfants de la caste, car ils ne jouaient pas encore de rôle politique lorsqu'il a été écrit : ils ne faisaient qu'incarner les enjeux des ambitions familiales. Le temps est venu de leur porter une attention particulière.

L'histoire de la survie, de l'enfance et de l'adolescence des trois générations de « fils de princes » qui se sont succédées est connue, nous la rappellerons ici afin de l'analyser. Les étapes de leur ascension, en revanche, dans les dernières années de Mao et la décennie qui a suivi

sa mort sont bien moins documentées et beaucoup plus déterminantes.
Les fils de princes ont alors profité d'un appui formel de leurs parents et
de leurs protecteurs par excellence, Deng Xiaoping et Chen Yun. Pour
accéder au pouvoir suprême, ils ont de surcroît bénéficié de facteurs
accidentels qui ont souvent joué un rôle important dans les systèmes
despotiques ou autoritaires : l'existence parmi eux d'un groupe étroit
mais à peu près cohérent, et la relative médiocrité de leurs concurrents.

La connaissance de ces deux éléments, qui ont fait le succès de la
caste, est en partie alimentée par les informations que nous avons
découvertes d'une part dans les biographies des principaux acteurs,
d'autre part dans l'étude des activités économiques des fils de princes,
qui se développent en partie sous un ciel mondialisé. Ces informations
témoignent d'une progression vers les pouvoirs économique et politique à la fois puissante et décisive, mais les chapitres qui la décrivent,
s'ils sont les plus neufs de notre ouvrage, sont également les plus
fragiles. Car, on s'en doute, les sources ont été un problème permanent, et pas seulement à cause de la censure systématique opérée par
le pouvoir chinois ou de la faiblesse de la recherche historique en
Chine même, mais parce que les tragédies endurées ont été effroya-
blement douloureuses, et que peu de familles ont intérêt à tout dire[2].
Seuls quelques articles de journaux et quelques récits journalistiques
traduisent de véritables témoignages. Le premier récit d'un fils de
prince vient seulement d'être publié à Hong Kong, les éclairages qu'il
fournit sont précieux mais partiels : en particulier, il met en lumière
la contestation que le comportement de Deng Xiaoping a soulevée au
lendemain de la Révolution culturelle parmi les familles de ceux qui,
comme Luo Ruiqing, avaient été purgés avant lui. Il fait voir également
le processus qui conduit son fils à « plonger dans la mer » des affaires
au lieu de poursuivre sa carrière de haut-fonctionnaire, et n'hésite
pas à comparer les destructions causées par le régime maoïste avec
celles du régime hitlérien… Je me suis donc résigné à utiliser toutes
les sources que les mensonges officiels autorisaient en les mettant en
relation et en les comparant avec les informations en provenance de
Hong Kong ou de la grande presse internationale. J'ai en outre profité
des interviews que j'avais effectuées lors d'un séjour à peu près libre à
Pékin jusqu'en 2007, ainsi que des ouvrages d'Agnès Andrésy[3] sur le
sujet et des échanges avec madame Xiaohong Xiao-Planes, professeure
à l'Inalco et remarquable spécialiste de l'histoire politique chinoise.

Les trois générations de « fils de princes »

On distingue trois générations de « fils de princes ». La première est celle des « enfants de la révolution », nés dans les années 1920 et 1930, dont les parents étaient des dirigeants haut placés dans la hiérarchie ou des descendants de « martyrs » de la révolution. Ils ont passé leur enfance dans les turbulences des grandes métropoles puis dans les principales bases rouges, en particulier celle de Yanan, et ont subi de nombreuses privations. Les descendants des dirigeants les plus haut placés ont été envoyés étudier à Moscou à partir de la fin des années 1930. Les membres de cette génération ont conservé des séquelles physiques, psychologiques et parfois médicales de ces années difficiles.

Légendes et témoignages les décrivent comme des individus courageux, voire obstinés, attachés à la morale et notoirement fidèles aux figures tutélaires du communisme et à la toute-puissance du parti. Cette génération supposément sans relief est très diverse. Une grosse minorité a en effet laissé le souvenir de fonctionnaires « stalino-maoïstes » assez ordinaires (par exemple Zou Jiahua et Li Tieying, qui ont occupé des postes importants dans les années 1980 et 1990, et surtout Li Peng, le responsable des massacres de juin 1989). Mais il faut également tenir compte d'individus originaux et modestes comme Cai Bo ou Peng Shilu, un grand homme d'industrie et un spécialiste du nucléaire, des cadres de tous niveaux, provinciaux et centraux comme au moins un des fils de Ye Jianying, d'une générale, la seule en Chine (Nie Li), et surtout de deux personnages d'une habileté politique exceptionnelle : Jiang Zemin qui succéda à Deng Xiaoping et en tira parti, et Zeng Qinghong, l'un des plus brillants mandarins de l'histoire chinoise contemporaine…

Une deuxième génération de jeunes gens nés dans les années 1940 alors que le PCC se préparait à l'offensive finale, comprend les fils de princes les plus typiques. Certains d'entre eux ont gardé des séquelles des privations et des maladies endurées durant leurs premières années, mais tous ont été éduqués attentivement par des mères généralement jeunes et dans de bonnes conditions matérielles. La plupart ont reçu une éducation primaire et secondaire satisfaisante puis ont pu intégrer l'université, souvent celles de Pékin, de Qinghua ou l'institut de Harbin. Beaucoup ont joué un rôle durant la Révolution culturelle, avant d'être durement réprimés et expédiés à la campagne, où ils passèrent des années très pénibles. À partir de 1978, ils purent se mettre dans les rangs pour succéder à leurs parents, mais il leur fallut ensuite batailler pour arriver à gravir les échelons, ce qui explique peut-être qu'aucun d'entre eux n'ait atteint le plus haut niveau du pouvoir. Ils auront plutôt tracé la voie à la troisième génération...

On trouve parmi eux des enfants de la plupart des grands du régime, dont des personnalités remarquables : par exemple Deng Pufang, le fils paraplégique de Deng Xiaoping, et Wang Jun, un fils de Wang Zhen, qui, à la tête de la fameuse CITIC, jouèrent un grand rôle dans l'acclimatation d'une forme de capitalisme à une forme de communisme ; ou encore Chen Yuan, fils d'un grand responsable de l'économie (Chen Yun) et lui-même grand banquier ; He Pengfei, fils du maréchal He Long et Hu Deping, fils de Hu Yaobang.

La troisième génération comprend des personnalités qui sont montées beaucoup plus haut dans la hiérarchie du pouvoir ou des médias. Ce sont en bonne partie des enfants des mêmes grandes familles qui avaient engendré la deuxième génération. Ils eurent le sentiment d'avoir été freinés dans leurs études par la Révolution culturelle et beaucoup furent contraints de passer l'examen d'entrée à l'université à partir de 1978, ce qui retardait leur carrière. En réalité, ils profitèrent de ces années difficiles pour réfléchir aux défauts du régime et aux difficultés que leurs aînés avaient rencontrées pour s'imposer politiquement. Leur jeune âge permit en outre à certains de voyager à travers le monde.

Le personnage en quelque sorte amiral de cette génération est évidemment Xi Jinping, l'actuel patron du régime. Né en 1953, pourtant ni le plus âgé ni le plus brillant des enfants de Xi Zhongxun, il sut conduire une carrière remarquablement intelligente et, parvenu au pouvoir en 2012, donner une nouvelle orientation à la politique chinoise. Trois autres personnages ont mis en évidence un incontestable talent : Bo Xilai, fils de Bo Yibo, le plus doué de sa génération mais aussi le moins patient, qui échoua en 2012 dans son entreprise pour dépasser Xi Jinping ; Wang Qishan, qui occupe un rôle essentiel auprès de ce dernier ; et Li Keqiang, Premier ministre bien que son père ne fût qu'un cadre relativement modeste. D'autres membres de cette génération ont également réussi à percer : Liu Yuan, fils de Liu Shaoqi, grand général de haut rang mais incontrôlable politicien, Deng Yingtao, brillant fils d'un idéologue conservateur, et Pan Yue, remarquable conférencier.

Chapitre premier

Les enfants de la guerre
(1921-1949)

Priorité à l'histoire ! Pour définir la génération des fils de princes actuellement au pouvoir, il convient d'abord d'évoquer celles qui l'ont précédée, ces enfants du hasard, du danger et de la solitude, qui ont bénéficié d'une victoire qui n'était pas la leur. Souvent non désirés, ils ont rarement connu un environnement affectif stable, parcourant les routes de l'exil, survivant dans la faim et le froid, et s'inspirant des tragédies que leurs parents avaient, pour la plupart, traversées.

Dans le domaine affectif, Mao Zedong fut d'emblée l'un des plus mal servis. Contrairement à d'autres camarades qui furent (comme Liu Shaoqi) aimés et admirés par leurs parents pour la précocité de leurs talents, il eut un père autoritaire et brutal qui lui arrangea un mariage alors qu'il n'était encore qu'un jeune homme – avant probablement de forcer l'épouse qu'il lui avait destinée, et qui mourut trois ans après –, une mère écrasée par la vie, des enfants destinés à un sort tragique[1].

Est-ce à cause de son enfance ? Il fut un révolutionnaire volage avant d'épouser en deuxièmes noces la fille de son professeur préféré, Yang Kaihui, puis de l'abandonner avec leurs trois enfants aux mains de la police nationaliste qui l'enferma puis l'exécuta.

Tandis que leur père menait la vie heurtée d'un révolutionnaire professionnel puis d'un chef de guérilla, commença la saga des enfants de Mao, cruelle pour eux dans un premier temps, puis pour lui, effroyable. Le nombre de ceux qui virent le jour demeure encore imprécis – huit, neuf ou dix ? La grande majorité de ces enfants ne furent pas reconnus, et ne firent plus jamais parler d'eux. Après la victoire de 1949, les rumeurs se multiplièrent à propos d'un « Mao Mao » qui aurait été confié à des paysans en 1935. On lança une expédition sur ses traces, dont la voiture finit dans un ravin. En 1953, un enfant fut trouvé, qu'il laissa à d'autres qui le réclamaient. D'autres rumeurs courent encore : en 2003, on racontait au Yunnan qu'une paysanne de 68 ans était une fille de Mao et de sa compagne d'alors, He Zizhen, abandonnée durant la Longue Marche[2].

Seuls ont survécu de façon certaine – la proportion est médiocre – les trois premiers enfants issus de Yang Kaihui : Mao Anying, Mao Anqing et Mao Anlong (lequel disparut ensuite dans les bas-fonds de Shanghai), puis Li Min, la fille qu'il eut avec He Zizhen. Ils connaissent d'abord les duretés de la prison, la misère des familles d'accueil et le vagabondage[3]. Puis, Anying et Anqing, retrouvés par l'appareil du parti en 1935 ou 1936, à une époque où la situation de ce dernier et celle de Mao à sa tête ne sont pas encore totalement stables, sont expédiés vers l'URSS via la France : sauvés, mais sans famille[4]...

Mao Anying, premier fils de prince

Arrivés à Moscou, les deux jeunes frères auront des destins très différents. Rapidement, le cadet, Mao Anqing, montre une santé physique et un équilibre psychologique aléatoires ainsi que des goûts artistiques jugés peu convenables par les psychologues staliniens. En revanche, Mao Anying, affublé par l'administration soviétique du prénom de Serguei, offre tous les atouts, y compris intellectuels, d'un futur leader. Les Soviétiques ne s'y trompent pas : il est « élu », dès 1937 ou 1938, président de l' « Association des enfants étrangers » de la fameuse école Monnerot où Staline accueille les descendants des dirigeants du monde communiste naissant. Il prend la nationalité soviétique, écrit à Staline sans hésiter, entre aux Jeunesses communistes et prend même la tête d'une protestation contre un directeur qui entend réduire la part « nationale » des enseignements[5]. Il adhère ensuite au PCUS en 1943 puis, nommé officier, participe dans une unité de tank (sans être toutefois trop exposé) à la grande contre-attaque face à l'invasion nazie[6].

Mao Anying ne cesse de se comporter de façon de plus en plus brillante, en véritable « premier fils de prince », confirmant la croyance traditionnelle chinoise selon laquelle un nouvel empereur doit avoir un brillant héritier mâle[7]. Pourtant, Mao ne se montre au début que modérément intéressé par ses enfants exilés auxquels il n'écrit que de rares lettres formelles. Cependant, à la suite des rapports que lui dressent ses collègues de retour de Moscou sur les qualités humaines et la popularité d'Anying, il se laisse convaincre que son fils aîné est doté de talents politiques, et le rappelle à Yanan sans guère se soucier de Anqing.

On ne sait si Mao a d'emblée compris qu'il pouvait ou devait en faire son successeur. En tout cas, il lui organise un remarquable programme de formation. Dès son arrivée à Yanan en 1946, il l'introduit dans le groupe des jeunes intellectuels qui collaborent avec Chen Boda, son secrétaire favori, puis l'envoie travailler aux champs sous la direction d'un cadre paysan modèle : « Tu es diplômé de l'université soviétique, mais tu n'es pas encore entré dans l'université agricole de la Chine... Sans comprendre l'agriculture, on ne réussit pas la révolution en Chine[8]. » Il le confie ensuite à Kang Sheng, son âme damnée qui a épuré le parti à Yanan[9]. Anying apprécie son intelligence et se lie avec ses collaborateurs. En revanche, rapidement critique à l'encontre du programme de purges qu'il estime ne pas être optimal pour un parti communiste désormais candidat au gouvernement d'un grand pays, il s'en sépare[10].

Dans le même temps, fait important, Mao Anying réussit son entrée dans l'élite du PCC qui se constitue progressivement en caste. À cet effet, il en observe une règle qui deviendra, par la suite, une obligation : il se marie à l'intérieur de la caste. En effet, il se prête à une manœuvre matrimoniale dont Mao Zedong n'est pas peu fier, et qui concerne la belle Liu Siji, la fille d'une de ses vieilles amies militantes, qui plaît d'emblée au jeune homme. Mao voit dans cette union la possibilité de sauver sa lignée, et dans Anying, son successeur. Ce dernier rencontre la plupart des collègues du président et, après avoir obtenu que la cérémonie soit avancée, obéit sans flancher aux rites du mariage qui a lieu le 15 octobre 1949 en présence des personnalités les plus appréciées du président, hormis – hiérarchie oblige – ses principaux collaborateurs et éventuels rivaux : Liu Shaoqi, Zhu De et Zhou Enlai[11]. Surtout, Mao Zedong accélère sa formation et lui prête son secrétaire favori du moment, le merveilleux Tian Jiaying, au demeurant très jeune, avec lequel Anying se lie rapidement. Le président lui organise ensuite des stages dans deux des principaux départements du Comité central – la Propagande et la Sécurité – ainsi que dans une importante usine de la capitale[12].

Mort d'un héritier

Les sources disponibles font voir un Mao Anying assumant sans crainte ses responsabilités de fils aîné : auprès de son père d'abord, à qui il rend visite chaque fin de semaine, mais également auprès de son malheureux frère de retour d'URSS, de qui il demeure affectivement responsable. Il demande par exemple, peu avant de quitter Pékin pour une mission à Moscou le 25 juin 1950, à sa belle-mère de s'occuper de Mao Anqing car : « Papa est trop occupé et maman Jiang [Jiang Qing] ne s'occupe même pas de Papa[13]. »

La catastrophe va venir de Corée, où la guerre éclate en juin 1950. Mao veut absolument y envoyer son fils car, pour lui succéder, celui-ci doit impérativement faire ses preuves à la guerre. Tous ses collègues sans exception, son Premier ministre Zhou Enlai en tête, y sont d'ailleurs hostiles : pour un grand méfiant comme Mao, le signe ne trompe pas, c'est qu'ils souhaitent empêcher le fils du chef de révéler ses qualités guerrières. Une solution, qui possède un avantage politique indéniable se présente : le placer parmi les collaborateurs directs de Peng Dehuai, l'irascible patron des troupes chinoises, que Mao veut amadouer et qu'il honore ainsi[14].

Environ un mois après le début de la guerre, le drame éclate. Négligeant les avertissements de Moscou relatifs à une nouvelle vague de frappes américaine, Peng Dehuai refuse de déplacer son QG : Anying, ayant quitté son abri pour aller chercher sa ration de nourriture, est victime de la dernière bombe en novembre 1950, celle que l'on n'attendait plus. Zhou Enlai n'en informe Mao qu'en janvier suivant. Chancelant, celui-ci se réfugiera, la voix tremblante, dans une formule rituelle : « C'est un martyr de l'internationalisme[15]. »

La mort de Mao Anying s'inscrit en réalité comme une date fondamentale dans la biographie de Mao. Jamais en effet il ne s'intéressera à son autre fils, le malheureux Mao Anqing dont les troubles psychiatriques et les chahuts grinçants feront scandale. Ainsi interpelle-t-il un jour ses gardes en leur déclarant : « Vous dîtes que Mao Zedong est grand mais, moi qui suis son fils, suis-je grand ou pas ? » Entre la Chine et l'URSS, il circule d'un hôpital psychiatrique à un autre, avant qu'on le marie finalement à la sœur cadette de Liu Siji, la veuve de son frère[16].

Après le décès de son fils aîné, Mao se sentira en permanence menacé et ne fera plus confiance à personne. La disparition de l'héritier rendra la question de sa succession obsessionnelle et contribuera lourdement à placer les fils de princes – c'est-à-dire les héritiers de ses collègues puis ennemis supposés – au centre de la politique chinoise. Certains d'entre eux – dont Xi Jinping, le patron actuel de la Chine – imagine-ront reprendre le flambeau qu'il avait laissé échapper…

La génération tragique

Contrairement aux premiers enfants de Mao Zedong qui ont sur-tout connu le pire, avant que leur situation ne s'améliore un peu, ceux de ses camarades de combat doivent affronter toutes les situations possibles, y compris les plus difficiles, jusqu'à la victoire en 1949. Il s'agit là d'une caractéristique majeure de la génération politique qui s'empare alors du pouvoir : la plupart de ses membres ont été contraints auparavant de se préoccuper de façon grave et répétée des enfants que le sort leur avait affectés – les naissances demeurant une fatalité imprévisible sauf pour l'infime minorité de privilégiés ayant des connaissances médicales, ou des amis médecins.

En effet, si les révolutionnaires se marient peu, à la fois par convic-tion (le mariage était pour beaucoup une pratique réactionnaire) et plus encore par nécessité (ils sont sans cesse déplacés par un parti qui tient peu compte des impératifs familiaux, surtout pour les niveaux hiérarchiques en dessous du bureau politique), ils ne renoncent pas pour autant au sexe ni à l'amour, qu'ils ont opportunément libérés des conventions. Ainsi des couples se forment et se déforment en permanence. Les chefs changent rapidement de favorite, si bien que les historiens chinois reconnaissent qu'il est impossible d'estimer le nombre exact d'« épouses[17] » qu'eut le futur maréchal He Long.

Comment protéger ses enfants ? Cette question difficile explique apparemment pourquoi Zhou Enlai laisse son épouse régulière se faire stériliser – une décision qui fut finalement le drame de leur vie. Pour tous les autres, le sort des enfants est un souci, voire une cause de déchirements que l'on doit parfois résoudre de façon dramatique : Zeng Zhi, la future compagne de Tao Zhu (qui deviendra le patron de Canton) et l'une des militantes les plus héroïques de la Chine méridionale, se décide par exemple au début des années trente à vendre ses deux premiers enfants au profit du parti[18].

Même lorsque les séparations se passent relativement bien et que l'on peut bénéficier de l'aide d'une famille solide et des échelons locaux de l'organisation, les enfants doivent souvent être abandonnés ou confiés à d'autres dans des conditions douloureuses. Ils suscitent des inquiétudes d'autant plus vives que les ennemis menacent de s'en emparer pour exiger argent ou confession, ou plus simplement de les massacrer. Les communistes le savent et n'hésitent pas à frapper fort eux aussi. Pour punir Gu Shunzhang, un haut cadre communiste « retourné » par les services secrets du Guomindang, et dissuader ceux qui auraient été tentés de le suivre dans la trahison, Zhou Enlai n'hésite par exemple pas à faire assassiner sa famille toute entière, enfants compris, en 1931[19].

Dans cette société placée sous le joug de la domination masculine, les femmes, même militantes, recourent à des remèdes fort peu efficaces pour éviter les grossesses. Quand elles échouent, elles trouvent des solutions de garde, en excipant dès que possible du grade de leur compagnon pour profiter des moyens embryonnaires que le parti met à disposition : un personnel de service et de garde, parfois une esquisse de crèche – mais dans les premières années, ces facilités sont rares. Il faut attendre le milieu des années 1930, à Yanan d'abord, puis dans les zones libérées, pour que des crèches, des écoles maternelles, et même un lycée soient fondés. Et encore, seules les familles des célébrités y ont accès : des enfants de « héros et martyrs », comme Li Peng, futur Premier ministre, ou de dirigeants importants comme Li Weihan.

La solution la plus fréquemment choisie consiste alors à confier les enfants à des proches. Il y a bien sûr la famille – les parents, une grand-mère, une sœur, une tante, etc[20]. Cependant, le contact n'est pas facile en ces temps de guerre. Ainsi, lorsque le père de Liu Shaoqi est tué, ses trois premiers enfants sont dispersés : l'un deviendra manœuvre, le deuxième apprenti, et la troisième, *tongyangxi* (fille à marier)[21]. Certains enfants sont ainsi sauvés, comme le fils aîné du général Chen Geng, élevé par sa grand-mère, un autre fils aîné (la sélection n'étant probablement pas due au hasard), celui de Zeng Shan et Deng Liujin, compagnons de la première heure de Mao, longtemps caché dans les montagnes du Jiangxi[22]…

Les liens de parenté étant souvent connus par le voisinage, certains parents estiment plus sûr de confier leurs enfants à des collègues, des amis ou des voisins, à portée de récompense ou de punition. La méthode réussit souvent. Tao Zhu confie par exemple sa fille à un ancien de la Longue Marche qui la ramènera sur son dos après des mois de marche[23] ! D'autres parents dans cette situation se retrouvent également coupés de tout lien avec leurs enfants, c'est le cas de Lu Dingyi, un futur chef de la Propagande, qui doit attendre la fin de la Révolution culturelle avant de récupérer les siens[24].

Dans bien des cas, la famille d'accueil finit par vendre l'enfant confié à sa garde ou par louer son travail. La maltraitance fait souvent loi : les petits garçons sont toujours coupables de ne pas être assez costauds, et les petites filles restent des simples souillons avant de devenir les « petites épouses » des marchés de village[25]. Rares sont les issues heureuses de ces histoires déchirantes et complexes, même si, dans certains cas, les enfants s'adaptent et refusent en 1949 de rejoindre leurs parents naturels. Certains parents biologiques (par exemple ceux de Hu Yaobang) savent parfois partager l'affection de leurs enfants avec leurs protecteurs, en leur laissant par exemple un enfant ou en conservant des liens réguliers avec eux.

Pour reconstituer leur portée, les dirigeants communistes ont beaucoup de chance d'être les ultimes vainqueurs et de recevoir l'aide puissante et convaincue de tout le parti : sinon, comment le futur maréchal Nie Rongzhen aurait-il pu se contenter de déclarer, à l'aide d'une photo très ancienne, qu'il était le père d'une petite fille que lui ramenaient ses adjoints[26] ? Quant à Deng Xiaoping, il ne récupère les trois enfants qu'il a confiés à des paysans du massif des Taihang dans le nord de la Chine que lorsqu'il y réinstalle un temps son QG[27]. Pourtant, en dépit du pouvoir dont leurs parents disposent désormais, une minorité d'enfants ne reviennent jamais, comme deux des enfants de Yang Chengwu : ils ont été vendus ou sont morts de maladie[28].

Des retours difficiles

Au sommet du parti, Zhou Enlai pilote les opérations de recherche, et en retire d'ailleurs une incontestable popularité qui lui permet de compenser ses fluctuations entre les factions. Après des années de séparation, les retrouvailles sont toujours très difficiles et souvent tragiques, en tout cas trop tardives : Ren Bishi et son épouse, par exemple, ne retrouvent leur fille née en 1931 qu'en 1946[29]. Pour les enfants retrouvés, les conditions de vie et la sécurité affective désormais offertes sont bonnes à prendre, mais comment peuvent-ils compenser les longues années de souffrance et de séparation ? Dans de nombreuses familles de dirigeants, une plaie était ouverte qui ne finira pas de suppurer, jusqu'à ce que la Révolution culturelle encourage les règlements de comptes.

Les problèmes que Liu Shaoqi a avec la plupart de ses enfants des premiers lits sont révélateurs. S'ils sont recueillis et élevés dans de bonnes conditions (Liu était un dirigeant important), ils connaissent par la suite des difficultés de socialisation, d'autant que leur père change plusieurs fois d'épouse. Il est difficile pour les enfants de se réintégrer dans leur milieu d'origine et beaucoup sont bien souvent contraints de partir pour Moscou, comme son premier fils Liu Yunbin, né en 1927, Liu Aiqin, sa fille née en 1928, ainsi que Maomao, né en 1930 et retrouvé en 1946 dans les bas-fonds de Shanghai[30].

L'état physique déplorable de ces enfants symbolise d'une certaine façon ce qu'ils se reprochent. La majorité d'entre eux ont souffert pendant de longues années de malnutrition, et leur santé est alarmante. On les reconnait d'ailleurs par leur petite taille, source chez eux de grands complexes. Le dernier revenu suscite une attention particulière, provoquant par là même la jalousie de ses frères et sœurs. Chez les Deng Xiaoping, Deng Lin, qui a été confiée à des paysans à l'âge d'une semaine et sous-alimentée, fait dès son retour l'objet de soins spécifiques[31]. Et, des années durant, pendant les visites médicales destinées aux écoles de fils de princes, ces enfants insuffisamment développés sont beaucoup plus suivis que les autres. Dans certains cas, les faiblesses physiques engendrent en outre des retards scolaires que les parents commentent avec inquiétude[32].

Quand on compulse les récits sur cette première génération d'enfants peu désirés qui fraient sans barguigner leur voie à travers la tragédie, on ne peut s'empêcher d'être impressionné par les souffrances qu'ils ont subies avec un courage remarquable. Beaucoup ont supporté en silence les humiliations et les privations de nourriture infligées par les familles d'accueil ; d'autres ont dû fuir sur les routes avant que des avant-postes communistes ne les reconnaissent. Lorsqu'ils sont enfin recueillis par leurs parents, ils doivent se contenter de la place qui leur est allouée souvent par une nouvelle « maman », au milieu de frères et sœurs bien installés.

La victoire sera aussi pour les enfants

Pourtant, au fur et à mesure que les zones libérées augmentent, les compensations financières données aux parents de substitution deviennent substantielles. La nourriture, les vêtements, parfois même l'école et l'encadrement médical, tout change quand un enfant de chef est pris en charge dans les plus grandes bases rouges. Désormais, il est considéré partout comme l'avenir du parti. À compter de la fin des années 1930, dès que la situation se stabilise dans une base rurale ou dans le quartier général d'une armée en campagne, des mesures sont prises pour aider des familles de cadres dirigeants et leurs enfants à s'installer : des nourrices peuvent même être mises à disposition[33]. À Yanan, un esprit nouveau souffle, qui réserve aux enfants une place autrefois inimaginable.

Pour cela, la direction du parti prône officiellement la recherche des « enfants de martyrs et de dirigeants » et Zhou Enlai, dont la position politique s'est fragilisée après l'accession au pouvoir de Mao Zedong en 1938, s'en fait une spécialité[34]. Son efficacité provient des relations qu'il a entretenues tant à l'intérieur du parti que dans les milieux libéraux chinois et en Union soviétique. Lui-même n'hésite pas à intervenir pour retrouver certains de ces enfants perdus, si bien qu'autour de lui, une légende se forme selon laquelle il aurait adopté une centaine d'enfants. En réalité, bien qu'il en fasse recueillir des dizaines avec l'aide de son épouse, il n'en suit de près qu'un petit nombre. Parmi ceux-ci, on compte notamment Sun Weishi, une future actrice célèbre, et Li Peng, futur Premier ministre, fils d'un communiste historique assassiné en 1931, qu'il envoit en URSS en 1948 avant de surveiller ses premières affectations dans de grandes usines[35].

Dans les bases rouges, les regards se déplacent unanimement vers les enfants, au point, raconte un témoin, que beaucoup de simples soldats jugent les dirigeants à la façon dont ils éduquent leur progéniture[36]. Des crèches et des jardins d'enfants sont créés dans les grandes régions libérées, par exemple au Shandong, et dans les principaux corps d'armée, et deviennent des lieux essentiels de la vie sociale[37].

La crèche de Yanan, fondée en 1940, comprend six grottes, puis en 1942, vingt grottes, creusées dans la paroi calcaire de la vallée. Elle abrite des enfants de Deng Xiaoping, Liu Bocheng, Ren Bishi et d'autres grands dirigeants. Devant ce succès, une deuxième crèche est fondée en 1945 sous le parrainage de Kang Keqing, l'épouse du futur maréchal Zhu De[38]. De même, en 1941, dans la puissante région de l'Est, Deng Liujin, l'épouse dynamique de Zeng Shan, un des grands anciens de la guérilla, fonde une crèche qui accueille plus de cent enfants dont ceux des grands noms de la région libérée, par exemple les Chen Yi, Su Yu et Tan Zhenlin – des personnages hauts en couleur qui laisseront des souvenirs (de leurs beuveries, de leurs rivalités, mais aussi de leur grand courage)[39]. Des écoles commencent même à voir le jour, réservées le plus souvent bien sûr aux familles des gradés du parti et de l'armée[40].

Par ailleurs, l'atmosphère générale laisse davantage de place qu'auparavant aux fils et filles des chefs. Les naissances se multiplient chez eux, et ils n'hésitent pas à s'en vanter[41]. Les bandes dessinées et les affiches de la propagande communiste commencent à s'ouvrir à des théories de bébés joufflus. À Yanan, dans les quartiers de l'élite, les enfants occupent la rue. Ceux de Liu Shaoqi jouent avec les enfants des collègues, et la fille de Hu Qiaomu, un intellectuel organique du Parti, n'hésite pas à se précipiter devant Mao Zedong pour le saluer. L'avenir de ces enfants paraît évident : lors de la « campagne de rectification » (c'est-à-dire d'épuration de 1942-1943), personne ne s'oppose à ce que l'une des plus âgées de la jeune génération, la fille de Li Kenong, le numéro deux des services spéciaux, l'aide à organiser les interrogatoires[42].

Sauvetage et formation à Moscou

La preuve que la direction du PCC a enfin décidé d'agir en faveur de la jeunesse – et donc de ses propres enfants – est donnée par la mise en place d'un canal d'exfiltration en direction de Moscou. À la fin des années 1930, en effet, la route du Xinjiang vers l'URSS s'ouvre progressivement et, à partir de 1938, le petit aérodrome de Yanan peut recevoir certains avions : la décision est donc prise d'en profiter[43]. Peu importe leur âge, des fils de dirigeants, de secrétaires politiques et de « martyrs » y sont envoyés progressivement à partir de 1938, rejoignant les enfants déjà présents, notamment ceux de Mao Zedong.

L'affaire est traitée comme de la plus haute importance, il s'agit à la fois de sauvetage et d'éducation, et de l'avenir de l'élite. La liste des départs est approuvée par Mao Zedong en personne, et il envoie dans le premier convoi sa fille Li Min, les fils de son secrétaire Chen Boda et ceux de son nouveau favori Gao Gang[44]. D'autres expéditions suivent, avec plus de filles[45].

Dès lors se trouvent à Moscou une quarantaine de jeunes Chinois, des enfants de très hauts dirigeants vivants (outre Mao, Zhu De, Liu Shaoqi, Bo Gu, Ren Bishi, Li Fuchun, Lin Biao), des descendants de « martyrs » victimes de la répression des premières années – auxquels s'ajoutent d'autres acheminés de façon plus ou moins autonome par l'appareil communiste du Nord-Est chinois[46]. Tous sont affectés à l'un des deux instituts mis en place par le PCUS pour accueillir les enfants envoyés par les directions des partis frères : en 1938 à Monnerot, dans la banlieue nord de Moscou, et en 1939-1940 dans la banlieue de la ville d'Ivanovo[47].

Durant la guerre, en dépit de quelques paniques et d'une réduction des rations, la plupart grandissent en bonne santé et certains rejoignent même les troupes soviétiques. Si les conditions de vie ne sont pas faciles, on ne compte pour autant que quelques véritables tragédies, comme celle de Zhu Min, la fille de Zhu De, qui passe toute la guerre dans des camps d'Ukraine gérés par les troupes allemandes, avant de rejoindre Moscou à pied[48]. Après la victoire, les restrictions alimentaires et matérielles prédominent, et le futur maréchal Luo Ronghuan, venu en 1946 à Moscou pour se faire soigner, laisse fort à propos de l'or aux jeunes Chinois affamés[49].

Au niveau éducatif, en dépit des nombreuses failles du système soviétique et notamment de l'interdiction de pénétrer dans les secteurs scientifiques les plus avancés, l'expérience est considérée pour la plupart comme positive alors qu'en Chine le PCC se rapproche du pouvoir. Enfants et parents de l'élite communiste chinoise comprennent bien que leur pays doit construire les bases de son industrie. Après avoir achevé leur formation, quantité d'enfants de chefs poursuivent des études industrielles, à l'Institut de l'acier par exemple. C'est le cas de Liu Yunbin, fils de Liu Shaoqi, et de Cai Bo, fils de Cai Hesen, futur directeur-adjoint de l'aciérie d'Anshan, un des fleurons du premier plan quinquennal chinois[50].

Tandis que beaucoup d'anciens pensionnaires sont déjà rentrés ou s'y préparent, un nouveau contingent est envoyé en 1948. Lin Biao et Gao Gang, alors responsables du Nord-Est chinois, négocient avec Moscou un accord beaucoup plus orienté sur la formation universitaire et destiné à préparer les accords de coopération des années suivantes. Il compte parmi ses bénéficiaires des personnalités comme Li Peng et Zou Jiahua[51].

L'élite chinoise découvre au final bien des choses à Moscou : des compétences technologiques inégalement sophistiquées mais tout à fait inédites, des rudiments de culture occidentale, une organisation « bolchevique » et surtout un pays et une culture qui ne laissent personne indifférent. Bien sûr, il y existe des tensions car les étudiants chinois, dès qu'ils progressent, ne tardent pas à dénoncer l'autoritarisme des responsables et les insuffisances de la science soviétique. Pour autant, nombre d'entre eux savent tirer parti de leur apprentissage, tels Peng Shilu, fils du héros paysan Peng Pai et l'un des pères de la bombe atomique chinoise, et tel autre qui apprit en URSS la construction automobile[52].

Certains demeurent même longtemps membres du PCUS et rejoignent les troupes russes au front, voire les services de renseignement soviétiques : ils ont compris qu'ici réside l'une des vraies supériorités de l'URSS[53]. La Russie ne manque pas d'autres atouts. Des jeunes filles chinoises admirent, comme Sun Weishi, son art et sa littérature. Les garçons apprécient le courage de la population russe et nombre d'entre eux adoptent définitivement et le goût de la vodka et celui des réunions d'amis : ils se retrouvent encore régulièrement à Pékin dans la seconde partie des années 1950 pour boire leur alcool favori et assister à des projections de films[54]. Ceux-là quittent avec grande difficulté leur seconde patrie. De passage à Moscou en 1949, Liu Shaoqi doit même insister pour que Cai Bo accepte de rentrer au pays. Ce dernier, arrivé à Pékin, est d'ailleurs tellement terrorisé qu'il n'ose pas descendre du train[55].

Cet épisode liminaire des relations sino-soviétiques accélère les carrières de ses bénéficiaires. Il facilite également la riche coopération qui se développe dans les années 1950 et dans laquelle les fils de princes sont régulièrement favorisés. Jiang Zemin, futur successeur de Deng Xiaoping, neveu d'un héros de la guérila et fils adoptif de sa veuve, effectue ainsi un long séjour de formation professionnelle en URSS au milieu des années 1950. Sa carrière, comme celle des autres boursiers chinois, décolle grâce à ce séjour. Rien d'étonnant, puisqu'à la même époque, la fameuse Shi Mengqi, une des plus influentes responsables du département de l'organisation du PCC, s'occupe d'eux, et que la région du Nord-Est chinois ainsi que les autres pôles du développement industriel leur offrent des possibilités professionnelles importantes et rapides[56]. Le succès de cette coopération n'empêche pas néanmoins les responsables chinois d'approuver massivement sa suppression à partir de 1959 : elle a également engendré pléthore de réactions nationalistes chez ses bénéficiaires[57].

La révolution matriarcale de Yanan

De fait, depuis la fin des années 1930, les premiers fils de princes sont donc beaucoup mieux traités. Par ailleurs, l'intérêt nouveau de leurs pères pour eux, survenant après la ruine de nombreuses unions libres, entraîne immanquablement une autre conséquence importante : le remariage, phénomène majeur des années 1938-1949 dans l'histoire du PCC. Sans doute les dirigeants les plus importants supportent-ils mieux la solitude dans la mesure où l'« organisation » admet à demi-mot les multiples unions de remplacement que leur autorité facilite : il arrive que le « Centre » leur attribue des épouses temporaires[58]. De toute façon, même à leur niveau, il est compliqué de conserver longtemps une compagne, en raison de la violence des combats, des déplacements incessants qu'ils nécessitent et du machisme ambiant : on sait par exemple que seules environ trente femmes furent admises dans les rangs de la Longue Marche[59]. Les compagnes se succèdent dans la vie des chefs, d'autant que les femmes demeurent éloignées du pouvoir, mais pas pour autant épargnées par les purges. Même un cadre militaire aussi important que le futur maréchal Xu Xiangqian a successivement eu quatre « épouses » : en 1922, une paysanne suivant le rite traditionnel ; en 1929, une militante que son chef de guérilla fit assassiner ; en 1940, une autre militante qu'il fallut quitter ; et en 1946, une héroïne de l'histoire du parti, veuve d'un époux également assassiné dans un conflit interne, avec laquelle il demeura[60].

Pour la plupart des cadres dirigeants moins importants, il est encore plus malaisé de conserver auprès de soi épouse ou maîtresse. Il faut alors trouver une solution de remplacement. Tel futur officier a successivement perdu trois épouses : une « traditionnelle » dans les années 1920 ; puis une combattante qui, affectée ailleurs, choisit une autre affiliation factionnelle ; et enfin, une autre massacrée trois jours après le mariage. Quand il retrouve la seconde, ils se remettent en ménage, mais elle est prise par l'ennemi puis relâchée, ce qui inspire des soupçons au parti : pour ne pas le gêner dans sa carrière, elle préfère divorcer[61].

Au final, les biographies matrimoniales des cadres communistes se ressemblent souvent. Mao et bien d'autres ont fait à l'origine un mariage arrangé : le cas semble avoir été très fréquent chez les dirigeants – la quasi-totalité – nés avant 1910-1920, qui se sont ensuite défaits de leur première épouse[62]. De leur côté, les épouses

« révolutionnaires » furent assez souvent victimes de la répression :
ce fut par exemple le cas de Xiang Jingyu, qui avait épousé Cai Hesen
en France avant d'être exécutée par le Guomindang en 1928, et aussi,
on l'a dit, celui de la deuxième épouse de Mao[63]. Dans les différentes
bases rouges puis durant les premières années de la Chine populaire,
nombre d'autres unions furent menacées voire détruites à cause des
origines sociales trop simples ou trop « réactionnaires » de l'épouse[64].

Il faut enfin noter qu'au sein de l'élite, les mariages battaient de l'aile
– à l'exception notamment de ceux de rares compagnons des premiers
temps comme Zhou Enlai et Deng Yingchao et, malgré quelques incidents, de Li Fuchun et Cai Chang. Quantité de couples formés rapidement dans la décennie précédente avaient été éprouvés par les absences
et les épreuves. Et, signe des temps, les grands chefs ne cachaient pas leur
souhait de changement. Une exfiltration très particulière vers Moscou
eut lieu à la fin des années 1930 au détriment des épouses abandonnées
par Mao Zedong, Bo Gu, Li Weihan et He Long, tous engagés dans de
nouveaux épisodes amoureux. Les pauvres femmes subirent un exil très
douloureux, tant matériellement que psychologiquement. Alors qu'elles
avaient été les « patronnes » en Chine, elles endurèrent le mépris des
Russes, furent souvent reléguées loin de Moscou, et on perdit la trace
de certaines d'entre elles. Le message fut connu et commenté de toutes
parts[65].

Or, dans le même temps, un nouveau marché matrimonial s'était
ouvert pour les leaders communistes. En effet, l'éclatement de la
guerre sino-japonaise en 1937 avait provoqué une vague d'enthousiasme en faveur du front national prôné par le PCC et déclenché
un afflux de jeunes gens – et de jeunes filles ! – vers Yanan. Les chefs
communistes n'étaient pas des saints, et ils perçurent tout de suite
l'intérêt que représentaient ces jeunes recrues – elles avaient à peine
vingt ans –, belles, intelligentes et enthousiastes. Cette partie de l'élite
féminine chinoise qui arrivait à Yanan provenait le plus souvent de
milieux libéraux plutôt aisés. Ces diplômées du collège, et quelques
fois mieux encore, des étudiantes d'université, élégantes, étaient au
fait des choses de la vie, ayant parfois à leur actif des performances
singulières comme des concours d'éloquence et des championnats
sportifs. À Yanan tout particulièrement, un essaim de jolies filles met-
tait le feu dès 1938 à l'élite du parti et Mao, naturellement, n'avait
pas manqué de les remarquer[66]. He Zizhen, sa maîtresse des années
de guérilla, n'hésita d'ailleurs pas à distribuer quelques soufflets. Cela

conduisit Mao à la chasser, avant de tomber quelques mois plus tard dans les rets de Jiang Qing, une actrice qui s'était fait connaître à Shanghai par sa vie licencieuse.

Un véritable raz-de-marée se produisit en direction des nouvelles venues. Et les collègues du tyran étaient encore mieux pourvus. Ainsi Zhuo Lin, qui arrêta le regard de Deng Xiaoping en 1939, n'était pas seulement la fille d'un « roi du jambon » du Yunnan, elle avait été sélectionnée pour les championnats d'athlétisme de Chine, puis pour un grand lycée, avant d'être la première jeune étudiante du Yunnan recrutée à l'université de Pékin en 1936. Elle partit pourtant l'année suivante pour Yanan où ses talents d'écriture la conduisirent à travailler dans la sécurité où elle réalisait des rapports[67]. Une fois installée dans la nouvelle Sparte, ladite Zhuo Lin, qui avait déjà vingt-trois ans, comprit vite ce qui se passait : partout, c'était la chasse aux jolies filles, et ses camarades lui confirmèrent qu'elle n'échapperait pas au mariage. Selon elles, il valait mieux négocier, s'assurer que son prétendant irait loin, et faire en sorte qu'il la respecte un minimum, en évitant si possible de lui faire un enfant tout de suite. Bien sûr, il fallait s'attendre à passer de mauvais moments[68], mais que pouvait faire une jeune femme lorsqu'elle souhaitait participer au salut du pays par la révolution ? Avait-elle d'autres possibilités ?

Si la plupart des collègues de Zhuo Lin s'efforçaient de négocier, les mariages équilibrés étaient rarissimes. Dong Bian, qui épousa Tian Jiaying, le jeune secrétaire de Mao, fut apparemment la seule à obtenir un véritable contrat d'égalité, qui prévoyait même dans son deuxième article que « la partie féminine déciderait des affaires concernant les deux parties[69] ». En général, les femmes subirent la mauvaise influence des amis, collègues et collaborateurs de leurs prétendants. Gao Gang, par exemple, obtint qu'une bonne demi-douzaine de dirigeants, dont Mao lui-même, intervienne pour obtenir la capitulation d'une beauté qui ne voulait pas de lui – et qu'il allait bientôt tromper sans vergogne[70]. Nombre d'autres prétendants firent quelques concessions de forme à l'épousée afin qu'elle ne perde pas la face devant ses amies, puis, une fois mariés se redressèrent sans tarder. L'un d'entre eux, qui se comportait chez lui comme à l'hôtel, devait déclarer fièrement sur le tard : « J'ai mauvais caractère mais sans cela nous n'aurions jamais tenu contre les Japonais[71]. »

Les jeunes femmes finissaient pratiquement toujours par céder sur un point qui allait se révéler décisif : la question des enfants. Elles

qui n'en souhaitaient pas au début se résignaient finalement à en porter – mais y avait-il d'autres moyens quand seules les proches d'un
médecin ou d'une infirmière pouvaient « se débrouiller »[72] ? À une
époque où les aides maternelles manquaient, elles se condamnaient
à abandonner leur idéal d'émancipation et de participation à la lutte
contre l'envahisseur pour devenir plus ou moins exclusivement les
gestionnaires des affaires domestiques de leurs maris.

Sans doute certaines en ressentirent de la déception et parfois même
du désespoir. Mais dans l'ensemble, la victoire se rapprochant, la
plupart des épouses s'adaptèrent à leur nouveau statut et au caractère
autoritaire de leurs époux. La plupart d'entre elles transformèrent en
familles les vagues regroupements d'enfants qui se trouvaient autour
de leur nouveau mari. Elles étaient reconnues pour leur enthousiasme
et leurs multiples compétences ; elles se rendaient bien compte que
leur vie d'adulte commençait à peine, et qu'elles pourraient peut-être
en faire une carrière, d'autant que la différence d'âge finirait par leur
servir. Certaines d'entre elles réussirent à se faire un nom : l'intelligente
mais fragile Hu Ming (laquelle devait donner une brillante postérité
à Bo Yibo, qui devint sur le tard l'un des grands du parti) ; l'élégante
Zhang Qian (qui séduisit le maréchal-poète Chen Yi) ; Yu Ruomu,
une infirmière très obstinée qui parvint à faire vivre très tard le mala-
dif Chen Yun ; Wang Guangmei, l'irréprochable épouse tardive de
Liu Shaoqi ; Ye Qun, l'épouse arriviste de Lin Biao ; Pu Anxiu la
militante qui fut bien l'une des rares personnes à n'avoir jamais obéi
au maréchal Peng Dehuai, son époux ; et bien sûr Jiang Qing qui,
pour assurer ses chances de succession, sut éviter de donner à Mao
des garçons et parvint plus tard tout près du but.

Sans doute l'arrivée de ces femmes brillantes et ambitieuses
produisit-elle parfois quelques dégâts. Certains enfants ne pardonnèrent jamais à la nouvelle venue de s'être imposée après leur propre
mère[73]. Plus fréquemment, les nouvelles épouses n'eurent pas toujours
le cœur assez large : Jiang Qing détesta toujours les enfants survivants
de Mao Zedong, et Ye Qun, l'épouse de Lin Biao, fit tout ce qu'elle
put pour nuire à une de ses belles-filles. De même, d'autres nouvelles
épouses placèrent d'emblée leurs enfants naturels au-dessus de ceux
dont elles avaient d'abord reçu la charge – et cela d'autant plus que les
premières années de mariage ne furent pas les plus faciles pour elles.
Mal préparés physiquement, moins bien formés et surtout moins heureux que leurs successeurs des années 1950, les enfants des épouses

du passé connurent souvent de graves problèmes psychologiques, plus graves même que ceux endurés par bien des orphelins. Les enfants des nouvelles épousées au contraire, furent plus costauds et équilibrés, et reçurent des formations plus complètes après la prise du pouvoir. C'est une raison incontestable de la fortune qu'ils connurent par la suite.

Li Min et Li Na

Aussi attentive que fût l'élite communiste à maintenir les apparences, les circonstances familiales ont joué des rôles essentiels comme le montrent les histoires particulières de Li Min et Li Na, les deux filles de Mao Zedong. Elles montrent également que le contraste entre les deux grandes générations, celle d'avant la « révolution matrimoniale » de la fin des années 1930 et celle d'après, n'est pas apparu d'un coup mais par glissements progressifs.

Nées avec quatre ans de différence seulement (la première en 1936 et la seconde en 1940), dans une famille profondément marquée par l'autorité toute puissante d'un tyran peu présent, elles eurent de grandes difficultés à s'affirmer, accentuées par une santé très fragile. Elles furent effectivement sous-alimentées dans leurs jeunes années, avant de connaître des périodes de dépression qui apparaissent comme autant de symptômes d'un grand manque affectif. Mao, tout puissant mais très absent, n'a jamais eu le courage d'aider ses filles à supporter leurs relations difficiles avec leurs mères : Li Min, qui partageait depuis leur séjour commun à Moscou les souffrances psychologiques de He Zizhen ; et Li Na, que Jiang Qing aura de moins en moins protégée et de plus en plus écrasée jusqu'à son arrestation en octobre 1976[74].

Si la divergence de leurs caractères et de leurs destins s'explique en partie par la différence spectaculaire entre leurs mères – l'une mentalement épuisée depuis son arrivée à Moscou en 1938, l'autre de plus en plus agressive à mesure que son mari déclinait –, elles témoignent également de l'évolution de leurs souffrances psychologiques.

Arrivée d'URSS en 1950 avant même de connaître sa propre langue, souffrant de la distance de sa mère et de l'absence de son père, Li Min vécut des années 1950 éprouvantes même au niveau sentimental – elle n'aurait sinon pas tout de suite repoussé les avances d'un fils de Chen Boda qui s'est suicidé par la suite[75]. On la décrivait comme « une fille franche et bien élevée, mais pas particulièrement intelligente[76] ». À la maison, Jiang Qing ne cessait de l'humilier et, par ailleurs, sa mère, de plus en plus solitaire et déséquilibrée, se plaignait de son éloignement[77].

Li Min s'écarta de son environnement familial difficile grâce à son mariage. Elle épousa un jeune homme apparemment équilibré et issu d'une bonne famille militaire en 1959. Elle choisit un métier point trop complexe et prit un poste très secondaire dans une administration sans risque : elle s'intégrait ainsi dans la société. Jiang Qing la chassa du domaine familial en 1963, ce qui la conduisit à se concentrer sur son travail, son mari et ses deux enfants, et la força à contenir ses angoisses suscitées par le déclin de son père[78]. Des bruits persistants ont couru récemment sur les plaintes de Li Min contre l'oubli dans lequel est tombé l'héritage politique de Mao : ils donnent à penser qu'elle n'a rien compris aux événements qu'elle a vécus, mais aussi qu'elle a fini par se trouver une place dans la légende de son père.

Li Na promettait à l'origine beaucoup plus. En dépit des épisodes difficiles traversés (comme l'évacuation provisoire de Yanan en 1946, décidée par Mao pour éviter l'offensive nationaliste), elle avait été depuis sa naissance mieux protégée et alimentée que sa sœur. Par la suite, quoique fort jalouse de l'arrivée de Li Min, elle semble avoir été heureuse dans le cadre privilégié réservé aux dirigeants, et réussit sa scolarité : en dépit de deux opérations difficiles en 1958 et bien qu'elle eût perdu une année à cause de la famine, elle acheva honorablement en 1965 ses études d'histoire dans la fameuse université de Pékin[79].

Que s'est-il passé dans les années 1966-1969 pour que son destin bascule vers le néant ? Tout se passe comme si, dans cette période troublée, une héritière jusqu'alors timide avait cherché à parler, à jouer un rôle, peut-être à tester à la fois l'appui de ses parents et ses propres qualités – et comme si elle avait été déçue par leur soutien lacunaire et ses propres faiblesses. Les publications des Gardes rouges montrent d'abord une Li Na que la Révolution culturelle enthousiasme, propulsée par la suite dans les rouages administratifs par sa mère et, avec ou sans l'assentiment de Lin Biao, dans la direction rebelle du *Quotidien de l'armée de libération*. Ainsi, lorsqu'en janvier 1968 elle prend la direction du « groupe d'action » de la section chargée de la Révolution culturelle, elle n'hésite pas à déclarer : « Quiconque ne m'obéit pas, je l'envoie en prison, la porte de Qincheng [la prison politique de l'époque] est grande ouverte[80] ! » Il semblerait qu'elle ait ensuite tenté de mettre à profit la Révolution culturelle pour jouer un rôle politique dans la succession de son père. Jusqu'au printemps 1969, Li Na demeure relativement influente dans les milieux radicaux de ces deux institutions maîtresses et n'hésite pas à lancer des déclarations enflammées.

Son engagement politique s'achève ensuite d'une façon énigmatique, où les influences contradictoires de Mao et Jiang Qing, l'un très libéral et l'autre carrément mauvaise, ont certainement joué. Li Na décide, ou est contrainte, de partir dans une « école du 7 mai », un camp disciplinaire où elle rencontre un obscur petit cadre qu'elle épouse en 1970 avec l'approbation de son père. Un enfant naît l'année suivante, avant que Jiang Qing ne manigance le départ du mari qui a le « bon sens » de décéder[81]… Elle retourne à Pékin, où elle réalise des « enquêtes », c'est-à-dire des voyages dans la périphérie. Après la mort de son père, elle demeure administrativement attachée au secrétariat du Comité central, mais en réalité elle s'occupe surtout de sa mère confinée en résidence surveillée. Elle lui fera un dernier plaisir, celui de se remarier avec un cadre militaire de dix ans son aîné, et de s'occuper de son fils – ce dernier n'ira pas à l'université et s'adonnera à de médiocres professions[82]. Enfin débarrassée de sa mère qui meurt en 1991, elle s'autorise encore quelques rencontres avec d'anciens serviteurs et gardes de son père. En 2006, elle vivait d'une petite retraite et, dit-on, refusait les dons[83].

Les enfants de la guerre n'ont certes pas été tous aussi malheureux que Li Min et Li Na. Certains ont joué un rôle dans leur pays, mais la plupart sont restés néanmoins des acteurs secondaires et des témoins éberlués d'évolutions auxquelles leurs frères et sœurs des générations suivantes ont contribué. Effectivement, une fois les familles de l'élite installées à Pékin, les nouveaux enfants se multiplièrent : bien nourris, bien soignés, et éduqués, ils devinrent rapidement des favoris, dans la haine de leurs ennemis d'abord, puis en gagnant les postes les plus importants. Les fils de princes se sont frayé un chemin dans le sillage des enfants de la tragédie.

Chapitre II

Les enfants de la caste
(1949-1957)

À partir de la prise du pouvoir en 1949, les conditions de vie évoluent pour les enfants de l'élite : ils sont mieux nourris et placés dans un cadre familial affectueux. Mieux encore, ils sont portés par le projet politique d'un régime, par sa caste dirigeante et par des ambitions familiales fortes. Leurs parents comprennent fort bien ce changement d'atmosphère et y concourent : on assiste à de très nombreuses naissances les années suivantes. Yang Chengwu et son épouse, déjà parents de trois enfants, agrandissent leur famille de quatre nouveaux rejetons, Liu Shaoqi et Chen Yun, de deux supplémentaires, et Peng Zhen, de trois. La nouvelle élite tout entière pouponne[1]. La génération qui naît vivra avec la certitude d'avoir été désirée.

Naissance d'une caste

La quasi-totalité des instances de direction politico-militaires sont alors installées à Zhongnanhai, un parc familièrement nommé les « Murs rouges » d'une centaine d'hectares entourant deux lacs et abritant sur le flanc ouest du palais impérial des bâtiments en ruines, qui seront progressivement restaurés et agrandis. On attribue à la majorité des plus importants dirigeants centraux (au total 160 familles en 1957) des villas ou des appartements relatifs à leur rang. D'autres, moins attirés par l'habitat collectif, habitent des logements très spacieux dans des quartiers proches. Les plus sompteux, souvent confisqués à de grandes familles aristocratiques ou à des diplomates étrangers, sont réservés aux plus gradés du parti[2]. Dans les capitales provinciales,

les principales autorités sont également regroupées et bénéficient de logements vastes[3].

D'emblée, il est décidé de réserver dans tout le pays un traitement très supérieur aux dirigeants principaux – quelques centaines – ainsi qu'à leurs familles, leurs femmes et leurs descendants. Ce n'est donc pas seulement une direction politique mais une caste privilégiée qui est installée au cœur de Pékin et des capitales provinciales, valorisée par des barrières et des avantages. Des murs sont élevés, des gardes disposés, des services créés : personnels, crèches et jardins d'enfants, restauration, logistique, secrétariat, entretien médical[4]…

Ces premières mesures sont conformes aux habitudes des dirigeants communistes chinois. En effet, les armées en campagne ainsi que les dirigeants des différentes bases rouges avaient toujours organisé la fusion plus ou moins complète des organes de direction dans un même espace, leur réservant des avantages matériels considérables. La nouveauté réside dans le maintien d'une dernière tradition que beaucoup estimaient être inhérente à la guerre civile : la séparation entre l'élite dirigeante et les familles de ses membres, ainsi que la mise sous contrôle des relations familiales, qui font de la caste dirigeante un monde clos.

En Chine, les traditions familiales sont historiquement très puissantes, et les solidarités de la parentèle ont joué un grand rôle de soutien aux pires moments de la lutte. Aussi nombre de familles avaient-elles espéré profiter en retour de l'arrivée au pouvoir des fils prodigues. Or la direction du parti entendait protéger le contrôle absolu de ses membres. À partir de 1949, certaines solidarités familiales demeurent admises, à condition d'être surveillées par des collègues et le parti, donc par Pékin. Il demeure possible d'accueillir chez soi des parents, et notamment de nombreux enfants, à condition qu'ils restent discrets. Jiang Qing a, quelque temps au moins, hébergé sa mère et sa sœur[5]. Cependant, lesdits parents accueillis sont priés de marquer une adhésion totale au nouveau régime. Deng Xiaoping prévient ainsi sa sœur : « Vous devez d'abord […] réformer votre pensée[6] ! » Pan Hannian, alors dirigeant de Shanghai, refuse, lui, d'intervenir en faveur d'un frère qui a des « problèmes historiques[7] ».

Les solidarités familiales se développent surtout dans un domaine que le parti peut aisément contrôler : le séjour pour études. En effet, lorsque des parents désirent envoyer leurs enfants étudier dans les

mêmes écoles que les fils de chefs, le parti ne rechigne pas à les entretenir. Nombre de dirigeants installés dans la capitale accueillent alors
chez eux des enfants des provinces. Les chiffres sont parfois éton-
nants. On connaît un général qui reçut chez lui plus d'une vingtaine
d'enfants, tandis qu'un un autre dirigeant, Chen Geng, en hébergea
une trentaine, dont un provisoirement envoyé par son ami le chef
vietnamien Ho Chi Minh[8]. Très tôt, aux Murs rouges, des dortoirs
collectifs sont destinés aux enfants des dirigeants et à leurs petits invités[9]. La société des fils de princes se met donc en place dès la période
d'enfance et d'études.

Ces invitations sont déterminées par des liens de famille ou
d'amitié multiples, parfois très souples. Zhu De et son épouse, trop
âgés pour engendrer, nouent par exemple « amitié » avec un fils de
Ren Bishi avant de se charger de l'éducation de leurs petits-enfants
nés dans la famille de Zhu Min, la fille de Zhu De. Nie Rongzhen,
qui n'a qu'une fille, reçoit souvent le fils du héros paysan Peng Pai,
Peng Shilu[10].

La victoire facilite toutes les formes de générosité. Ainsi, les trois
garçons autrefois confiés à Li Jingquan par des collègues très proches
ne cessent jamais complètement d'être « ses » propres enfants : il
les parraine donc pour qu'ils entrent dans les meilleures écoles[11].
Bien souvent, une véritable marmaille vit chez un dirigeant sans
qu'un classement très net soit fait entre les enfants du maître de
maison, de son épouse, d'un ami ou d'un collègue. À une époque
où le destin rebat les cartes, rien n'interdit par exemple au futur
maréchal Luo Ronghuan d'abriter, outre ses cinq enfants et pléthore de neveux, la fille issue du premier mariage de Lin Biao qui
s'entend mal avec sa nouvelle marâtre[12]. Il arrive même également
qu'un adjoint désireux de plaire à son patron lui offre un enfant[13].
Et les rejetons provinciaux, par exemple ceux de Song Renqiong,
apprennent vite à naviguer entre les différents « oncles et tantes »
pékinois[14].

La famille n'est pas maudite, au contraire. Cependant, à Pékin, elle
ne peut se déployer que dans le cadre de la caste des dirigeants, sous
l'œil du pouvoir, et surtout pour l'éducation des jeunes, ou autrement
dit la formation des futurs cadres de l'État nouveau. La règle convient
parfaitement aux dirigeants fiers de leurs nouvelles positions, avides
de faire leurs preuves au gouvernement civil et prêts à penser l'avenir
non seulement du pays, mais également des leurs.

En toute logique, la quasi-totalité des nouveaux habitants des Murs rouges ne souhaitent pas se rendre dans leur pays natal, où ils seraient sans cesse sollicités pour des demandes de prêts et de passe-droits[15]. Même Zhou Enlai, pourtant l'un des dirigeants les plus importants, a refusé de rejoindre sa famille de notables. Tout en soutenant dès mars 1949 sa nièce Zhou Bingde, il veilla à recevoir le plus tardivement et le plus discrètement possible les émissaires envoyés par les dirigeants de son district d'origine et ses nombreux parents[16]. Il en est presque de même pour les demandes d'ordre financier. Y consentir est mal vu, car cela revient à reconnaître la réalité de la misère qui règne. La plupart des dirigeants centraux, Liu Shaoqi notamment, évitent, du moins dans les toutes premières années, de répondre aux multiples sollicitations de leurs parents et amis. Ils s'en tiennent, lorsqu'ils sont généreux, à des dons que limite la modestie de leurs salaires, lesquels sont d'ailleurs largement payés en nature. C'est l'échec tragique du Grand Bond en avant à partir de 1958 qui assouplira l'interdiction des actes de charité[17].

Dans le même temps, les dirigeants centraux conduisent la répression du « localisme », notamment dans les nominations. Des purges très violentes secouent le Guangdong puis Shanghai. La majorité des nouveaux responsables provinciaux, importants et moins importants, comprennent très vite dans quel sens souffle le vent et entretiennent leurs relations pékinoises[18]. L'effet de cette centralisation politique et sociale est sans appel : les dirigeants attendront longtemps, voire très longtemps, avant de visiter leur province d'origine.

En revanche, les membres de l'élite rouge, Mao le premier, conservent leurs habitudes linguistiques et culinaires spécifiques, à l'origine de véritables factions culturelles, en particulier chez les anciens du Sichuan qui parlent avec des intonations locales et se retrouvent régulièrement pour assister à des pièces de théâtre, ou déguster des plats pimentés. La caste tolère que ses membres préservent leur identité, mais uniquement dans les domaines personnels et culturels, et surtout à condition de ne pas gêner la nouvelle grande famille du parti dont le « Centre » du comité est le sommet.

En dépit des récits des parents, des visites et des correspondances, cette rupture avec la grande famille et avec le passé entraîne une conséquence décisive pour l'avenir des fils de princes. Ils connaissent très peu l'histoire de leurs familles, ayant été élevés avec des « oncles et tantes » issus de la Chine tout entière, et fréquentant des camarades qui partagent leur langue pékinoise. Enfants de dirigeants d'un parti national, ils savent d'emblée que leur destin sera grand.

Aux Murs rouges

Ce destin est préparé aux Murs rouges dans un calme qui, a posteriori, paraît incroyable tant les événements en cours sont importants : les pères y réagissent dans le secret. Ainsi, l'entrée en guerre dangereuse de la Chine en Corée en 1950 crée un étrange silence. Les débats politiques paraissent malvenus. Cette situation favorise la répercussion des problèmes personnels de Mao Zedong : son couple se porte mal, et les gardes ébruitent les épisodes d'une querelle qui, en réalité, a commencé depuis des années. Le chef de la garde de Mao, Li Yinqiao, en est un acteur essentiel : Jiang Qing ne le supporte pas et Mao le soutient le plus souvent tout en tâchant d'édulcorer la dispute[19]. En outre, ses ennemis dans la caste veillent : en mars 1954 une lettre anonyme – qui ne peut venir que d'une personne haut placée – lui rappelle ses frasques shanghaiennes des années 1930[20].

Mais là n'est pas l'unique préoccupation du président. Une fois la guerre interrompue par l'armistice de juillet 1953, il ne se gêne plus pour pleurer la mort de Mao Anying, dont il voulait faire son successeur. Ce faisant, il néglige les tensions entre ses deux filles, Li Min et Li Na, qui partagent la même chambre. Lui-même n'hésite pas – par sincérité certes, mais également par stratégie – à confier à l'épouse de Liu Shaoqi, lors d'un bal organisé aux Murs rouges, que sa « tête ne va pas bien » et que « plus tard Liu en fera plus »[21].

Les années s'écoulant, le climat des Murs rouges ne s'améliore pas. La purge de Gao Gang, qui détendait l'atmosphère en organisant des bals très courus, signifie un retour à la pruderie et donne raison au maréchal Peng Dehuai qui s'efforce d'interdire la troupe de danseuses dans laquelle, il le soupçonne à juste titre, Mao puise des partenaires nocturnes[22]. L'interdiction est proclamée à l'intérieur des Murs rouges par un grand meeting le 4 mars 1954 à l'occasion duquel le maréchal Chen Yi s'autorise un interminable discours de sept heures[23]. Cette mesure favorise les adversaires de Gao Gang qui tiennent encore mieux le haut du pavé : Liu Shaoqi, Zhou Enlai et Chen Yun, mais également Deng Xiaoping (qui s'empare du Secrétariat général du parti) ainsi que d'autres dirigeants venus des provinces[24].

Dans le même temps, une série de petits événements confirment la démilitarisation du régime. C'en est fini des mœurs spartiates de la guérilla, les familles peuvent pour la première fois alimenter leurs comptes en banque et envisager un enrichissement personnel. Les avions en bois avec lesquels jouent les enfants deviennent réalité : Yang Shangkun, le patron des services du Comité central, monte pour la première fois dans un avion civil le 28 janvier 1954. Les enfants les plus âgés peuvent se projeter dans un avenir fondé sur l'industrie et la technique[25].

En revanche, l'accélération de la collectivisation déclenchée par Mao Zedong en 1955 a entraîné des effets décevants voire parfois catastrophiques. Fait rarissime, le grondement populaire affleure jusqu'aux alentours des Murs rouges. En mai, des mécontents dégradent deux grandes portes et apposent des affiches. La situation est « assez grave », écrit Yang Shangkun dans son journal, et Mao Zedong se devra quelques semaines plus tard d'émettre une analyse réconfortante : « Il y a des contre-révolutionnaires à Zhongnanhai, mais ils ne sont pas si nombreux[26] », déclarera-t-il d'un ton docte. Pourtant, nombre de gardes rentrent effarés de leurs congés annuels : la faim n'a décidément pas disparu du pays[27].

Enfin le bonheur pour les enfants

Jamais en Chine les lieux où les enfants étaient élevés n'ont été autant protégés des bruits et des passions extérieurs, à Pékin comme dans les capitales provinciales. La place des enfants est inédite. Ils occupent les allées des Murs rouges, et une partie des habitations ressemblent à des pensionnats. Les crèches, les jardins d'enfants et les écoles constituent le principal sujet de préoccupation des adultes.

Leurs allées et venues rythment la vie des Murs rouges, au point qu'en fin de semaine ils en deviennent la population principale : lorsque les petits écoliers reviennent le samedi après-midi, le parc s'anime soudain. Bien qu'encasernés le reste du temps dans leurs écoles ou aux mains des nourrices, ils sont sans cesse présents dans le discours des parents à la cantine et des mères de famille qui se pressent au magasin spécial des Murs rouges. Les gardes de leur côté, estimant comme de bons paysans que la qualité morale des adultes se reflète dans l'éducation qu'ils donnent à leurs enfants, ne cessent de discuter le classement des meilleurs parents.

C'est le samedi soir, dans les familles, que la vie reprend, et avec elle le bruit et les cris. On échange et on discute des résultats scolaires, et Liu Shaoqi inscrit sur un mur la taille de ses plus jeunes garçons. Le dimanche est ensuite dans toutes les familles le jour des enfants, au point que Mao Zedong se fait violence pour accepter cette agitation exceptionnelle (il se lève rarement avant midi) et pour admettre certains d'entre eux dans la piscine des Murs rouges qu'il tend à monopoliser. L'après-midi, une promenade est souvent organisée dans le parc, ou au palais d'Été, ou à la Montagne de la Source de Jade. Ce moment relève de la haute diplomatie familiale car l'on choisit pour l'occasion une famille amie, soit par l'origine provinciale des pères, soit par les relations entre les mères, soit enfin par les situations scolaires des enfants.

Les vacances d'été représentent un temps en famille privilégié, dont la partie la plus appréciée se déroule dans la station de Beidaihe, un Sotchi chinois datant du début du siècle, confisqué par les vainqueurs en 1949 puis rapidement reapproprié[28]. Toute l'année à la disposition des dirigeants malades ou fatigués, cet ensemble de villas accueille durant les mois d'été les principaux dirigeants et leurs familles. La liste des bénéficiaires est celle des habitants des Murs rouges, augmentée suivant les années de certains potentats de province bien en cour, de secrétaires appréciés de leur patron, ainsi que de responsables de services des Murs rouges que les dirigeants centraux veulent récompenser[29].

L'idée qui préside pendant les vacances à Beidaihe est de mélanger le loisir et le travail, ainsi des sessions particulièrement importantes du Comité central s'y tiennent. Cela n'empêche cependant pas les enfants de profiter de leurs parents à peu près détendus, et d'éprouver leurs privilèges de princes, en croisant par exemple Mao Zedong dans son grand peignoir blanc – scène qu'ils sont fiers de raconter à leur retour à Pékin ! C'est également, comme dans les camps d'été organisés sous d'autres cieux en d'autres partis, un temps pour exercer les corps et les esprits[30]. Les jeunes filles comparent leurs tenues et sont confinées à des « jeux de filles », et les garçons se regroupent en équipes sportives sous la houlette du maréchal He Long, un personnage haut en couleur très populaire qui organise des compétitions de football contre les experts soviétiques dont la plage est proche[31].

L'école, atelier de l'avenir

Même pendant les vacances, les parents n'hésitent pas à organiser des révisions scolaires. L'époque est à l'apprentissage de la modernité industrielle. La propagande communiste ne cesse de répéter un credo scientiste qui fait de la puissance un résultat de la science, et du parti l'instrument du redressement à la fois scientifique, économique et militaire de la Chine.

L'école est d'autant plus importante qu'elle accueille la génération d'enfants de chefs issus des mariages conclus dès la fin des années 1930, et dont les mères, elles-mêmes très diplômées, valorisent l'éducation. Certaines, comme les épouses de Zeng Shan (Deng Liujin), de Luo Ronghuan (Lin Yueqin), et de Zhuo Lin, l'épouse de Deng Xiaoping[32], ont même fondé des écoles officieuses bien avant la prise du pouvoir.

Deux de ces écoles se distinguent particulièrement : celle qui dépendait du puissant Bureau de Chine de l'Est du PCC, dont Deng Liujin a pris la direction en 1949, la fameuse « école du 1er août » (destinée aux enfants d'officiers supérieurs) créée en 1947 et en 1948 dans le Hebei profond, non loin du quartier général du PCC ; et la fameuse école « Yucai » où étudiaient en 1948 des enfants de Mao Zedong, de Liu Shaoqi, et d'autres très hauts responsables[33]. À partir de 1949, ces établissements légendaires se surimposent aux écoles primaires destinées au peuple ordinaire de Pékin. Leurs responsables y appliquent deux principes : le contrôle politique y compris par la nomination de dirigeants liés au parti, et une préférence pour les enfants des vainqueurs. Comment s'en étonner ? Ce sont les grandes directions politiques et militaires, les municipalités puissantes et les plus importantes unités économiques qui les financent et mettent à leur tête des personnages importants : d'emblée, donc, le parti marque son attention pour la caste et en particulier ses héritiers.

Ainsi, l'école primaire Yuying est rapidement considérée comme l'école des personnels du Comité central. À ce titre, elle occupe beaucoup Yang Shangkun, son président d'honneur qui est dans le même temps le patron des services du Comité central – soit l'un des plus puissants personnages du régime. Il organisera par exemple le 14 janvier 1955 une réunion du Comité du PCC desdits services sur « la question de l'école Yuying[34] ». La plupart des autres écoles primaires les plus prisées sont également dépendantes des grands départements du parti ou de l'armée. Par exemple, l'école « numéro 11 » dépend de la commission des affaires militaires du Comité central, qui est le noyau politico-militaire du régime, l'école « Jingshan » du département de la Propagande du PCC, « l'école du 1ᵉʳ août » de la région militaire de Pékin, et l'« école primaire de Pékin » du comité de la capitale[35]. Même quand elles ont des titres moins ronflants, les écoles se donnent une direction capable de se faire entendre en haut lieu – c'est le cas de la célèbre école primaire de Beihai, dont la directrice est une belle-fille du grand Chen Yun, le maître de l'économie.

La plupart des cadres s'estiment heureux lorsqu'ils parviennent à faire entrer leurs enfants dans l'une de ces écoles, que les hauts dirigeants choisissent en fonction de la proximité, de leurs préférences pédagogiques, et de leur réseau de relations. Ainsi, à peine transféré à Pékin en 1952, Deng Xiaoping envoie ses enfants à l'« école du 1ᵉʳ août » en raison de sa discipline plus militaire : il n'oublie pas qu'il est avant tout un ancien de l'Armée rouge[36].

La réputation des écoles primaires de la capitale incite les parents à entreprendre quantité de manœuvres pour trouver à Pékin une place disponible. Zhou Enlai, par exemple, réussit à placer deux de ses neveux dans celle du « 1ᵉʳ août »[37]. Les écoles les plus prestigieuses accueillent beaucoup de fils de privilégiés – la « numéro 12 », par exemple, a abrité trois enfants de Liu Shaoqi et deux petits-fils de Zhu De durant les années 1950. Et les annales de la « numéro 11 » font état d'une classe de quarante élèves dont trente-huit étaient des fils de généraux[38]…

La concentration de noms célèbres dans leurs écoles consolide chez les enfants la conscience d'appartenir à une caste. Elle engendre également très tôt des préjugés qui s'accentueront encore dans les lycées : envers les métis (lesquels sont pourtant rares…) d'abord, mais également envers leurs camarades originaires de familles moins héroïques, ou moins aisés (qui ne sont pas accompagnés en voiture). Ils sont en outre impolis à l'égard des professeurs, font preuve de snobisme vestimentaire, se bagarrent à propos de la hiérarchie entre les parents, se gaussent des élèves qui sont en difficulté scolaire à cause des affectations lointaines de leurs pères, et également de la minorité d'enfants dont les parents ont disparu ou se sont séparés[39].

Finalement, à une époque où le réseau des écoles publiques commence seulement à se développer, les fils de bonne famille disposent très tôt d'un enseignement primaire pédagogique de qualité

– Wei Jingsheng le reconnaît dans ses souvenirs[40] – bien qu'arrimé aux grands principes de discipline du régime. Un réseau d'éducation secondaire privilégié se développe également.

Les lycées

Comme les nouvelles écoles primaires, et souvent à leur suite, de nouveaux lycées sont créés très rapidement avec un principe dominant de non-mixité. Les filles et les garçons étaient séparés, et il n'existait qu'un lycée de filles réputé, le lycée annexe de l'École normale dirigé successivement par les épouses de deux dirigeants du secteur culturel, Zhou Yang et Lin Mohan[41]. Les filles des principales familles des Murs rouges y ont fait leurs études dans un cadre apparemment strict : la directrice surveillait de près l'évolution des esprits et commandait des conférences aux parents d'élèves particulièrement bien informés des plus récentes inflexions de la morale officielle[42]. Les lycées les plus connus étaient réservés aux garçons : le « lycée 101 », le fameux « 1er août », toujours convoité par les milieux militaires, et le non moins fameux « lycée de garçons numéro 4 », qui avait ses partisans dans la haute bureaucratie civile (on raconte qu'à une époque le quart de ses élèves avaient des parents de grade égal ou supérieur à celui de vice-ministre)[43].

Comme les lycées préparaient en théorie leurs élèves à l'enseigne-ment supérieur, l'exigence de niveau y était plus élevée. Les « lycées clefs », qui disposaient apparemment de certaines places réser-vées à l'université, étaient particulièrement convoités. Les parents – Liu Shaoqi le premier – mobilisaient leurs enfants et surveillaient attentivement leur travail, n'hésitant pas le cas échéant à leur payer des répétiteurs. Ils ne manquaient pas non plus de faire pression sur le directeur et les professeurs lorsqu'un retard scolaire était décelé. Lin Biao et son épouse Ye Qun pressaient par exemple la hiérarchie de tenir compte des difficultés de leur fille en anglais. Quant à Jiang Qing, elle voulait qu'à sa sortie Li Na soit orientée vers... la construction navale – la directrice tint bon et l'écolière poursuivit ses études de littérature et d'histoire[44]. Il va sans dire que les lectures hors programme étaient peu prisées des parents comme des professeurs...

Un autre changement de taille était la politisation croissante des lycées. À mesure que les campagnes de masse se succédaient, leur organisation politique s'est en effet à la fois développée et durcie. Ils ont été organisés en brigades, demi-brigades et bien sûr en classes, toutes sous l'autorité de chefs et d'adjoints en principe élus et contrôlés par les pseudopodes du comité du parti[45].

Dans les lycées, les seuls incidents « spontanés » qui se soient produits ont opposé les élèves de familles ordinaires admis dans ces écoles grâce à leurs excellentes notes, aux fils de dirigeants, entrés sur dossiers ou piston. De fait, les premiers étaient meilleurs mais moins nombreux que les seconds[46]. Ce conflit a-t-il causé suffisamment de troubles pour inquiéter les responsables politiques ? Toujours est-il qu'en 1957 il a été décidé que les études en lycée deviendront payantes pour tous, mais que des bourses seraient ouvertes sur concours. Cette mesure sauvegardait les meilleurs étudiants des familles populaires sans gêner véritablement les fils de princes dans la mesure où les salaires que percevaient leurs parents, augmentés au milieu des années 1950, les mettaient largement à l'abri.

« Comme des bambous après la pluie »

La ruée vers les écoles qui se développe chez les fils de princes n'est qu'un élément d'un dynamisme social qui caractérise l'ensemble de la société urbaine chinoise jusqu'à la Révolution culturelle : toute cette Chine pouponne et éduque. Mais les poupons et les écoliers de la caste naîtront et vivront proportionnellement plus nombreux, car ils seront mieux préparés à la vie adulte. D'où la vigueur et la capacité d'adaptation que les fils de princes manifesteront dans les décennies suivantes.

Nous devons, pour comprendre cette minorité au regard d'une population considérable, nous contenter de quelques estimations fondées sur une quarantaine de dirigeants[47]. Parmi eux, deux n'ont pas eu d'enfants parce que leurs épouses avaient refusé les risques de représailles : Zhou Enlai et Peng Dehuai. Le premier a cependant adopté une nièce, Zhou Bingde, et le second deux enfants, en plus de six (au moins) qu'il a accueillis à Pékin pendant leurs études[48]. Seuls quatre couples n'en ont eu qu'un : le maréchal Nie Rongzhen et son épouse, qui deviendra une des femmes les plus gradées de l'armée – le couple s'est également beaucoup occupé de son gendre et d'enfants de certains collègues[49] – ; Tao Zhu et Zeng Zhi, une vieille militante très indépendante qui a eu, en sus d'une fille, plusieurs enfants qu'elle a vendus, donnés ou perdus[50]. On compte également Rao Shushi, dirigeant brillant mais complexe, qui avait avec son épouse des relations agitées ; ou encore Kang Sheng, le « Béria chinois[51] ».

Ces quatre cas concernent des personnalités relativement exceptionnelles dans la société des Murs rouges. Les dirigeants qui n'ont eu que deux enfants sont également assez originaux. Deng Liqun par exemple, longtemps secrétaire de Liu Shaoqi, qui deviendra sur le tard un défenseur du legs maoïste, et Hu Qiaomu, secrétaire de Mao à la culture considérable mais terrorisé par la crainte de perdre sa confiance, sont deux vrais intellectuels considérés comme singuliers. Se distingue également Li Fuchun, un personnage central de l'histoire maoïste, dont l'épouse Cai Chang, une des rares féministes du PCC, a choisi après ces deux naissances de se faire retirer les ovaires – c'est, avec celui de Deng Yingchao, un cas rare. Elle dédia ensuite beaucoup de temps et d'attention aux enfants des « martyrs », avant de devenir une sorte de marraine des enfants des Murs rouges[52].

Certains eurent trois enfants sans doute par obligation : Lin Biao, égoïste et vaniteux ; Su Yu, un commandant militaire génial sur le champ de bataille mais très dur en famille ; Yang Shangkun ; et Tian Jiaying, un autre intellectuel, marié à une forte personnalité, que la défaveur de Mao et le lancement de la Révolution culturelle conduisirent encore jeune au suicide en 1966[53].

La majeure partie des dirigeants eurent quatre enfants ou plus. Parmi les plus importants, citons quatre survivants pour Mao, huit pour Liu Shaoqi. Parmi les plus populaires, appréciés et admirés de tous : quatre chez Chen Yi le maréchal-poète ; He Long, l'idole de la jeune génération ; Ren Bishi[54] ; ou encore chez Li Xiannian, aussi bon dans la finance qu'il l'avait été dans la guérilla, et Zhang Wentian, le prédécesseur de Mao à la tête du PCC, qui eut la correction de considérer comme siennes deux filles issues d'un mariage traditionnel, et sur le tard d'adopter une petite paysanne menacée par la famine du Grand Bond en avant. Deng Xiaoping, Peng Zhen, le maire de Pékin, Zeng Shan, Chen Yun, un homme d'apparence impassible, le maréchal Luo Ruihuan, Chen Geng et Qiu Huizuo, un des futurs adjoints de Lin Biao, eurent cinq enfants. D'autres en eurent entre six et neuf comme Zhao Ziyang ; Bo Yibo, Chen Zhengren, Jia Tuofu, Xu Shiyou, Ye Jianying, le patron officieux de la province du Guangdong[55], Lin Boqu, Xie Juezai, Luo Ruiqing, un ministre de la Sécurité qui fut l'un des meilleurs pères de famille, Song Renqiong et quelques autres[56].

Même si nous n'avons pas les moyens de procéder à des calculs plus précis, nous pouvons néanmoins constater à quel point les familles nombreuses furent considérées dans l'aristocratie chinoise des années 1950. On le perçoit encore mieux lorsqu'on remarque que ces chiffres tiennent souvent compte des enfants de mariages précédents – comme quatre sur huit chez Liu Shaoqi, qui n'apprirent d'ailleurs que peu avant la Révolution culturelle que Wang Guangmei n'était pas leur mère naturelle ! En outre, ils intègrent parfois des enfants adoptés tels que la fille de Zhang Wentian ou un fils de Wang Zhen.

Épouses, donc mères

L'éducation de leurs enfants aura été la plus remarquable réussite des jeunes femmes épousées au lasso dans les années 1930 et 1940. Sans doute ne trouve-t-on pas parmi elles des personnalités comparables aux premières « grandes dames » issues de la révolution urbaine des années 1920 : Cai Chang, qui a choisi d'être épouse plutôt que mère, forma toute sa vie un couple romantique avec Li Fuchun sans renoncer à jouer un rôle de marraine auprès de nombreux autres enfants ; Deng Yingchao, une maîtresse femme qui aura tant aidé Zhou Enlai à devenir grand, et qui relaya sans barguigner une politique à l'égard des femmes dont elle était victime ; ou Shi Mengqi, la fonctionnaire modèle du département de l'organisation du PCC, qui suscitait l'admiration.

Les différences sont considérables entre certaines épouses au fort caractère comme celle de Xi Zhongxun, la mère de l'actuel patron de la Chine Xi Jinping, ou plus encore l'épouse de Peng Dehuai, Pu Anxiu[57], ainsi qu'une grande majorité qui, en dépit d'une docilité de façade, tentèrent de repousser les contraintes dès que possible[58]. Les premières ont utilisé autant que faire se peut l'arme de la vocation professionnelle et du « service du peuple » pour entreprendre et poursuivre de véritables carrières, sans parvenir vraiment à se libérer de la tutelle de leurs maris.

Dans la plupart des cas, ceux-ci ne se gênaient pas pour interdire à leur épouse de travailler[59]. Quelques uns se montrèrent compatissants, braves comme Hu Yaobang, résignés comme Peng Denghuai, ou intéressés comme Yang Shangkun dont l'épouse avait créé une troupe d'opéra, voire raisonnables comme Chen Yi : « Bien sûr ce n'est pas très commode, mais elle ne veut pas rester à la maison, après tout je ne peux pas l'empêcher, à l'origine c'est une camarade, pas une épouse[60]. » Il semble même que des épouses eurent l'idée judicieuse d'occuper un poste de direction dans les grandes entreprises prioritaires dans le cadre du premier plan quinquennal.

En revanche, d'autres affectations étaient beaucoup moins admises par la société des hommes. En premier lieu, celles qui impliquaient un rôle politique, dans le parti et plus encore dans l'armée. Contre elles, les arguments n'ont pas manqué. Ainsi, les enquêtes se sont multipliées sur les épouses d'origine sociale contestable, ce qui était le cas de nombreuses citadines parvenues à Yanan à la fin des années 1930[61]. Entre 1951 et 1956, la proportion des femmes cadres du parti serait tombée de 8 % à 4 %[62]. La mise à l'écart politique des épouses s'étendait également à l'extérieur de la famille : elles n'avaient le droit de consulter les documents en provenance des organes du PCC que si elles étaient membres du parti.

Si les hommes avaient toujours été très majoritaires aux postes de décision politique, les femmes étaient à l'origine nombreuses dans les rangs de l'armée. À partir de 1954, sous le prétexte du retour à la paix, des mesures énergiques furent prises par le ministère de la Défense pour réduire leur nombre aux postes de responsabilité[63]. En outre, lors des promotions, certains maris veillaient à ce qu'elles n'accèdent pas à des postes trop élevés : Luo Ronghuan, pourtant plutôt brave homme, refusa par exemple que son épouse soit nommée générale[64].

Pour que certaines épouses puissent conserver un poste politique ou militaire, il fallait qu'il soit inférieur à celui de leur maris, voire si possible qu'elles soient à leur service. Un cas spectaculaire est celui de l'épouse de Gan Siqi, un des chefs d'État-Major adjoints de l'armée : elle eut le droit d'être la seule femme parmi huit cents généraux – elle n'était en réalité que son adjointe[65].

Dans d'autres domaines professionnels, la hiérarchie était adaptée discrètement à la supériorité masculine. Aussi est-il difficile de savoir que Lin Jiamei, épouse de Li Xiannian, fut l'une des cadres les plus influents du ministère de la Santé publique car son titre ne traduit pas sa fonction réelle[66]. Lorsque Zhang Wentian, nommé vice-ministre des Affaires étrangères, appela auprès de lui une « assistante », il choisit son épouse, ancienne combattante révolutionnaire, et remarquablement compétente[67].

Finalement, quand une épouse voulait vraiment travailler, le mieux était qu'elle assiste son mari. C'est ainsi qu'à mesure que les obstacles à une vie professionnelle indépendante s'accumulaient, la nécessité d'employer une secrétaire qui permettrait au mari de supporter la bureaucratisation croissante de son métier de dirigeant apparaissait. D'emblée, de nombreuses épouses donnèrent un coup de main et firent merveille – mais il arrivait que les enfants s'en plaignent. Un certain nombre de dirigeants firent donc de leur épouse une secrétaire attitrée, comme par exemple Shu Tong, le patron du Shandong, qui emmenait sa femme dans tous ses déplacements[68]. D'autres s'irritèrent du brio de leurs épouses ou s'en méfièrent et limitèrent leurs fonctions, comme Zhou Enlai, qui réduisit à tel point ses demandes à Deng Yingchao que la solitude et l'ennui la laissèrent neurasthénique durant une bonne partie des années 1950. Dans d'autres cas – celui de Deng Xiaoping par exemple, dont l'épouse valait bien mieux –, les maris se contentaient d'une « secrétaire de vie » qui n'effectuaient que des tâches simples comme le classement de document[69].

Le choc a certainement été pénible pour ces anciennes lycéennes venues au communisme afin de sauver la Chine. Avant 1949, elles avaient connu les accouchements rupestres et les marches hasardeuses. Ensuite, étaient venues les complications de l'installation à Pékin, qui pouvaient encore être perçues comme temporaires. Mais, quand la caste s'est organisée, il n'y avait plus de doute : les militantes d'hier devaient admettre qu'elles étaient surtout des épouses et des mères de famille. Pendant que leurs maris galopaient à l'extérieur, il ne leur restait qu'à méditer sur les totems féminins de la propagande : « être une épouse, la mère de ses enfants, une infirmière, une secrétaire et une gestionnaire[70]. »

Alors vint l'expérience terrible de la solitude et du doute. Les épouses, au début très seules, avaient en charge leurs maris, souvent victimes de vieilles blessures et toujours plus âgés, qui commandaient la famille comme autrefois leur régiment, sans participer toujours aux tâches concrètes : Huang Zhen, un futur grand diplomate, eut sept enfants sans jamais laver une seule couche de toute sa vie[71]. Même quand le mari était raisonnable, comme Deng Xiaoping, la mère de famille était en charge de l'ensemble des affaires domestiques : une sorte d'égalité fallacieuse s'installait entre le maître des affaires exté-rieures et la patronne des affaires intérieures. Si le mari se montrait gentil à la fin de la semaine, beaucoup de souffrances s'oubliaient.

Certaines faiblirent, comme la femme de Liu Jianxun, une étudiante brillante qui plutôt que d'aller étudier aux États-Unis avait choisi d'épouser un cadre dirigeant sans grande sensibilité : elle tomba malade, souffrit de maladies du cœur, du foie, avant de tomber en dépression. Quelques-unes s'éloignèrent progressivement de leur mari[72]. Les autres, une grande majorité, supportèrent le choc en évitant autant que possible les grossesses trop nombreuses[73]. Néanmoins, toutes adoptèrent très vite une discrétion absolue à l'égard de leurs enfants, si l'on en juge par les témoignages qui nous sont restés : prudence et censure bien entendu, mais aussi amour pour la famille qu'elles avaient construite, discipline et fidélité à un monde qu'elles avaient fini par adopter.

Il est vrai qu'au fil des années des aides domestiques et des gardes furent distribués. La plupart des familles de dirigeants possédaient désormais un cuisinier ou mettaient à la cuisine leur aide-ménagère, ce qui permettait de faire l'économie de la cantine[74]. D'autre part, au fil du temps, les épouses apprirent à compenser leurs difficultés. Elles exigeaient que leur mari les traite bien lors des bals organisés aux Murs rouges ou des promenades dominicales. Elles participaient également aux réunions d'épouses de dirigeants organisées généralement par Deng Yingchao, Cai Chang et Kang Keqing, les patronnes des femmes aux Murs rouges[75]. Il se peut bien, également, que certaines se soient employées à compenser leur effacement par une arrogance qui laissa de mauvais souvenirs au jeune Wei Jingsheng[76].

Le même besoin de compensation psychologique dictait apparemment les relations entre les mères de famille. Les unes se réunissaient autour d'une passion commune : aller au théâtre pour les épouses de Xi Zhongxun, de Deng Xiaoping et de quelques autres par exemple. Certaines encore se regroupaient autour d'une personne, comme Lin Yueqin, l'épouse du maréchal Luo Ronghuan, Zhang Qian, la compagne de Chen Yi, ou Shui Jing, l'épouse fort sociale de Yang Shangkui, le patron du Jiangxi[77].

En famille

Si les épouses ont tenu le coup et si leurs maris leur sont en général restés fidèles, c'est parce qu'elles avaient endossé en chemin leur tâche historique : fonder une famille. De fait, elles réussirent à instiller à leurs enfants le sentiment d'être les membres d'une caste qui tenait sa force non seulement de son chef et du pouvoir politique, mais également des familles qui la composaient. Ces familles ne devaient pas se développer contre la caste, au contraire, elles devaient l'assister et en tirer profit. En effet, la famille est aux yeux de tous les membres de l'élite une des réussites importantes de l'époque[78]. Les grands du régime prennent garde de montrer la perfection de leur organisation familiale et leurs enfants reçoivent un rang conforme à celui de leur père.

Un épisode en témoigne particulièrement : le retour à Pékin d'un certain nombre d'aînés issus du groupe des jeunes chinois de Moscou. Ils sont bien accueillis, fêtés même dans cette période où l'URSS est le grand modèle. Ainsi, quand au début de 1949 Cai Bo arrive à Pékin, Cai Chang s'affaire autour de lui, prévient même Liu Shaoqi, et Mao Anying, le fils aîné de Mao, s'occupe de lui faire rencontrer rien moins que son père, Zhu De et Zhou Enlai. D'autres seront également fêtés et d'emblée mis à contribution, telle Lin Li, fille également d'un hiérarque du PCC. Tous obtiendront de réelles responsabilités économiques ou scientifiques, sans qu'aucun pourtant n'ait joué de rôle politique significatif[79]. Pourquoi ? Sans aucun doute parce qu'ils ont perdu le chef de file que Mao Anying aurait pu être et que le parti avait pris note qu'ils avaient été membres du PCUS. Mais également parce qu'ils ne connaissaient pas bien la caste nouvelle, et qu'ils n'étaient pas poussés fortement ni vantés par l'une des plus grandes familles des Murs rouges. Li Fuchun a par exemple décliné dans les hiérarchies politiques et dans l'estime de Mao.

Les familles importantes sont au milieu des années 1950 celles de Mao et des plus hauts responsables du parti (Liu Shaoqi, Zhou Enlai, Deng Xiaoping), de l'économie (Chen Yun, Bo Yibo), de Pékin (Peng Zhen) et surtout de l'armée (Zhu De, He Long, Lin Biao, Peng Dehuai, Liu Bocheng, Nie Rongzhen, et plus tard Chen Yi). Cette hiérarchie, ses évolutions et ses faiblesses laisseront aux fils de princes deux habitudes contrastées : toujours tenir compte des hiérarchies politiques, sans pour autant les tenir pour définitives.

Des pères trop sévères

Depuis toujours, les grands personnages qui conduisent le ballet du pouvoir ont en commun de donner la priorité absolue à leur travail de direction, ce fameux *gongzuo* que la propagande ne cesse de

magnifier, mais que rendent épuisant le penchant de l'« organisation »
pour la paperasse ainsi que le nombre, la longueur et les horaires des
réunions. Dans les premiers temps, ils ne portent aucune attention à
leurs vêtements et ne possèdent souvent rien en propre, sauf éventuellement une arme, des carnets de notes et quelques objets fétiches. En
1949, Rao Shushi ne dispose par exemple que d'un manteau en cuir
donné par Zhu De[80]. Et ils travaillent beaucoup. Mao, Liu Shaoqi et
Zhou Enlai, et donc nombre de leurs collègues, sont disponibles au
moins jusqu'à 2 h ou 3 h du matin, ce qui réduit leur activité avant le
déjeuner et plus généralement leur présence en famille. Les pères ont
ainsi en commun d'être souvent absents. Li Xiannian se lève chaque
jour à 5 h 30 et rentre après le coucher des enfants[81]. Certains chefs
de famille comme Tan Zhenlin dorment dans leur bureau et n'apparaissent que le samedi soir et le dimanche au déjeuner, et encore...
lorsqu'ils en ont vraiment le temps[82].

La plupart d'entre eux n'ont donc pas d'autre choix que de laisser à leur épouse le commandement de la maisonnée. Considérant
souvent, comme le général Su Yu, qu'ils forment un « couple politique » avec leur femme, beaucoup se satisfont de fixer les grandes
orientations de la vie familiale et s'occupent fort peu des détails
matériels[83]. En leur absence, leur bureau est interdit d'accès – mais
il fait évidemment l'objet de nombreuses expéditions secrètes de la
part des enfants.

En général, la seule limite à cette débauche de travail est, à part les
ordres de « l'organisation d'en haut » (*zuzhishang*) qui doit souvent
rendre les vacances obligatoires, la santé du chef de famille. L'épouse
y est très attentive et elle pousse les enfants à s'inquiéter également de
la santé du vieux guérillero. En 1949, Mao Zedong rencontre ainsi de
réelles difficultés à nommer un chef d'État-Major car plusieurs grands
chefs militaires sont malades ou épuisés[84]. En octobre 1950, le décès
prématuré de Ren Bishi à la suite d'une crise cardiaque a terrorisé tout
le monde et depuis lors les principaux responsables sont censés se
reposer à tour de rôle[85]. Plus tard, un médecin référent sera affecté à
chaque dirigeant : les petits fils de Zhu De se souviennent de l'arrivée
de ce médecin comme d'un événement très heureux. Dans d'autres
familles, la mère demande à ses enfants de rappeler à leur père les
conseils de l'autorité médicale[86]. Et pourtant, Chen Yun, le grand
patron de l'économie, aura longtemps des difficultés pour se réserver
quatre heures de sommeil par jour[87].

Dans chaque foyer, on évoque donc beaucoup l'école et la santé du patron, mais en matière politique, la discrétion l'emporte, absolue en principe, et surveillée de près par la maîtresse de maison. Chez Liu Shaoqi, notamment, on ne parle pas du « travail » devant les « petites oreilles », et le chef de famille s'emporte dès qu'un enfant colporte une « nouvelle des petites rues[88] ». Quant à Deng Zihui, le patron de moins en moins en cour des affaires rurales, il est parvenu à ne jamais avertir ses enfants (qui les devinaient pourtant) des critiques que Mao Zedong lui adresse[89].

Un autre souvenir à peine moins unanime concerne la sévérité des pères de famille, voire leur autoritarisme. Beaucoup d'entre eux semblent avoir fait leur la maxime dont se gargarise le général Wang Shusheng : « élever des enfants, c'est comme diriger une armée[90] ». Nombre de pères – tel Huang Kecheng, l'adjoint de Peng Dehuai – donnent l'impression de ne pas s'intéresser véritablement à leurs enfants[91]. Pour eux, seuls comptent la discipline et les bons résultats scolaires. Lorsque les professeurs sont mécontents, il y a peu de limites à la colère paternelle – si ce n'est (mais faut-il le croire complètement ?) que les coups semblent en général exclus. Un fils du général Wang Zhen rapporte qu'il était terrorisé par les exigences de son père (qui n'était pourtant pas un intellectuel) en la matière[92]. Wang Renzhong, un cadre provincial dont Mao apprécie la culture, n'hésite pas à lire le journal intime de sa fille[93]. De fait, plusieurs dirigeants semblent avoir été particulièrement durs voire suspicieux avec leur descendance. Maladresse souvent, car la veuve de Lin Feng par exemple soutient que son mari aimait deux choses dans la vie : les livres et tous ses enfants. Il n'empêche, sa fille estime qu'il ne l'aimait pas et se rappelle qu'elle avait peur de lui[94].

Liu Shaoqi aura tenté d'être un bon père de famille. Il se tient au courant de la vie familiale et fait des efforts pour suivre les études de ses enfants – il en débat même longuement avec son épouse. Souvent, le samedi soir, il convoque une « réunion de famille » – il n'est d'ailleurs pas le seul dans ce cas. À la différence de Mao Zedong qui dès 1953 pronostique qu'il ne faut pas contrôler les enfants de trop près (de fait il ne s'occupe pratiquement pas des siens…), Liu Shaoqi a lu et réfléchi sur l'éducation. Et il agit sans complexe. Il impose à ses enfants un véritable tableau de marche : savoir nager à neuf ans, faire du vélo à onze ans, s'occuper de soi à treize ans afin d'être capable de quitter la famille à quinze ans. Et il corrige sans hésiter les moindres fautes d'orthographe comme de discipline.

Liu Shaoqi n'hésite pas à contredire, en la matière, le libéralisme affiché de Mao Zedong : « À l'égard des enfants, il faut être tantôt dur et tantôt libéral, suivant leurs besoins[95]. » De fait, il ne cessera de surveiller l'habillement, les lectures, les loisirs et les dépenses d'argent de poche de sa fille Liu Aiqin qu'il empêchera même d'entrer à la Ligue des jeunesses communistes, ce qui lui coupe toute ambition professionnelle. Et pourtant, le même Liu Shaoqi adorait une autre fille qu'il avait eue de son avant-dernière épouse[96].

Quelques pères sont résolument différents. Ainsi, Deng Liqun n'a jamais poussé ses enfants en classe. Li Xiannian, pour sa part, combinait sévérité et tolérance, autoritarisme et discrétion, assurant à ses enfants qu'ils « pourraient tout faire à condition de le faire bien ». Yang Chengwu imposait aux siens trois exigences : avoir de la vertu et une conscience idéologique ; décrocher au moins un diplôme universitaire ; « travailler pour le peuple » (c'est-à-dire devenir cadre dirigeant). Luo Ruiqing (longtemps ministre de la Sécurité) voyait peu ses enfants sauf durant une partie du dimanche où, suivant son expression, il « recevait » ses enfants, c'est-à-dire se livrait à des activités qui leur plaisaient : discuter, se promener, jouer au ping-pong, ou faire une partie de pêche. Li Jingquan, lui, s'occupait peu des études et de la vie des siens, estimant que c'était leur affaire[97]. Enfin, une étroite minorité de pères étaient tout simplement aimants, comme Chen Geng et Chen Yi, le maréchal-poète que ses enfants savaient plus libéral que leur mère et qui n'hésitait pas à leur réciter ses poèmes[98].

Une génération de « fils de » et d'écoliers

Est-il possible de dresser un tableau réel de la société des enfants durant les années 1950 ? Ce n'est pas certain, car non seulement les souvenirs sont souvent enjolivés, mais surtout ils omettent ce qui est bien connu aujourd'hui et qui est essentiel : à savoir que les enfants des chefs vivaient dans des conditions matérielles et psychologiques exceptionnelles, et que cette situation leur inspirait de larges préjugés et souvent également du mépris à l'égard du reste du monde[99].

Faut-il insister ? Dans les années 1950, les fils de princes ne pouvaient fréquenter que deux catégories d'enfants extérieurs à l'aristocratie du régime : à l'école et au lycée, de simples boursiers et des citadins ordinaires, mais en quantité limitée ; et, aux Murs rouges, les enfants des gardes ou des secrétaires des grands chefs[100].

Une fois cela dit, il faut reconnaître que la vie des fils de princes et en particulier celle des jeunes habitants des Murs rouges était moins facile que la toute-puissance de leur caste incline à l'imaginer. D'abord, à cause de l'école où certains d'entre eux (ainsi que la plupart des orphelins et des enfants de dirigeants en mission) sont pensionnaires. Les mieux lotis ne rentrent chez eux que le samedi à midi pour y retourner le dimanche soir ou le lundi matin, au pas de course souvent – d'autres, nombreux, retrouvent leurs familles suivant des intervalles plus espacés : ceux-là sont solitaires et malheureux. À l'école, l'alimentation est frugale et le coucher dépourvu de tendresse et en fin de semaine les écoliers rentrent fatigués à la maison. En outre, la pression psychologique sur les enfants y est forte car il leur faut ramener de bonnes notes à la maison.

Il ne reste dès lors que peu de temps pour les loisirs. Deux ou trois fois par semaine, aux Murs rouges, des garçons et surtout des filles parviennent à se faufiler dans les bals qui attirent les grands chefs et leurs épouses. Chacun admire les pas de danse exagérés du maréchal Zhu De et le rituel de Liu Shaoqi qui propose toujours la première et la dernière danse à son épouse[101]. Plus tard dans les années 1950, des projections de films sont organisées, généralement réservées aux adolescents âgés ou aux adultes[102]. Et puis, il y a le grand parc que les plus petits occupent avec leurs jouets. Les plus appréciés sont ceux qui arrivent au compte-gouttes d'Union soviétique depuis que Li Na a, en 1950, rapporté deux bicyclettes d'un voyage avec sa mère[103]. Par la suite, au milieu de la décennie, les postes de radio à galène et même les appareils photo parviennent peu à peu aux Murs rouges. Les motos et les Ziss soviétiques garées non loin sont toujours un spectacle apprécié[104]. Parfois, comme dans la grande maison de Hu Yaobang située au cœur de la capitale, les jeux des enfants sont plus sérieux voire politiques : ils parodient la « prise de Berlin » comme « la victoire de l'Armée de la huitième route »[105].

Les petits camarades

En général, cependant, les enfants vivent dans des familles où tout est soigneusement ordonné sous le commandement de la mère de famille et à l'ombre plutôt menaçante des grands capitaines. Un élément essentiel de l'ordre est le classement des sexes. D'emblée, celui-ci avait été défavorable aux petites filles. Les familles qui n'avaient pas de garçon s'entêtaient pour en engendrer. Ainsi, tel officier supérieur eut quatre filles avant que naisse un garçon[106]. Après avoir été les plus désirés, les garçons, bien souvent, avaient d'abord la parole à la table familiale. Chez tel général, seuls les garçons étaient autorisés à jouer à la guerre et les filles ne devaient pas répondre aux moqueries de leurs frères[107].

Cela n'empêche pas que, comme sous d'autres cieux, certaines petites filles suscitent l'émotion de leur père, comme les petites dernières de Liu Shaoqi. En outre, il reste chez nombre de chefs de famille des traces des discours égalitaires tenus par le passé. La plupart estiment que leurs filles auront une activité professionnelle et les y préparent psychologiquement. On connaît peu de cas flagrants où des parents empêchent leurs filles de faire des études – même si elles font l'objet de pressions nettement moins fortes que leurs frères, et certaines, comme celles de Bo Yibo, de Chen Yi et de Deng Xiaoping, obtiennent très facilement de suivre aussi des cours particuliers de musique ou de peinture[108].

En tout cas, la vie n'est pas toujours facile pour les enfants durant l'année scolaire. On comprend dès lors que, pour les plus favorisés, les vacances de mer à Beidaihe aient tenu autant de place dans leurs mémoires. L'été y était moins écrasant qu'à Pékin, la surveillance des parents se relâchait, les rencontres étaient beaucoup plus libres le long de la plage, et le hasard permettait d'y rencontrer les grands hommes dont les noms n'étaient prononcés qu'à demi-mot à la maison et de vérifier de visu que Jiang Qing n'avait que quatre orteils à un pied... On pouvait entendre le bruit des plaisanteries familiales et des jeux de dés : du loisir à peine gâché par les réunions politiques du père de famille. On pouvait s'y faire de nouveaux amis parmi les provinciaux venus pour l'occasion ou simplement des pensionnaires d'autres écoles. Chez les plus âgés, à partir du milieu des années 1950, des amourettes s'esquissaient timidement[109]...

Dans cet univers, c'est la camaraderie qui profitait le plus du temps libre, sur la base des relations esquissées déjà durant l'année entre membres d'une même classe, voisins ou participants des mêmes promenades du dimanche après-midi[110]. Chez les plus âgés, les souvenirs communs nourrissaient les amitiés, comme par exemple entre Zhu Min et plusieurs autres anciennes de Moscou : Li Min, fille de Mao Zedong, Liu Aiqin, fille de Liu Shaoqi, et Cai Tete, fille de Cai Chang[111]. Les enfants de collègues eux aussi se retrouvaient facilement, tout comme les camarades de classe ou les copines de cours de piano[112].

En revanche, dans d'autres cas, les liens étaient plus ou moins organisés par des membres de la société des adultes. Ainsi, une photo nous montre un trio d'adolescentes tellement improbable qu'elle a sûrement été prise par un secrétaire désireux de plaire : on y distingue Zhou Bingde (fille adoptive de Zhou Enlai), Li Na et Li Min (les deux filles de Mao qui s'entendaient mal) auxquelles s'est joint un personnage dont le sourire paraît plus franc, Chen Xiaoda, le fils de Chen Boda, qui a un fort penchant pour Li Min[113]. Ces liens ne passaient pas inaperçus des parents…

En effet, dans les conditions de l'époque, les relations privées peuvent aisément prendre une signification politique, et une défaveur même discrète peut se traduire par un éloignement social : ainsi Lin Biao (qui par son refus de diriger le contingent chinois en Corée a déplu à la direction du parti) occupe à Beidaihe une villa assez excentrée, ce qui réduit les contacts de ses enfants avec ceux des autres. Résultat : ils fuient chez un autre général dont la maisonnée est nombreuse pour trouver un peu de chaleur humaine, et beaucoup de mères de famille parlent d'eux en affichant des airs désolés[114].

Le réseau amical le plus célèbre et le mieux admis par leurs parents aura été l'apanage des garçons : c'est l'équipe de football qui, prise en mains par le maréchal He Long, livra des matchs épiques contre les experts soviétiques dont les villas jouxtaient le compound officiel. L'équipe des fils de princes, plusieurs fois étrillée, finit par gagner une fois en intégrant des joueurs professionnels. Il y eut également des compétitions de basket-ball où He Pengfei, fils de He Long, Chen Yuan, fils de Chen Yun, et surtout Fu Yang, fils de Peng Zhen ont particulièrement brillé[115].

Ces étés à Beidaihe ont laissé derrière eux le regret d'une époque où l'on pouvait rencontrer à la fois Mao, Jiang Qing et Liu Shaoqi, et où les enfants des chefs, comme leurs parents, pouvaient s'imaginer un destin commun. De cette camaraderie originelle, les uns et les autres auront plus tard des occasions de parler : ils en garderont une nostalgie et parfois une inspiration…

Il est impossible de ne pas mentionner les aspects positifs des années 1950 pour les fils de princes. L'élite était encore unie, l'espoir entier, et les familles pleines de santé. C'est dans cette période que les enfants des princes ont puisé la force qui leur permettra plus tard de survivre aux épreuves. Il manquait pourtant bien des choses à cette société en construction. L'éducation était autoritaire et fermée aux grandes évolutions du monde. Surtout, elle était trop mensongère pour permettre à ces enfants de comprendre les conflits de plus en plus graves qui allaient déchirer le régime.

Chapitre III

Ils ne pouvaient pas comprendre
(1957-1965)

Il existe des moments et des lieux où les êtres humains ne peuvent comprendre l'histoire qui les entraîne. C'est bien ce qui est advenu aux fils de princes entre le lancement du Grand Bond en avant dont ils n'ont pas perçu le caractère tragique et le déclenchement de la Révolution culturelle qu'ils n'avaient pas les moyens de prévoir. Ils n'ont donc rien compris, cependant ils ont vécu et grandi…

Cahots et tragédie

La politique officielle devient plus agitée à partir des années 1956-1957. Aux Murs rouges, les parents s'inquiètent – sans oser en dire plus. Leurs enfants sont comme emmurés par leur statut. Du reste, la répression du bref intermède libéral des « Cent fleurs » à partir de juin 1957 n'a frappé que quelques secrétaires de dirigeants, et les turbulences pourtant significatives qui se produisent par la suite dans le comité du parti et les services du Comité central demeurent discrètes et quelque peu absconses[1]. La mobilisation politique pour le Grand Bond en avant est un événement dramatique pour toute la Chine, mais pas pour les membres de la caste qui sont ou se disent ébahis par les promesses officielles. On ne porte pas attention au fait que certains dirigeants déjà épuisés sont sommés par Mao Zedong de réduire leur secrétariat – la santé de Liu Shaoqi en souffrira terriblement[2]. L'année 1958 restera donc dans les mémoires des enfants une sorte d'opéra où tous chassaient les « quatre nuisances » et notamment les moineaux, où fut expérimentée aux Murs rouges une aciérie dont le produit permit l'achat d'un poste de télévision au personnel, et où fut présentée la première automobile chinoise, la fameuse « Drapeau rouge » dont les nombreuses défaillances retarderont jusqu'en 1966 la distribution aux administrations[3].

La campagne anti-droitière des années 1959-1960 est en revanche beaucoup moins festive, d'autant qu'aux Murs rouges on appréciait sa principale victime, le maréchal Peng Dehuai : un fichu caractère, mais un grand homme. Toutefois, les purges restent relativement discrètes et les familles, par crainte de compromission, entourent les victimes d'un rideau de silence[4]. Seul Cai Bo est apparemment compromis parmi les fils de princes, et c'est son beau-père Li Fuchun qui va proclamer (et limiter...) sa punition dans son usine[5] ! En outre, les appels officiels à l'envoi des jeunes gens à la campagne, de plus en plus insistants, sont rarement résultants, sauf dans des cas très particuliers comme celui du fils de Zhang Wentian que son père, pour alléger son dossier politique, expédie d'abord au Hebei proche, puis en 1962 au Xinjiang ; et celui d'une fille de Liu Shaoqi, toujours Liu Aiqin, qui, à la satisfaction de son père, épouse un Mongol et s'installe en Mongolie intérieure[6].

Les effets de la famine qui suit sont beaucoup plus réels. La catastrophe agricole est rapidement connue par les récits des gardes qui reviennent épouvantés de leur congé familial[7]. Après avoir accueilli des expositions à la gloire du Grand Bond, le parc des Murs rouges se remplit de petits jardins auxquels les enfants contribuent joyeusement. La famille Liu Shaoqi, toujours à l'avant-garde, cultive des légumes. Plus loin dans la ville, la famille d'un général très connu élève un cochon[8]. En 1960, Mao en personne ordonne que les massifs de fleurs et les vieux arbres de sa résidence laissent place à des cultures de légumes[9].

Les rations diminuent aux Murs rouges et plus encore dans les écoles. Les conséquences atteindront la plupart des enfants de dirigeants. Il y aura des évanouissements à l'école – par exemple d'une fille de Liu Shaoqi – et quelques cas plus graves comme celui de Li Na, fille de Mao, qui perdra une année d'université[10]. L'alimentation des familles de la caste ne s'améliorera qu'en 1961[11]. Ici ou là, des arrangements sont donc mis en œuvre : certains maréchaux, comme He Long, procurent par exemple des céréales ou du lait aux écoles de leurs enfants, qu'ils font transporter dans une voiture de service[12]. Mais personne n'échappe complètement à la catastrophe. Les plus jeunes enfants de Liu Shaoqi se rappelleront très longtemps comment au début de 1960 – le pire moment de la crise – il a fallu l'arrivée par la poste d'un morceau de mouton envoyé par un dirigeant du Xinjiang pour confirmer le déjeuner familial du Nouvel An ; puis comment leur mère a dû emprunter d'urgence des habits convenables pour que la famille tout entière soit présentée au roi d'Afghanistan en visite[13].

Ce que l'on cache aux enfants, ce sont les millions de morts et les causes profondes de la catastrophe, qui relèvent de la plus haute politique. Ils ne prennent pas garde à une série de petits événements prémonitoires. Les disputes entre les mères de famille, par exemple : chacun sait que Jiang Qing et Wang Guangmei, les épouses de Mao et de Liu Shaoqi ne peuvent pas se supporter, et les autres mères de famille ne ménagent pas leur soutien à la seconde[14]. Un vrai malaise règne dans le personnel, où la corruption se développe avec la disette, et certains personnages disparaissent, victimes de purges discrètes. À l'automne 1960, Mao confie à Wang Dongxing, son ancien garde du corps qu'il vient de rappeler d'exil, la tâche d'épurer ses secrétaires et surtout ses gardes, lesquels sont tous d'origine paysanne, donc au courant de ce qui se passe, et tous plus ou moins engagés dans la corruption[15].

Quelques incidents mineurs laissent filtrer une partie de la tragédie qui se développe à l'extérieur. La bicyclette du fils de Li Xiannian est volée, et un fils de Chen Yi fait de l'esprit en déclarant qu'on va la retrouver bourrée de dynamite… Sur la porte nord de Zhongnanhai restent affichés quelques heures deux slogans : « A bas les communes populaires ! » et « Dirigeants du Comité central, ouvrez les yeux et regardez vers le bas ! ». Mais peu importe aux enfants : à partir de la fin de 1960, les soirées dansantes aux Murs rouges passent de une à deux par semaines ; et les promenades du dimanche demeurent toujours aussi amusantes[16]…

L'attention se détourne d'autant plus aisément que le Parti desserre sa poigne sur la jeunesse, et plus encore sur ses enfants préférés. Il faudra attendre 1963-1964 pour que reprennent bruyamment les envois de jeunes à la campagne ou dans les provinces périphériques du pays. Même lors de cette période, les familles continueront de donner la priorité aux études – seuls Zhou Bingde (la fille adoptive du prudent Zhou Enlai) et son mari, à notre connaissance, seront envoyés au loin : tous deux instituteurs, ils iront « aider » des provinces lointaines[17]. Plus sérieux : à compter de 1963 jusqu'en 1966, Liu Yuan, fils de Liu Shaoqi se laisse séduire par la vulgate maoïste sur la participation des cadres

au travail manuel. Il va entraîner chaque été quelques-uns de ses
camarades d'école dans des rondes de garde des Murs rouges – mais
d'autres, peut-être même la majorité, seront détournés par leurs
parents d'y participer[18].

Ajoutons que durant ces années de mobilisation et de catastrophe
les fils de princes se montrent fort peu concernés par le sort de leurs
camarades dont les parents sont purgés en 1959 et 1962 : ceux par
exemple que logeait jusqu'alors Peng Dehuai ; la petite fille que
Zhang Wentian, son soutien déchu, perd les moyens d'entretenir ; et
les enfants de Xi Zhongxun (dont Xi Jinping), victimes de la jalousie
de Mao et qui plus tard obtiendront de justesse le droit de continuer
à fréquenter les bons lycées[19].

De même, la génération montante ne semble pas avoir été sensible
au drame que vivaient quelques-uns de ses membres plus âgés – un
drame pourtant ô combien significatif... Il faut d'abord mentionner
le cas particulier, obscur et tragique de deux fils de Guo Moruo, le
célèbre écrivain choyé par le régime. Le premier est Guo Shiying, étudiant en philosophie à l'université de Pékin, qui aurait fondé en 1963
un petit groupe d'étude comparative sur le matérialisme et l'idéa-
lisme, ce qui ne manquait alors pas d'audace. Dénoncé ainsi que trois
autres camarades, il fut envoyé en camp d'« éducation par le travail ».
Relâché peu après, il aurait été battu à mort par des Gardes rouges au
début de la Révolution culturelle.

Son frère Guo Minying, qui étudiait à l'institut central de
musique, fut également dénoncé car il écoutait des cassettes
« contre-révolutionnaires », et envoyé servir sur un navire de guerre
– il se serait ensuite suicidé[20]. Doit-on considérer leur cas comme
isolé ? Nous l'ignorons. La seule information comparable qui a pu être
glanée fait mention d'un neveu de Tao Zhu et le fils d'un haut gradé
de la région militaire de Canton qui s'amusaient à singer la révolution
castriste, dans un moment où la politique chinoise en la matière était
très hésitante[21].

Le drame des retours d'URSS

Après les difficultés de Cai Bo, plus dramatique est la tragédie
subie par certains autres fils de dirigeants revenus d'URSS. Elle n'est
sans doute pas générale : Sun Weishi, pour sa part, brille dans le
petit monde de la culture officielle où l'on cancane sur ses déboires

conjugaux. Lin Li, une fille de Lin Boqu, a obtenu un poste de cher-cheur bien placé, et a accompagné en URSS diverses délégations de haut niveau, ainsi que Jiang Qing à deux reprises[22].

En revanche, pour nombre d'autres, le retour d'URSS fut diffi-cile. Liu Aiqin, fille de Liu Shaoqi, avait d'emblée reçu l'ordre de transformer sa garde-robe et notamment de remplacer ses jupes par des pantalons. Zhu Min, la fille de Zhu De, dut loger avec son mari deux années durant dans un dortoir – ce fut sans doute une raison qui expliquait les relations assez tendues qu'elle entretenait à cette époque avec son père : elle estimait qu'après les souffrances endurées en URSS le parti lui devait une compensation –, une idée qui a probablement inspiré certains de ses camarades[23].

Mais il y a eu plus grave au cœur même de la société des fils de princes : le suicide en 1960 de Chen Xiaoda, le fils de Chen Boda, célèbre secrétaire de Mao Zedong. Il était né en 1936 de la première des nombreuses compagnes[24] de son père qui avait réussi trois ans plus tard à le mettre dans le premier avion partant de Yanan pour Moscou, où Xiaoda était resté jusqu'en 1951. C'était alors un petit soviétique : il ne put s'adapter à Pékin, et on l'installa à Harbin, une cité à grande majorité russe du Nord-Est chinois, avant de le renvoyer à Moscou. Après l'achèvement de ses études, son père, parfaitement au courant de l'évolution des relations bilatérales, le fit rappeler en 1958, ce qui entraîna une série de drames. Alors que son père avait divorcé déjà deux fois, Xiaoda s'entendait mal avec sa propre mère. En outre, Chen Boda était devenu l'idéologue en chef du Grand Bond en avant. Or son fils, informé des critiques soviétiques, était hostile à la nouvelle politique de Pékin. Il se désespérait de la rupture qui s'amorçait entre Pékin et Moscou, laquelle rendait par ailleurs sa situation profession-nelle difficile. Autant que possible, il continuait à parler russe et à fréquenter ses anciens condisciples chinois, dont Li Min et Zhu Min. Il était même tombé amoureux de la première fille de Mao Zedong, qui sous la pression de Jiang Qing avait rompu avec lui et s'était rapi-dement mariée en août 1959. Un jour, début 1960, dit-on, il alla voir son père qui, probablement occupé par la polémique avec Moscou, refusa de le recevoir. Il se rendit ensuite auprès de sa mère qu'il ne put voir non plus. Il se suicida sur une voie ferrée de banlieue[25].

C'est dans la famille de Liu Shaoqi que le drame le plus violent a éclaté à cause de trois enfants rentrant d'URSS qui, c'est important, étaient les trois enfants de He Baozhen, une héroïne de l'histoire du

PCC décédée en 1934. Certains historiens chinois évoquent discrètement l'hypothèse selon laquelle ces enfants-là n'ont pas été suffisamment défendus par leur belle-mère Wang Guangmei, une fille de grands
bourgeois qui fut à la fois la plus brillante et la dernière des épouses.

La fille aînée, Liu Aiqin, avait été vendue sur les marchés, puis
rachetée par le PCC et envoyée en URSS en 1933. Elle y avait suivi
les cours d'une école technique avant de tomber amoureuse d'un
neveu de Dolores Ibarruri, la célèbre dirigeante communiste espa-
gnole. Cependant, elle s'était heurtée au veto des deux familles, et en
août 1949, Liu Shaoqi l'avait ramenée à Pékin, où elle devait accoucher peu après d'un fils – un métis, ce qui constituerait un grave
problème en Chine. Par la suite, elle devait entretenir des relations
distantes et souvent compliquées avec un père quelque peu méfiant
et dont elle vivait éloignée[26].

Le drame des deux fils de He Baozhen, est dû au contraire à ce qu'ils
ont plus longuement résisté à leur père, et à ce que leur vie privée
s'est fracassée contre la rupture des relations avec l'Union soviétique.
Eux aussi avaient vécu une enfance sans parents. C'est Liu Yunbin
qui promettait le plus, tant scolairement qu'humainement. Flatté de
son rôle à la tête des étudiants chinois (rôle qui le mit un moment en
relation avec Mao Anying), son père l'autorisa à poursuivre ses études à
Moscou après 1949 en lui conseillant probablement les secteurs scientifiques sensibles, puis le laissa se marier en 1952 avec une Soviétique de
laquelle il eut deux enfants. Il voulait rester en URSS, et les dirigeants
soviétiques en étaient d'accord, mais Liu Shaoqi, bien informé de l'évolution des relations bilatérales, exigea bientôt qu'il rentre, ce qu'il fit
en 1957. Son épouse russe essaya de s'habituer à la Chine au cours de
deux séjours qu'elle effectua l'année suivante, mais en vain, en partie
sans doute parce que Wang Guangmei ne faisait pas les efforts nécessaires. Elle ne revint jamais plus. Peu après, Liu Shaoqi et son épouse
poussèrent Yunbin à se remarier – il rencontra finalement une autre
ancienne de Moscou dont il eut deux enfants. Le couple s'installa dans
la base du désert de Gobi où Yunbin épaulait les recherches nucléaires
et spatiales avec d'autres anciens de Moscou. Finalement, les Gardes
rouges profitèrent de ses fragilités psychologiques, et, désespéré, il se
jeta sous un train en novembre ou décembre 1967[27].

Le sort de Liu Yunruo, le dernier fils de He Baozhen, est tout
aussi tragique, mais encore plus singulier. Né en 1929 ou 1930,
il a vagabondé à Shanghai à partir de 1942 avant d'être récupéré

en 1946, envoyé à Moscou, et inscrit d'autorité à l'institut d'aéronautique. Deux problèmes se posèrent bientôt : il préférait la littérature et voulait épouser une jeune Soviétique prénommée Rita. Pas de chance : Liu Shaoqi, échaudé peut-être par le cas de Liu Yunbin et plus sûrement par l'aggravation des relations sino-soviétiques, refusa, et exigea qu'il rentre seul en Chine, allant jusqu'à déclarer à propos du mariage qu'« entrer dans [sa] maison, c'est entrer dans la politique ». L'affaire prit en effet une allure politique lorsque, averti par une lettre de Rita, Khrouchtchev intervint en faveur des amoureux, ce qui déclencha la fureur des dirigeants chinois. L'interdiction de Liu Shaoqi se fit dès lors définitive bien que les deux jeunes gens aient continué à correspondre quelque temps.

Pourtant, à la différence de son frère, Liu Yunruo ne se rangea pas. Il refusa les partis qu'on lui proposait et c'est à partir de là que sa destinée se teinta de tragique. Expédié dans l'armée en 1964, il participa l'année suivante au mouvement d'éducation socialiste dans les campagnes du Hebei et en retira des impressions dont on ne trouve guère d'équivalent dans l'histoire des fils de princes. Il déclare, par exemple, sur la misère rurale : « Comment se fait-il que dix ans après la libération, les paysans en soient encore à manger chaque jour du bouillon et des petits pains de maïs ? » Et sur la campagne politique en cours : « Pourquoi se contente-t-on de témoignages pour accuser quelqu'un de voler la collectivité ? S'il nie, que faire ? Pour résoudre ce genre de questions, ne faut-il pas des preuves juridiques ? » Et, tout en promettant d'écrire plus tard ce qu'il a vu, il proclama son admiration pour l'Occident, pour les pays capitalistes et en particulier... pour la musique allemande !

Liu Yunruo avait trop parlé : se croyait-il à l'abri à cause de ses origines prestigieuses ? La punition est vite arrivée lors de la Révolution culturelle. Emprisonné huit années durant, il aurait été relâché en 1974, mais dans un état physique et un isolement tels qu'il serait mort des suites de cette épreuve en 1977 ou 1978[28].

Jusqu'à quel point ces drames ont-ils été connus dans l'élite et a fortiori parmi les fils de princes ? Nous ne le savons pas. Il est seulement vraisemblable que l'information a circulé en haut lieu, c'est-à-dire entre ceux qui n'avaient pas intérêt à ce qu'elle soit davantage diffusée et dans un milieu également étroit et fermé, celui des anciens d'URSS.

Les années ont passé...

Néanmoins, ces tragédies demeurent marginales. Étrangement, aussi riches qu'elles aient été en événements dramatiques, les années 1958-1964 correspondent pour la caste et les familles qui la composent à des périodes d'évolution lente qui, malgré le bruit des haut-parleurs et les répétitions de la propagande, sont presque heureuses.

Le phénomène le plus important est le vieillissement des chefs de famille. En général nés autour de 1900, ils étaient âgés d'une cinquantaine d'années dans la décennie qui suivit la prise du pouvoir. Cependant, les conditions de la guerre civile les avaient souvent affaiblis, et ils ne s'étaient guère ménagés depuis, notamment pendant le Grand Bond en avant. Aussi, malgré les efforts des médecins, leur santé se dégradait-elle régulièrement. C'est alors que Mao Zedong, obsédé par le déclin de ses capacités physiques, se mit à circuler dans son train spécial entre les maisons de repos qui lui étaient réservées, et que la plupart des autres dirigeants prirent leurs habitudes dans les résidences où ils emmenaient parfois des enfants : l'hiver à Dalian et surtout à Canton, ou au Fujian, l'été à Beidaihe ou Qingdao, et les intersaisons à Shanghai[29]. Mais déjà la maladie réduisait la cohorte des vainqueurs : de grands anciens comme Lin Boqu, Luo Ronghuan et Chen Geng sont morts au début des années 1960. Et d'autres dirigeants faiblissaient à vue d'œil : entre autres, Liu Shaoqi, épuisé en 1961 par la découverte de la catastrophe (des dizaines de millions de morts...), et atteint en 1963 par un début de tuberculose, ainsi que Chen Yun et Lin Biao qui multipliaient les arrêts maladie[30]... Ces nouvelles alertaient les autres dirigeants : nombre d'entre eux entreprirent de se faire examiner régulièrement à l'hôpital de Pékin à partir de 1962[31].

On ne peut pas non plus écarter l'hypothèse que, chez certains, la fatigue fut également politique et morale. Ils avaient investi beaucoup d'espoirs dans le nouveau régime et dans Mao Zedong, l'homme qui les avait conduits à la victoire – les cyniques comme Kang Sheng étaient peu nombreux. Ils avaient ensuite découvert combien était complexe la gestion du pays, mais aussi espéré qu'avec le Grand Bond en avant Mao aurait découvert une sorte d'accélérateur vers le communisme, c'est-à-dire la suffisance dans le peuple et l'abondance dans l'élite. Et puis, la catastrophe s'était produite...

Comment dès lors trouver la force morale d'y croire encore ? Ne valait-il finalement pas mieux se taire quand les enfants posent des questions[32] ?

Des évolutions intellectuelles ou psychologiques se produisent aussi. Lu Dingyi, le patron de la propagande, a visiblement réfléchi loin du dogme pour déclarer à un de ses fils que toute la dialectique de Marx était déjà dans le taoïsme…Wei Jingsheng se souvient que son père, un haut cadre, s'était réfugié au contraire dans « une attitude craintive et farouchement conservatrice ». Un autre père, cadre provincial de bon niveau, a « beaucoup changé. Il n'était plus le rigoriste d'autrefois », rapporte sa fille. De fait, l'épouse du patron du Jiangxi raconte comment, en plein drame alimentaire, des dirigeants provinciaux ont profité d'une réunion pour faire un tour dans Pékin[33]. D'autres, plus nombreux semble-t-il, se contentent de vivre dans le confort et l'abondance[34].

Parmi les plus hauts dirigeants, cependant, ce qui l'emporte, c'est l'intention de comprendre ce qui se passe et donc d'enquêter – Mao Zedong ne peut s'y opposer, il y trouve même l'avantage de distraire ses collègues de la quête des responsabilités. Comme s'ils pensaient regagner ainsi quelque vigueur, nombre d'entre eux effectuent une mission dans leur pays natal. Liu Shaoqi se rend pour la première fois dans sa famille du Hunan et ce qu'il découvre lui arrache des larmes[35].

La fatigue physique et morale de nombreux dirigeants provoque des effets considérables au sein des familles. La place occupée par les mères, beaucoup plus jeunes et en pleine forme, ne cesse d'augmenter et devient parfois prépondérante, notamment parce qu'elles sont aidées par un personnel de maison renforcé : Ye Qun, épouse de Lin Biao, a trois servantes à son service, et laisse une gouvernante élever ses enfants, qui l'adorent[36]. Beaucoup d'entre elles dépasseront les quatre-vingt-dix ans et l'on comptera au moins une centenaire (la veuve de Ren Bishi).

Dans de nombreuses familles, il se produit ainsi une véritable prise de pouvoir. Certaines maîtresses de maison régentent littéralement le foyer. L'épouse de Chen Yi, par exemple, contrôle de près son régime alimentaire, son tabac et l'alcool qu'il consomme, au point qu'il menace parfois de divorcer et appelle à son secours l'ami Zhou Enlai[37]. En outre, confortées par leur fonction de collaboratrice de leur mari, elles peuvent désormais se charger de tâches politiques. Par exemple, Lin Biao, que les maux de tête empêchent souvent de travailler, confie à son épouse des missions de liaison avec ses lieutenants, et Liu Shaoqi encourage Wang Guangmei à intervenir dans le Mouvement d'éducation socialiste à partir de l'automne 1963. Quant à Zhuo Lin, pendant la catastrophe du Grand Bond, elle conseille vigoureusement à son mari Deng Xiaoping de surveiller ses propos, et il obtempère[38]... Ce regain d'influence rend possible un renouveau de vie sociale que l'épouse du patron de la province du Jiangxi explique avec candeur dans ses mémoires : comme il y a de plus en plus de grands conclaves depuis le Grand Bond en avant et que les épouses sont désormais du voyage, elles ont désormais l'occasion de se rencontrer, de discuter et de se jauger[39].

Les enfants ont grandi !

Ce n'est pas tout : les enfants ont grandi, et le vieillissement de leurs pères accroît leur importance. Pour les familles comme pour la caste, ils incarnent plus que jamais l'avenir, la seule raison qui puisse motiver une distraction au cours d'une réunion et le seul sujet non politique que l'on puisse aborder lors d'une discussion avec un collègue. Ainsi, lorsque Zhu Min est blessée lors du Mouvement d'éducation socialiste, le même Zhu De qui l'avait traitée fort distraitement lors de son retour d'URSS, envoie un hélicoptère[40]. Plus tard, Liu Shaoqi et Wang Guangmei donneront une preuve spectaculaire de cette préférence absolue pour les enfants : c'est en faisant porter la nouvelle que leur fille avait eu un accident que Kuai Dafu et sa faction de Gardes rouges parviendront à se saisir du président de la République et de son épouse qui jusqu'alors refusaient de sortir des Murs rouges.

Les aînés, et notamment la génération de Yanan et de Moscou, sont évidemment ceux qui pèsent le plus dans les familles. Leurs belles-mères mettent souvent un point d'honneur à les aider à entrer dans la vie active. Le premier acte fut de les pousser à l'université, en dépit d'un niveau scolaire souvent insuffisant : elles firent tout leur possible pour obtenir la caution de leur lycée. Le deuxième acte fut la manœuvre pour leur trouver un bon emploi – sans les établir à un poste dirigeant : prudence politique oblige... Zhu De, aussi distrait à l'égard de son fils que de sa fille, installe celui-ci à un poste très médiocre dans les chemins de fer. Zhou Enlai pousse ses jeunes parents dans l'armée : c'est plus sûr, et cela ne fait pas de vagues. Zeng Shan, pour sa part, fait de ses deux rejetons les moins brillants des ouvriers – ils monteront plus tard dans la hiérarchie. Il concentre toute son ambition sur son troisième en le positionnant comme secrétaire de Yu Qiuli, un des patrons de la commission du Plan : la carrière de Zeng Qinghong sera brillante et longue[41]. C'est le début d'une pratique, qui se généralisera plus tard : le placement d'un fils jugé brillant auprès d'un ami de l'élite dirigeante.

Les plus âgés des fils de princes commencent à leur tour à se marier. À vrai dire, quelques mariages avaient déjà été célébrés publiquement au début des années 1950, avec bien peu de faste. Celui de Zhu Min avait causé un petit scandale car son mari n'était qu'un secrétaire d'ambassade sorti d'une université militaire de province. Après avoir été dissuadée de choisir un étudiant chinois en URSS, Zhou Bingde, la fille adoptive de Zhou Enlai, fit un choix comparable en épousant un collègue instituteur[42]. C'est plus tard qu'eurent lieu les premières vraies fêtes nuptiales de la caste : celles de Li Min, fille de Mao Zedong et He Zizhen, et de Nie Li, fille du maréchal Nie Rongzhen.

Située au sommet de la hiérarchie, Li Min épouse en 1959 le fils d'un ancien général nationaliste rallié au régime. Le mariage est socialement acceptable à une époque où l'on réduit la fièvre communiste, mais, pour autant, Li Min a choisi son mari pour ses qualités humaines, probablement aussi pour la solidité de sa famille (car elle avait souffert des emportements de Jiang Qing et des pleurs de sa mère). Établie par Mao, la liste des invités sera relativement réduite et fort peu protocolaire[43].

En revanche, le mariage de Nie Li, la fille de Nie Rongzhen, une ancienne d'URSS, sonne les trois coups des mariages d'enfants de princes qui se multiplieront dans les années suivantes et surtout après la Révolution culturelle. La cérémonie, habilement organisée en 1961 à Canton en pleine saison d'hiver, est une manifestation mondaine exceptionnelle pour l'époque : la moitié des maréchaux y assistent, célébrant ainsi le début d'une carrière de successeurs chez les jeunes gens[44]. Cette union est le premier d'une longue série de mariages arrangés pour le bien d'une ou de deux carrières et d'une fortune familiale.

Université, profession : des stratégies familiales

La plupart des descendants de la caste ne sont pas encore en âge de travailler, ni de se marier. Ils étudient alors dans les grands lycées. Lorsque leur scolarité s'avère médiocre, leur famille se contente de les aiguiller vers l'armée ou, en tout dernier recours, vers des métiers administratifs. Lorsqu'ils sont doués, les parents définissent de véritables stratégies. L'université ? L'une des meilleures, bien entendu, c'est-à-dire, pour les pensionnaires des Murs rouges, l'une des deux grandes universités classiques : Qinghua ou Pékin, qui sont d'emblée préférées à l'université du peuple, pourtant née de l'aide soviétique, et à l'École normale surtout destinée aux futurs enseignants, et par conséquent aux jeunes filles... Les autres universités, à Pékin voire en dernier lieu en province, sont sélectionnées lorsqu'elles proposent un programme très spécialisé ou orienté vers un métier précis – nombre de simples fils de généraux ou de vice-ministres s'en satisfont.

Avant toute chose, les parents se préoccupent des possibilités de *baosong* (l'envoi direct du lycée à l'université, sans examen). Leurs camarades « ordinaires », en revanche, devront passer un examen d'entrée. Certains même ne pourront pas prétendre à l'université à cause de leur mauvaise ascendance ou de la pauvreté de leurs parents[45]. Très tôt, les pères et mères de l'élite se mobilisent pour obtenir les précieuses exemptions. Le maréchal He Long et sa femme demeurent encore célèbres pour leur campagne en faveur d'un fils pourtant très en dessous du niveau requis, qui devra tripler sa dernière année scolaire avant de profiter du précieux sauf-conduit[46]... Le maréchal Chen Yi n'était pas mauvais non plus à ce jeu et, en 1963, Peng Zhen, le tout puissant maire de Pékin, loin de se résigner au refus que les autorités académiques de l'université de Pékin opposaient à la candidature trop médiocre de sa fille Fu Yan, communiqua publiquement le dossier au recteur en personne. La réponse ne tarde pas : elle est positive[47] !

Ensuite vient la question de l'orientation. À ce propos, les discussions se multiplient en famille et avec les amis. C'est le moment où le chef de famille brille, en formulant des avis stratégiques définitifs. Pour le public occidental d'aujourd'hui, la surprise est de taille : la plupart ne penchent pas vers la politique, mais vers des matières scientifiques et techniques ! Cette méfiance envers la carrière politique n'est pas nouvelle dans le monde communiste : déjà, en URSS, Beria voulait en détourner son fils Sergo[48]. Les plus ambitieux pères de famille présentent à la table familiale de vastes plans d'occupation des terrains professionnels d'avenir. Chen Yi charge trois de ses fils de la technologie, de l'industrie et de l'agriculture, laissant distraitement la diplomatie à sa fille. Il déclare sans ambages à la table familiale : « Nous sommes à l'époque de la nouvelle Chine, les problèmes politiques sont pour l'essentiel résolus, il faut maintenant se mettre à développer les sciences pour pousser l'économie[49]. » Quant à Luo Ruiqing, pour rappeler les missions qu'il leur attribue, il change les prénoms de ses trois garçons qui s'appellent désormais « Fusée », « Espace » et « Atome »[50].

Pour autant, les secteurs utiles ne sont pas totalement négligés. Par exemple, certains membres de l'élite considèrent comme moderne et convenable de placer une fille dans une faculté de médecine[51]. Pour eux, la santé représente un domaine d'avenir, et leur fille pourra mettre ses futures compétences au profit de de leurs parents et en particulier de leur père – ce qui d'ailleurs se produira. Une autre idée très discutée est d'aller étudier à l'étranger, le ministère des Affaires étrangères chinois commence en effet timidement à sélectionner des étudiants. Certains parents acceptent cette hypothèse, parmi lesquels Lin Biao et Chen Yun, tandis que d'autres la refusent, estimant qu'il faut étudier en Chine même[52]. À l'université, où le choix des matières et des départements est précisé en fonction des professeurs disponibles, les parents donnent aussi leur opinion ; Li Xiannian, par exemple, interdit à ses enfants de choisir une carrière commerciale[53].

Après le diplôme commence la recherche d'un poste. La plupart des parents mobilisent alors leurs relations, tel le général Yang Chengwu qui place sa fille comme rédactrice au *Journal de l'armée de l'air* en 1965. La tâche n'est pas hors de portée, et l'avant-garde des fils et filles de princes s'engage au début des année 1960 dans des ministères, des grandes usines ou l'armée – ceux-là, au moins, pourront traverser sans encombres la Révolution culturelle[54].

L'institut de la caste

Il est probable que des grognements se soient fait entendre dans certaines familles de hauts cadres, notamment militaires, devant l'obligation que leurs enfants soient sélectionnés par des professeurs civils pour faire des études supérieures, et devant l'intérêt fort modéré que

les universités manifestaient pour les problèmes de défense nationale
– tout cela, alors que l'armée de Lin Biao jouait un rôle croissant dans
la politique nationale. C'est sans doute ce qui motive la vogue très
significative du célèbre institut des industries militaires de Harbin à
partir de la fin des années 1950.

Son histoire est singulière et mériterait des recherches plus
approfondies. Il semble en effet que l'idée d'un institut militaire
sino-soviétique ait été à l'origine émise par Staline en personne porté
par l'enthousiasme du début des années 1950. C'est la raison pour
laquelle l'institut serait né dans une ville à grande majorité soviétique,
Harbin, située dans la partie septentrionale de la Mandchourie, sur
un terrain appartenant à l'URSS et grâce à une aide de Moscou si
massive que le conseiller soviétique en chef y faisait au début la loi[55].
La cérémonie d'ouverture aurait eu lieu en septembre 1952, et l'institut aurait été confié à la direction d'un général rendu célèbre par ses
services au Vietnam puis en Corée, Chen Geng. Celui-ci, pourtant
nommé chef d'État-Major adjoint en 1954, semble s'être heurté à
des problèmes dans les années suivantes : purges de certains professeurs imposées par Pékin en 1955 et 1957, opposition de quelques
maréchaux et surtout, semble-t-il, disputes avec le protecteur soviétique. En tout cas, c'est à partir de la rupture militaire avec Moscou,
en 1959-1960, et après qu'y ait été fondé un département de physique
nucléaire que l'institut de Harbin devint à la mode dans la caste[56].
Le succès était tel que les parents de jeunes filles exigent qu'elles
puissent également l'intégrer, demande qui motive une intervention
favorable de Zhou Enlai lui-même[57].

La première raison de ce succès est que les programmes de l'institut
répondent à une conviction très répandue à l'époque que Zhu De
résumera en déclarant à ses petits-enfants en 1964 : « Plus tard vous
vous présenterez à cette école car la guerre du futur sera une guerre
entre scientifiques. » Et de fait, à l'heure où Mao et Lin Biao glorifient
officiellement la guérilla, ce sont les cours sur la construction des
fusées qui attirent le plus d'élèves[58]. Il semble aussi que les conditions
d'accès aient été tout simplement moins difficiles que pour l'entrée
à l'université, ce qui favorisait non seulement les élèves médiocres
des grandes familles de chefs, mais également les enfants des simples
généraux – le prolétariat de l'élite – dont le niveau scolaire avait pâti
des garnisons lointaines et dont les mères étaient moins diplômées
que les épouses des grands chefs.

Toujours est-il que l'afflux des enfants de l'élite est tel qu'à partir de la fin des années 1950, l'institut passe de plus en plus pour l'école de l'aristocratie. En 1959, deux fils de maréchaux et un neveu de Mao Zedong figurent parmi les recrues, ce qui fait sensation au sein de la caste. Pourtant les dirigeants de l'institut commencent également à se poser des questions : un tel recrutement ne risque-t-il pas de susciter des critiques dans le parti – ou de la part du président ? En 1961, une enquête interne révèle que la plupart des étudiants expriment un sentiment de supériorité. En juillet, une réunion de la commission des affaires militaires du Comité central dénonce le phénomène. Elle décide que désormais on ne pourra entrer à l'institut de Harbin qu'à condition de réussir l'examen d'entrée aux universités. En décembre 1962, soit après la dixième session du Comité central où Mao Zedong avait repris l'ensemble des pouvoirs, une affaire éclate à propos d'un ancien élève, fils d'un simple général, qui regardait des films pornographiques et écoutait « La Voix de l'Amérique ». Un rapport estime en avril 1963 que 18,5 % des élèves de l'institut sont alors en « retard idéologique », scolaire ou moral. Une sévère campagne de rectification des « mauvaises tendances » sera organisée durant l'année suivante. L'institut perdra ensuite de son éclat au profit des grandes universités pékinoises[59].

L'adolescence des fils de princes

Ces critiques et ces inquiétudes témoignent d'un phénomène que les familles de l'élite subissent sans savoir toujours le traiter : leurs enfants sont ou vont devenir des adolescents. Alertées, les éditions officielles multiplient les ouvrages pédagogiques, mais rien n'y fait, et même de célèbres chefs de famille perdent parfois de leur assurance. Ainsi, Yang Shangkun, qui se confie dans son journal intime, s'affole devant le comportement de son fils adolescent puis se félicite des conseils qu'il a donnés à son deuxième fils, mais une semaine plus tard il provoque les sanglots de sa fille et lui-même part en pleurs… Liu Shaoqi en revanche ne se démonte pas et cosigne avec Wang Guangmei une lettre très doctrinaire à leur fille de quatorze ans : « Qui es-tu vraiment ? » ; « Quel est ton idéal ? » ; « Es-tu vraiment communiste[60] ? » Quant à Lin Feng, son ancien collaborateur, il se montre tout aussi dur à l'égard de sa fille qui vient d'entrer à l'université Qinghua et dénonce le fait que « maintenant, les vieux révolutionnaires ont des enfants contre-révolutionnaires[61] ».

Devenus adolescents, les enfants occupent plus de place. En famille, ils sont plus bruyants et n'hésitent pas à donner leur avis. Les parents doivent tenir plus grand compte de leurs revendications. Ainsi, après avoir subi des récriminations, nombre d'entre eux et même Liu Shaoqi emmènent leurs enfants – les plus âgés surtout – lorsqu'ils partent en mission : étrangement, le phénomène se répand à partir de l'échec du Grand Bond en avant, comme si le resserrement des liens familiaux était nécessaire dans cette période de déceptions politiques[62].

Plus généralement, les parents mélangent les marques d'attention et les accès d'autorité, et ce sont bien entendu les premières qui meublent la mémoire officielle. Tel général conduit ses enfants sur la place Tian'anmen pour voir le feu d'artifice de la fête nationale ; Hu Qiaomu emmène les siens nager dans la piscine des Murs rouges, où il les présente à Mao Zedong ; et des nages collectives sont organisées dans le « lac du Sud » tout proche[63].

Par ailleurs, des concessions sont accordées aux enfants qui ont grandi. Chez He Long, on ferme les yeux sur les visites de son bureau et de ses armes par ses aînés. Chen Yun laisse son fils Chen Yuan lire les *Nouvelles de référence*, une publication normalement réservée aux responsables. Certains autres parents accordent plus d'attention à leurs filles. Comme la sienne s'est affolée de devoir passer une radio à l'hôpital de Pékin, Yang Shangkun convoque à la fois le directeur de l'hôpital et le radiologue[64]. Par ailleurs, nombre de familles cessent d'exiger que leurs filles se portent candidates à la Ligue des jeunesses communistes et admettent qu'elles s'intéressent à des sujets de leur âge[65].

En revanche, certains interdits demeurent en vigueur. L'habillement des jeunes filles est encore surveillé. En dépit des protestations des enfants, les projections de films sont étroitement contrôlées[66]. Surtout, les relations entre les deux sexes sont toujours sévèrement surveillées. Les écoles sont séparées, on l'a dit, et garçons et filles n'ont en général pas les mêmes jeux hormis les collections de timbres. De leur côté, les garçons s'amusent à des jeux guerriers et bricolent des postes de radio, alors que les filles s'efforcent de se glisser dans les bals organisés pour leurs parents[67]. Peut-être des amourettes se sont-elles développées, cependant elles étaient si désapprouvées que ni les journalistes ni les mémorialistes n'osent en faire état. Les seules allusions, assez générales, à des « relations illégales » entre fils et filles des Murs rouges se trouvent dans les récits des vacances à Beidaihe[68].

Que des dirigeants dont la jeunesse fut très libre se soient montrés aussi sévères à l'égard de leurs propres enfants n'est pas très original. Cette sévérité était à l'époque justifiée par le caractère radicalement nouveau de la société que voulait créer le parti. Il n'empêche que la discipline subie par la jeunesse dans l'élite comme dans toute la Chine explique probablement en partie le caractère explosif que la Révolution culturelle revêtira.

De nouveaux espaces d'affirmation

L'espace des Murs rouges, qui était auparavant surtout dédié aux jeux, devint également un espace d'affirmation. Les fils de princes y avaient appris très tôt à reconnaître les personnages importants des Murs rouges, telle Cai Chang qui s'était érigée en véritable protectrice. Ils ont également appris depuis, sous la direction de leurs parents, à croiser les grands dirigeants et à leur adresser un salut respectueux. Il n'était pas rare, par exemple, qu'ils rencontrent Mao Zedong à la piscine, ou Zhu De à la cantine. Les plus audacieux osent désormais leur adresser la parole, comme Liu Yuan, fils de Liu Shaoqi, qui connaissait bien le patron de la sécurité aux Murs rouges, Wang Dongxing. Liu Tao, la fille favorite de Liu Shaoqi, osa même l'incroyable : rencontrant Mao Zedong dans les allées des Murs rouges, elle lui demanda d'intervenir auprès de ses parents afin qu'ils l'autorisent à changer de cursus à l'université. Mao écrivit bientôt à Wang Guangmei pour lui conseiller de respecter l'aspiration de Liu Tao. Aussitôt, cette situation provoqua la colère de Liu Shaoqi et Wang Guangmei écrivit une lettre d'explication à Mao Zedong[69]… L'anecdote montre bien que, si la fille de Liu Shaoqi ne savait rien des rapports compliqués entre Mao et Liu, et ignorait donc que le président adorait affoler ses ennemis, elle était capable de se plaindre à lui comme au patron des Murs rouges. Vivre dans une cour favorisait là comme ailleurs l'audace sociale des fils de princes car, après tout, le « grand dirigeant » habitait tout à côté…

Malgré le secret maintenu dans les domaines essentiels et les contrôles de tous ordres, la caste demeure tout de même un espace social formateur, dans lequel par exemple enfants et adolescents apprennent les nuances entre la distance voire la mésentente parmi des collègues, et la chaleur qui règne entre les frères d'armes. On s'habitue également aux distances bureaucratiques ou personnelles entre les dirigeants – par exemple, Li Zuopeng, un haut gradé qui doit ses promotions à Lin Biao, n'a parlé qu'une seule fois de sa vie au maréchal He Long, grand soldat mais ennemi définitif du génial stratège[70].

Des bruits courent également, colportés par les femmes de ménage et les gardes, sur les disputes entre les grandes dames. Ainsi s'est répandu le récit d'une rencontre à haut risque qui s'est produite un jour de 1963 au n° 98 de la fameuse rue Wang Fu Jing où se trouvait la boutique réservée aux dirigeants[71]. Ye Qun, l'épouse de Lin Biao, y rencontre Yan Weibing, celle de Lu Dingyi, qui avait été sa rivale à Yanan. Or, depuis quelque temps, le maréchal reçoit des lettres anonymes qui moquent son impuissance sexuelle et les frasques de son épouse. Ye Qun est certaine que la dame Yan en est l'auteure – elle a raison, on le saura plus tard. Le scandale est évité de peu, mais il réjaillira au début de la Révolution culturelle.

Il existe également de véritables amitiés entre certaines familles, dont les enfants tiennent la chronique. Celles-ci se rencontrent souvent le dimanche après-midi, et leurs enfants en profitent pour jouer ensemble : c'est par exemple le cas des familles de Chen Yi et de Deng Xiaoping, toutes deux originaires du Sichuan. Et de fait, dans cette caste comme dans tant d'autres, la géographie, les goûts alimentaires et les sympathies entre les épouses comme entre les enfants sont des facteurs décisifs des groupements entre familles.

Pourtant, comme sous d'autres horizons, c'est surtout à l'école que se forment les groupes d'amis qui parfois dureront très longtemps. Ceux-ci sont assez variés et très influencés par des personnalités fortes que nous retrouverons plus loin : par exemple Chen Yuan (fils de Chen Yun), Deng Pufang (fils de Deng Xiaoping), Hu Deping (fils de Hu Yaobang), Tao Siliang (fille de Tao Zhu), Wang Jun (fils de Wang Zhen), Yang Shaoming (fils de Yang Shangkun), et Ye Xuanning (fils de Ye Jianying)[72].

Ces bandes d'amis mériteraient une étude plus précise. Ce que l'on peut dire, en tout cas, c'est que ces groupes ne tiennent pas toujours compte de l'affiliation professionnelle ou politique des parents : par exemple celui qui se rassemble autour de Tao Siliang (dont le père, patron du sud, n'est pas encore l'un des plus hauts dirigeants) comprend à la fois Li Na, fille de Mao, Lin Doudou, fille de Lin Biao, et Nie Li, fille de Nie Rongzhen, déjà mariée – toutes ont déjà dépassé le stade du lycée[73]. Par ailleurs, He Pengfei, fils du maréchal He Long et doté d'un fort caractère, a toujours entretenu des relations étroites avec les enfants de quatre familles alors considérées comme plutôt « civiles » : Deng Xiaoping, Li Jingquan (patron du Sichuan), Peng Zhen (maître de Pékin) et Liu Shaoqi[74]. Ces groupes joueront un rôle durant la Révolution culturelle mais également après. Ainsi, Deng Pufang, un fils de Deng Xiaoping dont nous reparlerons, a constitué au « lycée 1er août » un groupe de quatre fils de princes qu'il réunira durant les années 1980 dans la puissante fondation qu'il formera.

Avant la tempête

Au final, grâce aux avantages extraordinaires dont ils disposent dans une période de catastrophe puis de lente cicatrisation, les fils de princes chinois vivent en général une adolescence assez banale sous la double protection de leur caste et de leurs familles. Ils ne peuvent donc discerner ce que Mao prépare, qui transparaît pourtant dans les récits postérieurs des témoins. On voit par exemple assez tôt qu'il s'intéresse à la jeunesse – alors que Liu Shaoqi déménage son bureau car les adolescents font trop de bruit à son goût[75]. Cependant, le président s'intéresse aux enfants des Murs rouges et à la jeunesse en général plus qu'à ses propres enfants qu'il traite sévèrement : ils doivent presque prendre rendez-vous s'ils désirent le voir. Il se montre au moins aussi intéressé par son neveu Mao Yuanxin (surnommé « le petit Mao ») que par ses propres filles, et c'est lui qu'il choisit en juillet 1964 pour placer quelques premières « mines » démagogiques sur la question de l'éducation dans une « discussion » qui est immensément diffusée[76].

Désormais, en effet, Mao répand partout l'idée qu'il est hostile aux éducations trop autoritaires – en adressant cette critique à des collègues dont il avait dénoncé en 1958 le comportement excessivement laxiste à l'égard de leurs enfants, sans donner suite[77]. Il se montre en particulier très décontracté à propos d'un des dogmes de la société des Murs rouges : les bonnes notes à l'école ! Dans le courant de l'année 1965, il manifeste à plusieurs reprises son insatisfaction devant l'insuffisante politisation de l'enseignement et lâche quelques jugements très durs sur les enfants de hauts cadres, qu'il qualifie même de « calamité[78] ».

Au fil des mois, de plus en plus de bruits colportent des déclarations présidentielles qui frappent les imaginations des adolescents des Murs rouge. Ainsi, en 1964, il dénonce l'emploi exagéré de secrétaires : « Si on leur fait tout faire, alors il faut supprimer les ministres et chefs de bureau[79]. » Mais nombre de quotidiens ignorent ses propos et les partisans des deux bords se contredisent encore très discrètement. Dans un institut militaire, un étudiant note sur son journal personnel que les déclarations de Lin Biao et du maréchal Chen Yi sur le « rouge et l'expert » sont contradictoires. Cependant, en août 1965, Liu Shaoqi le discret, l'homme de la discipline, lâche devant sa fille Aiqin que « dans le parti aussi il y a de la lutte[80] ». Il est vrai que durant ce même été 1965 les traditionnelles vacances à la mer à Beidaihe sont supprimées sur ordre du Comité central. Le contingent de jeunes des Murs rouges affecté avec Liu Yuan à la garde des bâtiments sacrés reçoit de nouveaux volontaires[81]. Durant la deuxième partie de l'année 1965, les parents des Murs rouges se procurent les « citations » du président nouvellement publiées, mais sans faire de commentaires[82].

Rien, pourtant, n'est dit avant le terrible été 1966. Aucun fils de princes n'imagine la tragédie qui va se produire. D'abord parce qu'aucun d'entre eux n'a pris la mesure de la tragédie du Grand Bond en avant ; ensuite parce que depuis, ils avaient perçu confusément le consolidation de la caste ; enfin et surtout parce qu'ils se croyaient aux portes d'une vie professionnelle brillante. D'une manière générale, personne ne disposait des moyens intellectuels pour prévoir ce qui se passerait. Les parents, eux, savaient ou sentaient que des nuages noirs s'accumulaient, mais ils n'osaient imaginer que Mao jouerait avec le pire. Et pourtant, c'est ce qui allait se produire. C'est le déclenchement par Mao Zedong de la Révolution culturelle qui menacera de disparition et la caste et ses familles : le choc sera terrible, avant de se révéler positif.

Chapitre IV

La caste menacée
(1966-1971)

Répétons-le : bien plus encore que leurs parents, les enfants de la caste rouge n'ont rien vu venir. Prisonniers de leur bonheur et de leurs avantages, presque coupés de tout contact avec le réel, ils étaient devenus les premières victimes du contrôle de l'information exercé par leurs aînés. Adulés et stimulés, ils avaient échoué à interpréter les préférences ou les agacements de leurs parents à l'égard de certains de leurs collègues et, surtout, les silences fatigués qu'ils opposaient aux proclamations « maolâtriques » des médias.

La plupart des fils de princes n'ont pas soupçonné le danger de certains esprits malins qu'ils ne connaissaient pas, dont Mao qui était trop sacré, Jiang Qing, Lin Biao, Kang Sheng et Chen Boda qui vivaient cachés, et qui ne s'occupaient guère de leurs propres enfants. Même si quelques-uns échangeaient un peu, comme Liu Shaoqi ou Chen Yi, que pouvaient bien comprendre leurs enfants ? Les purges organisées par Mao dès le mois de septembre 1965 révélaient une stratégie tellement ambitieuse qu'ils n'avaient tout simplement pas les moyens de la concevoir.

Les événements radicaux et sanglants déclenchés par l'entreprise maoïste afin de s'emparer d'un pouvoir total ont subitement changé cette situation durant l'été 1966. Jusqu'alors surprotégés derrière la logorrhée des propagandes, les fils de princes se sont engouffrés dans la lutte violente pour le pouvoir. Désormais minoritaires et bientôt rangés parmi les plus faibles, ils furent progressivement contraints de s'adapter aux ressorts de la politique dans un régime totalitaire : l'expérience devait être terrible.

Les fils de princes à l'avant-garde

D'après la remarquable étude de madame Xiaohong Xiao-Planes sur les premiers temps de la Révolution culturelle, tout commence, dans cette bourrasque imprévisible, par une étrange montée au front des fils de princes. Citant des interviews de plusieurs d'entre eux, elle met en évidence leur nouveau comportement dans les lycées et les universités d'élite de Pékin entre 1964 et 1966 : leur opposition aux professeurs et aux administrations, la multiplication des incidents qui les opposent aux autres lycéens ainsi que leur progressive adhésion aux propos anti-« révisionnistes » et à la démagogie révolutionnaire que Mao Zedong développe dans une lettre adressée à Lin Biao datée du 7 mai 1966. Leur radicalisation idéologique s'étend même aux Murs rouges où certains s'engagent dans les Gardes du Comité central[1]. Hu Dehua, fils de Hu Yaobang, refuse pour sa part durant l'été 1965 de se rendre à la plage de Beidaihe en clamant qu'il n'ira « que quand tous les peuples du monde pourront y aller[2] ».

Ainsi s'explique, selon madame Xiaohong Xiao-Planes, le rôle significatif de très nombreux fils de princes dans les troubles qui touchent les meilleurs lycées de Pékin dès les mois qui précèdent le retour de Mao à Pékin le 18 juillet 1966. Parmi leurs leaders, elle cite des noms que nous retrouverons plus loin : Liu Yuan, Liu Pingping et Deng Rong, descendants de Liu Shaoqi et Deng Xiaoping, Bo Xiyong, Kong Dan, Dong Lianghe et Chen Xiaolu, fils de Bo Yibo, Kong Yuan, Dong Biwu et Chen Yi[3]. Durant l'été 1966, ils entraînent une grande partie de leurs camarades des grands lycées et des universités, et contribuent à l'extension du mouvement des Gardes rouges, imposant notamment dans leurs rangs la mode des uniformes verts de l'armée : la mode révolutionnaire consiste donc à singer les troupes d'élite du pouvoir maoïste. Le 18 août, ils encadrent le premier grand meeting de la Révolution culturelle, la fameuse réception par Mao des Gardes rouges venus des provinces. Song Binbin, fille de Song Renqiong (le patron du nord-est), y remet en grande pompe un brassard de Garde rouge au président[4].

Par ailleurs, les fils de princes sont particulièrement actifs dans ces premiers mois. Et pas seulement dans les universités ou les lycées : dès juin, une petite fille de Kang Sheng aurait déclenché un massacre de « propriétaires fonciers » à Daxing, dans la banlieue de Pékin[5]. Nombre de fils et filles de princes vont contribuer aux violences à venir dans la capitale, certains inspireront même la « thèse » immédiatement célèbre des « liens du sang », « à père héros fils bon, à père réactionnaire fils bon à rien », qui légitimait le rôle majeur qu'ils estimaient mériter.

Cependant, dès la mi-octobre, Mao Zedong charge son ancien secrétaire Chen Boda, devenu responsable du Groupe central de la Révolution culturelle, de siffler la fin de la partie. Après coup, comme l'écrit Xiaohong Xiao-Planes, on comprend qu'il s'était servi de ces troubles comme d'un « détonateur ». En outre, on peut légitimement imaginer que l'idée de déclencher la Révolution culturelle tout en songeant déjà à se débarrasser de ses instigateurs ne lui a pas déplu.

Dans cette première période, le fils de prince le plus célèbre et le plus emblématique est Kong Dan. Né en 1947, ce rejeton de Kong Yuan, patron des services secrets chinois, s'était fait remarquer par son don pour les langues (fait rarissime, il apprenait l'anglais tout seul) et son caractère impulsif. C'est lui qui, en août 1966, gagne l'élection au comité révolutionnaire de l'école « numéro 4 » face à Liu Yuan, le fils de Liu Shaoqi[6]. Il jouera durant les années 1980 un rôle important dans la relance de l'économie chinoise.

Cependant, la vague des fils de princes n'est pas unanime, et elle contribue à faire de la Révolution culturelle un événement aussi multiple que jusqu'alors le régime et la société étaient supposés uniformes. Ainsi, He Pengfei (fils de He Long) et Liu Tao (fille de Liu Shaoqi) commandent le mouvement des Gardes rouges à l'université Qinghua, tandis que deux autres jeunes leaders très connus, Deng Pufang (fils de Deng Xiaoping), et Hu Deping (fils de Hu Yaobang) sont plus réservés à l'université de Pékin[7]. Et, à l'école « numéro 8 », Chen Xiaolu, fils de Chen Yi, est le seul à refuser de quitter les Jeunesses communistes pour devenir Garde rouge, ce qui témoigne alors d'une courageuse indépendance d'esprit.

L'épisode révèle la fluidité des choix politiques dans ces premiers mois de la Révolution culturelle. En effet, si Chen Xiaolu se montre cohérent quand il fonde bientôt, avec des élèves des écoles « numéro 4 » et « numéro 6 », un « détachement de Gardes rouges pour le maintien de l'ordre dans la ville occidentale », il est suivi par deux camarades jusque-là très engagés dans le mouvement, Kong Dan et Bo Xiyong (un fils de Bo Yibo), qui mettent en place un « détachement » équivalent pour « la ville orientale ». Ils fusionnent en novembre avec un troisième « détachement » pour former

le 5 décembre suivant le fameux *Liandong* (« Action unie ») dont la
proclamation appelle les « fils de cadres révolutionnaires », « sous
la direction du PCC », à se montrer fidèles au marxisme-léninisme
– appel risqué à la fois politiquement et intellectuellement –, « à la
pensée de Mao d'avant 1960[8] ». Le 26 décembre, à peine la nouvelle
organisation a-t-elle réuni son premier et unique meeting, que déjà les
arrestations se multiplient. Plus de trois cents de ses membres seront
détenus quelques mois dans la fameuse prison de Banbuqiao à Pékin[9].

Zhou Enlai a-t-il pris le risque, comme on peut le lire ici ou là, de
créer sa propre organisation de Gardes rouges ? Une telle initiative
d'un homme aussi prudent parait douteuse, cependant il a pu fournir
au *Liandong* des moyens financiers par l'intermédiaire de certains
collaborateurs. En tout cas, profitant de la contre-attaque menée par
Tan Zhenlin lors de la réunion du Bureau politique du 16 février 1967,
il a cru possible d'informer Mao de cet étrange « détachement » et
a obtenu son accord pour la libération de ses principaux membres
– celle-ci sera même célébrée par une réception[10]. À la même époque,
à Shanghai, des membres éminents de la direction officielle de la ville
manipulaient une organisation de Gardes rouges où militaient également des fils de princes[11].

En fait, les fils de princes qui s'étaient à l'origine placés à l'avant-
garde du mouvement se fondent désormais de plus en plus dans la
grande vague révolutionnaire en s'adaptant à leurs amitiés et leurs
inclinations. D'aucuns participent au saccage des maisons de dirigeants connus de leurs parents : Liu Shaoqi doit à ce propos rappeler
sèchement à son fils quelques principes fondamentaux du droit de la
République populaire de Chine. Toujours dans l'été 1966, les Gardes
rouges du lycée annexe de l'École normale de Pékin, qui compte
beaucoup de filles de princes, battent à mort leur directrice.

Que faire des parents ?

Mais plus les mois s'écoulent, plus les enfants de dirigeants se
heurtent à une situation imprévue : lorsque leurs parents sont dénoncés par le camp maoïste, quelle position choisir ? Certains, dans de
rares cas, avaient rapidement compris qu'il fallait rester en dehors
du mouvement : ce fut le cas d'un fils de Yang Chengwu qui préféra
entrer dans l'armée, et de Chen Yuan, vraisemblablement conseillé par
son père, le vieux Chen Yun, qui connaissait la musique[12]. D'aucuns,

plus nombreux, manquèrent de sagesse, et quelques-uns le payèrent très cher, tel ce fils de Li Jingquan qui mourut dans une bagarre de Gardes rouges[13].

Les autres, la grande majorité, tout aussi sincèrement fidèles à leurs parents qu'à la nouvelle Révolution culturelle, s'exposaient à un cas de conscience redoutable. Un bon nombre restèrent actifs dans des organisations de Gardes rouges d'orientations diverses, y compris radicales, ce que leur facilité d'expression politique rendait relativement facile : ainsi un fils de dirigeants du Hunan, Yang Xiguang, choisit d'emblée de se placer à l'ultragauche, et à Pékin, Liu Tao, la fille de Liu Shaoqi, figura parmi les dirigeants des Gardes rouges de l'université Qinghua et n'hésita pas ensuite à critiquer publiquement son père lorsqu'il tomba aux mains d'une faction de Gardes rouges[14]. En revanche, il est vrai que quelques fils de princes surent prévenir leurs parents de ce qui se préparait, tels les fils de Zhang Wentian et de Yan Hongyan, le patron du Yunnan[15].

Quantité d'autres dirigeants furent dénoncés par leurs enfants. Lorsque Lin Xiaolin, fille d'un premier mariage de Lin Biao, prit cette décision, son père, solidement installé à la tête de l'armée et soutenu par le camp maoïste, lui répondit publiquement et la fit derechef expédier dans les déserts du Xinjiang. Bien d'autres dirigeants ne purent se défendre aussi efficacement – mais lesquels ? Les sources récentes occultent ce genre d'affaires[16].

La plupart des enfants de dirigeants n'avaient pas le choix devant la violence qui régnait dans les organisations de Gardes rouges. Un peu plus tard, par exemple, la faction rebelle des Murs rouges contraindrait les enfants de Deng Xiaoping à rédiger une critique de leur père[17]. Les fils de princes engagés dans les rangs des Gardes rouges infligèrent plutôt à leurs parents de pénibles sermons, réglant ainsi parfois de vieux conflits – comme Liu Yunzhen, un fils que Liu Shaoqi avait jugé trop médiocre pour le laisser faire des études de photographie[18]. Les accusations les plus courantes étaient en général invraisemblables. La moins déshonorante est exprimée par un personnage d'une nouvelle rédigée par l'écrivain Wang Meng. Il déclare à son père : « Tout ce que vous nous permettez de faire, c'est d'être les conservateurs de votre cause... Le temps est venu de faire notre propre éducation et de décider nous-mêmes de ce que nous devons dire[19]. » Une réaction au nom de jeunes gens trop longtemps éblouis par la gloire de leurs parents et réduits au rôle de successeurs...

La propagande, la police, et les services secrets que manipule le clan de Jiang Qing s'emparent bien entendu de ces dénonciations. Ainsi, un témoignage nous montre un Garde rouge emmenant à l'université Qinghua son vieux complice Kang Sheng et le ministre de la Sécurité publique Xie Fuzhi pour exiger que Liu Tao dénonce son père[20]. D'autres cadres du mouvement n'hésitent pas à intervenir : durant l'été 1967, Li Na, fille de Mao Zedong, supervise personnellement une séance d' « avion » – la torture à la mode – imposée à Wang Guangmei, l'épouse de Liu Shaoqi tant détestée par sa mère[21].

On aimerait disposer aujourd'hui de sources crédibles sur les loyautés familiales de l'aristocratie rouge chinoise dans les années terribles de la Révolution culturelle. Mais elles manquent, laissant place à des mensonges prétentieux ou à des allusions gênées. Et l'on comprend bien pourquoi : la légitimité de la génération des fils de princes actuellement au pouvoir repose en partie sur un récit de résistance aux fauteurs de trouble d'extrême-gauche.

La raison fondamentale de l'effondrement ultérieur de la Révolution culturelle réside d'abord dans son impotence politique. Bien guidé, le mouvement des Gardes rouges aurait pu revendiquer une succession accélérée de génération, voire un changement, de mode de direction à l'intérieur de la caste dirigeante. Néanmoins, cette hypothèse n'a pas été ne serait-ce que testée par les dirigeants de ladite « Révolution culturelle », qui avaient été formés à des méthodes classiques. En prétendant réaliser son impossible destruction, ceux-ci laissaient l'ancienne aristocratie (vieux et jeunes compris) monopoliser à la fois les souffrances et les résistances : ils se condamnaient par là à l'échec final…

Contradictions

L'histoire de la Révolution culturelle est donc d'abord celle d'idéaux bruyants mais d'emblée trahis. S'agissait-il de relancer la révolution ? Alors, pourquoi avoir épargné des dirigeants aussi vieux et au moins aussi coupables que Liu Shaoqi, comme les maréchaux qui évacuent le centre de Pékin en novembre 1966 pour se mettre à l'abri de la base militaire des « montagnes de l'Ouest » dans de splendides et vastes demeures où ils ont tout loisir de dire ce qu'ils pensent[22] ? Et pourquoi avoir préservé l'ancien seigneur de guerre Zhu De, qui se réfugie dans son domaine de la Source de Jade – tandis que son épouse, moins

« coupable », est paradée et maltraitée par les « masses » de l'Union des femmes[23] ? Et pour quels motifs obscurs, si ce n'est de sombres jalousies, abandonner à son diabète un autre maréchal, He Long, qui faisait autrefois la joie des enfants en vacances à Beidaihe[24] ?

Quel est le sens des événements qui se produisent aux Murs rouges, cœur du système politique et social ? Les dirigeants victimes des purges déclenchées en septembre 1965 sont chassés, puis trois commandants adjoints de la garde épurés. Le pouvoir de Wang Dongxing se renforce en mai 1966[25]. Néanmoins, la plupart des dirigeants encore en cour s'en éloignent. Les plus menacés se terrent chez eux et paniquent devant des allusions générales et des accusations le plus souvent invraisemblables. Et qu'est-il arrivé à Tian Jiaying, l'ancien secrétaire de Mao, père de trois enfants que connaissaient tous les jeunes des Murs rouges ? Retrouvé suicidé un beau matin, il a rapidement été remplacé par Qi Benyu, un homme de peu de foi engagé au service de Mao, à son poste et dans son logis[26].

Bientôt, les questions ne sont plus posées car les réponses évidentes effraient, si bien que Dong Biwu, un vieil homme prudent et malin, qui est devenu de fait l'indispensable président de la République par intérim, déserte avec sa famille les Murs rouges dans l'été 1967. Prévoyant la suite des évènements, il évacue son fils le plus engagé, Dong Lianghe, dans une campagne proche[27].

Que faut-il comprendre ? Quelle position adopter ? Un soir d'octobre 1966, Deng Xiaoping réunit sa famille pour une raison grave il est en difficulté, Mao Zedong l'a convoqué et lui conseille de se rapprocher de Lin Biao et de Chen Boda. Il présente les options possibles : être complètement ou partiellement purgé, ou encore purgé puis rappelé. Il préfère ne pas bouger : inutile de rejoindre Lin Biao et Chen Boda, mieux vaut les laisser le critiquer « et ensuite on verra[28] ». Son programme repose sur la résistance du réel, le désordre ne pourra selon lui pas durer trop longtemps. Ce calcul sera le bon. Ses enfants l'ont compris et joueront leur rôle dans le retour au pouvoir de leur père.

L'hiver des Murs rouges

Cette analyse prophétique est à l'époque extrêmement rare car l'hiver 1967-1968 s'annonce terriblement dur pour les voix discordantes. Abandonné par nombre de ses principaux hôtes, le parc des Murs rouges est désormais plus clos qu'il ne l'a jamais été. Mao Zedong y fait des apparitions furtives. Ses filles sont parties et son épouse trône ailleurs, dans un domaine autrefois réservé aux cérémonies officielles, Diaoyutai[29]. Les descendants des dirigeants critiqués – dont la liste ne cesse de s'allonger – n'ont plus le droit d'y rentrer. Même Zhu Min, la fille de Zhu De, en est refoulée une fois, et Li Min devra faire appeler le chef des gardes pour entrer[30]. Dans le parc, des zones sont dessinées, où l'on entre avec des permis différents.

En outre, ce qui se passe désormais à l'intérieur des Murs rouges est totalement inédit dans l'histoire mondiale des élites communistes. Très tôt, de jeunes ambitieux employés dans les bureaux du Comité central se sont constitués en Gardes rouges. D'ascendance simple, ils doivent leur place à la sueur de leur front et n'ont aucune raison d'épargner les princes ou fils de princes dont ils étaient jusque-là les serviteurs. Zhou Enlai, toujours en pleine possession de ses moyens intellectuels, a obtenu que leur soit imposée l'obligation de n'établir aucune liaison avec l'extérieur, où les désordres vont bon train. En conséquence, ils sont d'autant plus aisément manipulés par l'un des leurs, Qi Benyu, lui-même contrôlé par Jiang Qing. En outre, leurs détachements font la loi, allant à leur gré d'une victime à une autre et manœuvrant les personnels de service. C'est ainsi que les serviteurs de Liu Shaoqi sont contraints (ou veulent) se constituer en un collectif d'accusateurs, et que ceux de Deng Xiaoping ne le protègent pas des questions d'une faction soi-disant « rebelle[31] ».

Reclus chez eux et souvent séparés de leurs enfants puis de leurs épouses, les anciens dirigeants sont de plus en plus maltraités. De grands meetings de dénonciation sont organisés soit sur place, soit dans une université, où leurs enfants sont convoqués. Les réactions des chefs supposés de « la clique capitaliste » varient beaucoup. Tao Zhu se montre courageusement furieux, Liu Shaoqi stoïque, Deng Xiaoping silencieux : des différences de tempérament ou de stratégies qui résonneront longtemps après[32]. Le traitement est dur, mais moins que dans les grandes villes de province : l'épouse de Bo Yibo mourra par exemple à Canton à la suite des brutalités des Gardes rouges. Les enfants savent ou devinent tout. Certains sont écrasés de douleur quand d'autres au contraire se redressent : ainsi, on ne peut manquer d'imaginer que le suicide de la mère de Kong Dan et la mort du père de Liu Yuan les poussent plus tard à se diriger vers le devant de la scène[33].

À partir de l'automne 1967, en plein chaos, des familles de réprouvés tout entières sont punies par des changements brutaux de conditions matérielles. Au minimum, elles voient leur logement diminué
et leur personnel de service supprimé : c'est le cas par exemple des
familles de Geng Biao et Hu Yaobang, que Mao apprécie[34]. Aux Murs
rouges, les « grands criminels » ont simplement été chassés en plusieurs vagues et installés dans des locaux dont l'absence de confort
variait selon la gravité supposée de leurs « crimes » : He Long, par
exemple, commence par être relativement bien logé. Mais lorsqu'il
perd la protection de Mao et de Zhou Enlai, il se retrouve loin de tout
médecin – il en mourra[35]. Plus tard, à compter des années 1968-1969,
de nombreuses victimes, à l'image de Wang Guangmei, seront trans-
férées dans des prisons régulières comme la fameuse Qincheng située
dans la banlieue de Pékin[36].

L'expulsion et la chasse des fils de princes

L'expulsion des familles de dirigeants hors de leur logement n'a pas
seulement une forte signification symbolique, elle entraîne également
des conséquences décisives pour les enfants des « criminels ». Seuls les
plus jeunes sont confiés à une grand-mère ou à une ancienne servante
– l'une puis l'autre dans le cas de la cadette de Liu Shaoqi. Les aînés
reçoivent un modeste local pour loger leur fratrie ainsi qu'un pécule
mensuel qui s'élève souvent à 25 yuans, soit un salaire d'ouvrier[37].
Cette mesure permet de survivre, mais elle équivaut à une expulsion
hors de l'élite.

En quelques mois, la plupart des fils de princes ont perdu tout ou
presque de leurs parents, de leur réputation et de leurs avantages.
Eux qui toisaient autrefois le petit peuple, sont soudain méprisés et
certains font même l'objet de dénonciations de la part des nouvelles
autorités. Ainsi Jiang Qing et Kang Sheng, au gré de leurs vengeances
et de leurs calculs tactiques, lancent au début de 1968 des avis de
recherche contre quatre fils, ceux de Lu Dingyi, Chen Yi, Su Yu, et
Dong Biwu[38].

Il leur reste pourtant un atout : leur liberté, dont certains vont jouer
dans les années 1966-1968. Tout d'abord, ils s'appuient sur leurs
relations familiales pour trouver secours et hospitalité. Par exemple,
l'habitude a été prise dès le printemps 1966 de mettre à profit l'accueil
des amis de la famille les plus généreux vivant à Pékin – telle la veuve

de Luo Ronghuan... Après l'hiver 1966-1967, les solidarités entre Gardes rouges commandent les solidarités familiales – les enfants de Wu Xiuquan à Pékin et de Chen Pixian à Shanghai mettent au service de leurs camarades la générosité de leurs parents[39]. Néanmoins, plus le temps passe et plus celle-ci devient risquée. Elle se limite bientôt, semble-t-il, aux quelques familles de cadres restées bien en cour grâce à leurs relations avec Mao ou à la qualité de leurs compétences. Le cas de Liao Chengzhi est intéressant : issu d'une glorieuse famille dispersée dans une vaste partie du monde et indispensable patron de la politique à l'égard des Chinois d'outre-mer, il abritera jusqu'au bout des amis de ses enfants[40].

En tout cas, certains fils de princes ne manquent pas d'utiliser cette occasion unique de faire des découvertes. Les exemples abondent. J'ai ainsi connu le fils d'un grand pianiste qui en profita pour se glisser dans l'« enfer » de la Bibliothèque nationale de Pékin et lire pendant plusieurs années, ce qui était interdit au tout venant. D'autres, nombreux, se rendirent aux quatre coins de la Chine, jusqu'au Tibet et en Mongolie, parfois pour essayer des formes utopiques de collectivisation. Fou de douleur à cause de la purge de son père Bo Yibo et de la mort de sa mère, Bo Xicheng part semble-t-il au Vietnam pour s'y faire tuer comme volontaire – il se fait néanmoins arrêter par les gardes-frontières[41]. Un de ses frères, Bo Xilai, fait les quatre cents coups avec un fils de Peng Zhen. Quant à He Pengfei et sa sœur Xiaoming, ils rompent les relations avec leurs parents, He Long et Hu Ming, quittent Pékin et sont recueillis à Tientsin par des bateliers qui se rendent à Shanghai. Cependant, Zhou Enlai finit par les retrouver et le maréchal Chen Yi leur envoie des médecins quand ils tombent malades[42]. De leur côté, Jiang Qing, Kang Sheng et leurs affidés, tiennent à jour un tableau précis de leurs haines. Aussi Jiang Qing s'acharne-t-elle à retourner contre leur père certains enfants de Liu Shaoqi comme Taotao et Pingping, et prend-elle la peine de répandre des bruits à l'encontre du fils de Xiao Hua, un gradé qui lui résiste[43].

À ces impulsions personnelles s'ajoute un facteur politique, le renversement anti-gauchiste du pouvoir maoïste et la répression toujours plus sévère des principales factions de Gardes rouges après l'été 1967. Désormais, les prétextes aux arrestations sont nombreux : aux erreurs politiques s'ajoutent les désordres, voire les comportements « immoraux », et les peines attribuées se rapprochent de l'arsenal répressif habituel. Liu Yuan fera ainsi différents séjours dans des prisons classiques, de même que des enfants de Ye Jianying, Dong Biwu, Peng Zhen, Luo Ruiqing et d'autres. Jiang Qing s'évertuera à maintenir six ans en prison un fils de Lu Dingyi. On sait également que des enfants de Li Jingquan furent enfermés dans les camps de travail du goulag chinois et trois enfants de Bo Yibo dans un camp de redressement pour adolescents situé dans la banlieue de Pékin. Bien sûr, ce recours à l'arsenal régulier de la répression ne signifiait pas nécessairement un allègement de la violence[44].

Les exils

La Révolution culturelle ne se limitait pas aux vengeances personnelles et ses dirigeants le savaient bien. Elle visait en principe le remplacement d'un ordre par un autre et en particulier la disparition de la caste au pouvoir. Or celle-ci perdurait par le truchement des familles qui la composaient : il fallait donc les détruire. Tel est précisément l'objectif des deux mesures brutales prises en 1968 et 1969 : l'envoi des jeunes diplômés dans des zones rurales (*xia xiang*) – ou bien, pour ceux qui avaient un métier, dans des écoles du « 7 mai » – et par la suite, le bannissement définitif de leurs parents[45].

Ces deux mesures eurent un impact psychologique considérable même si contrairement à la propagande, il y eut des exceptions. En effet, les jeunes gens qui s'étaient déjà fait recruter dans un métier y échappaient souvent[46]. Mal vu auparavant, l'engagement dans l'armée était désormais recherché, d'autant que l'on pouvait y poursuivre des études. Wei Jingsheng se rappelle ainsi qu'« une bonne partie de la jeunesse désirait entrer dans l'armée[47] ». Les filles, quant à elles, choisissaient des carrières médicales[48]. Aussi le clan Lin Biao se servait-il de cet appât pour s'attirer les bonnes grâces des membres de l'entourage de Mao[49]. Certains hauts gradés ont également placé dans l'armée des enfants turbulents qu'ils voulaient protéger de la répression : c'est le cas de ce même Chen Xiaolu, fils de Chen Yi, qui avait pris bien des risques en 1966[50].

L'envoi à la campagne signifiait à la fois l'éloignement – les provinces lointaines étaient privilégiées, et en particulier celles de l'ouest désertique, du sud-ouest montagneux, et du nord-est aux hivers glaciaux – et l'asservissement aux échelons ruraux du pouvoir de jeunes gens fiers de leur supériorité sociale et académique. En réalité, nombre de jeunes, et surtout des enfants de cadres – 42 % à Canton – ont pu éviter cet exil. Certains estiment qu'il n'y a jamais eu plus de trois millions de jeunes diplômés à la campagne[51]. Révolution culturelle ou pas, la Chine demeurait un pays bureaucratique en proie aux millions de passe-droits.

Pour les autres, et en particulier les fils de princes, surveillés de près, le choc fut terrible. Ils étaient en effet séparés de leurs parents, et également de leurs frères et sœurs – les sept enfants de Luo Ruiqing furent envoyés dans six endroits différents[52]. Surtout, dans cet univers inconnu, ils se retrouvaient soudain dépourvus de toute protection, sauf quand, par chance, ils étaient affectés sous l'autorité d'un ancien subalterne de leur père ou lorsqu'ils côtoyaient d'autres fils de princes. Arrivés avec des « relations » (les fameuses *guanxi* de l'élite chinoise), il leur fallait construire désormais de vraies solidarités[53].

Comme on l'imagine, nombre d'exilés durent faire face à des épreuves difficiles et inattendues. Parmi les fils de princes, beaucoup souffrirent infiniment, et se gardèrent bien de le révéler par la suite. Le plus célèbre d'entre eux est l'actuel président chinois, Xi Jinping, qui a allié courage, chance et habileté. Expédié au nord du Shenxi en 1969, il s'est d'abord enfui et a été emprisonné de nouveau durant plusieurs mois. Il a su en tirer des leçons pour l'avenir. Puis, favorisé par le fait que son père avait milité dans la région durant les années 1930, il s'est plié à la discipline en servant les élites locales. Ce faisant, il a progressivement acquis des responsabilités et pris des initiatives agricoles qui lui ont valu un retour à l'université de Qinghua à Pékin, dès 1975. Il aura fait partie finalement de la minorité des fils de princes qui ont profité de leur séjour forcé à la campagne : en échappant à l'exil, et surtout en comprenant qu'il faut accepter de se soumettre provisoirement pour mieux se rétablir après[54].Certes, d'autres jeunes furent plus durement frappés par la répression, comme Liu Yuan, envoyé deux fois en prison, ou la fille aînée de Liao Chengzhi qui passa trois ans dans un camp de réforme par le travail. Quelques-uns, dont un fils de Gao Gang, ne revinrent même jamais[55].

D'autres mesures contre les familles des fils de princes furent prises dès 1967 et surtout en 1968 pour séparer les parents. L'un des époux était désormais contraint de vivre dans son bureau et d'y subir une discipline très sévère tandis que l'autre demeurait seul : tel fut le sort de Kang Keqing, la femme de Zhu De[56]. Du moins, le vieux maréchal conservait-il encore quelques serviteurs. La plupart des autres pères de famille, âgés et peu aptes à la gestion du quotidien, supportaient mal les privations surtout lorsque, comme He Long, ils ne recevaient plus leurs médicaments. Par ailleurs, la plupart des membres du Bureau politique furent contraints de « soutenir la gauche » en participant à la production dans une usine[57]. Si ces mesures ont été très disparates, toutes ont affecté la popularité des anciens cadres[58]. Pour autant, ceux-là pouvaient espérer revenir en ville et y accueillir plus tard leurs enfants.

En octobre 1969, vint le temps d'exiler tous les cadres dirigeants que la menace supposée d'une attaque soviétique permettait de motiver plus facilement. Par mesure de protection, ils devaient être disséminés sur tout le territoire. Ceux qui étaient jugés trop proches de la « bande noire » des ennemis de Mao Zedong étaient installés à l'écart et dans de moins bonnes conditions. Chacun pouvait ainsi juger de son rang politique – Zhu De était au soleil à Canton et Chen Yi dans une ville proche de Pékin, tandis que Chen Yun et Deng Xiaoping se trouvaient relégués dans la province pauvre et arriérée du Jiangxi – le premier dans de meilleures conditions – et Zhang Wentian encore bien plus loin[59].

Moins spectaculaire que l'expédition des enfants à la campagne, cet ensemble de mesures fut extrêmement pénible pour les familles de la caste. En effet, la distance affaiblissait les chefs de famille souvent atteints de maladies chroniques qui ne pouvaient pas être soignées partout. Les épouses firent de leur mieux mais leur santé commençait également à se détériorer, et elles n'avaient pas le même accès aux échelons locaux (généralement masculins) de la hiérarchie.

Aussi l'exil de la famille de Deng Xiaoping fut-il éprouvant dans les premiers temps. En effet, Zhuo Lin n'était pas en bonne santé et l'indemnité que les membres de la famille recevaient était modeste alors qu'ils en épargnaient une partie substantielle pour préparer l'avenir. Ils manquaient de nouvelles de leurs enfants dispersés dans l'ensemble du pays et se tracassaient surtout pour Deng Pufang, leur fils brillant et volontaire rendu invalide à la suite d'une chute lors les dernières échauffourées de 1968. Sachant qu'il était mal soigné, ils demandaient son transfert auprès d'eux. Conscient de la fatigue de Zhuo Lin et de sa belle-mère également présente, Deng souhaitait la venue auprès d'eux d'une de ses filles, Deng Rong. L'année 1970 a donc été occupée par une intense bataille épistolaire avec Wang Dongxing, l'ancien patron des Gardes des Murs rouges devenu le responsable des services du Comité central. Elle s'est achevée par un rassemblement partiel de la famille lors du Nouvel An de 1971, puis par l'arrivée de Deng Pufang (que Deng Xiaoping prit personnellement en charge) et de Deng Rong, qui allait régir les affaires domestiques[60].

Cet épisode n'a rien d'exceptionnel car, à cette époque, pratiquement chaque famille de l'ancienne aristocratie portait son drame. De fait, c'est probablement dans les années 1968-1971 que s'est jouée la survie de la caste autrefois si puissante. Si les chefs de famille comme Deng Xiaoping résistaient grâce à leur expérience des campagnes militaires, ils avaient perdu leur prestige ainsi que leur vigueur. Privées en partie de personnel de service, les épouses commençaient à fléchir car elles n'avaient jamais connu de telles épreuves. Surtout, les couples ne communiquaient presque plus avec leurs enfants. Incarnant peu à peu l'espoir d'une revanche, ceux-ci étaient également un sujet permanent d'inquiétude, les nouvelles étant rares et l'éloignement favorisant les craintes.

Cependant, dans cette période de difficultés et d'angoisses, les enfants tenaient leur rôle bien mieux que leurs parents ne l'imaginaient et que l'auguraient leurs naïvetés des premiers mois. Pour la plupart placés devant des défis vitaux, ils ont en général fait preuve d'un réel courage. Sans doute certains ont-ils été touchés au début par des maladies, des désespoirs et des suicides (les enfants de Hu Qiaomu et Tian Jiaying par exemple), ou tout simplement par l'accablement devant la pauvreté rurale, occultée par des années de mensonge officiel[61]. Néanmoins, avec le temps, ils se sont habitués. Et ils sont devenus parfois de véritables héros, comme les quatre plus jeunes enfants de Liu Shaoqi qui, à l'heure où leur père agonisait et où leur mère était embastillée, s'unirent pour résister[62].

Les filles ont souvent joué un rôle exceptionnel, en particulier dans des situations où le sens pratique s'imposait et où la survie des communications familiales était essentielle. Elles se révélèrent débrouillardes : deux fillettes de onze et quatorze ans ont ainsi survécu seules durant trois ans à l'arrestation de leur père[63]. Spontanément, avant l'exil, nombre d'entre elles avaient pris la responsabilité des fratries, remplaçant quasiment la mère absente. La plus jeune des filles de Bo Yibo, par exemple, alors ouvrière, a soutenu tous ses frères et sœurs grâce à son salaire pourtant médiocre[64]. Pendant l'exil, elles assuraient les liaisons avec leurs frères et leurs parents. Ensuite, rentrées en ville généralement avant leurs frères, elles ont tenu, comme les filles de Chen Yun et du général Qin Qiwei, à prendre en charge leur père affaibli et parfois devenu acariâtre, voire à assurer son secrétariat et à l'aider à réapprendre son métier de chef[65]. C'est à elles que bien des familles ont dû leur survie.

L'échec moral de Lin Biao

L'ancienne aristocratie a pu résister aux chocs qui lui étaient imposés en raison de l'incapacité de ses adversaires à lui opposer un modèle concurrent crédible. Les mœurs que ces derniers ont adoptées singeaient souvent celles de leurs prédécesseurs, et ils n'ont pas toujours su éviter le ridicule. Ye Qun, épouse de Lin Biao, invite-t-elle en grande pompe Li Na à boire le thé ? Au retour, la voiture qu'elle lui a commandée n'est pas prête, et elle peste contre sa domestique, qui ne lui cache pas sa détestation[66]. Les quatre généraux qui assistent le maréchal rivalisent d'ambitions mondaines : Huang Yongsheng marie son fils dans le *compound* militaire des Collines de l'Ouest, Li Zuopeng organise une grande cérémonie pour le mariage de sa fille et, à la veille de sa fuite avec Lin Biao, il réunit un banquet pour fêter la naissance d'une petite-fille[67]. Leurs enfants paraissent en revanche avoir profité d'une discipline plus souple que ceux des anciennes lignées : ceux de Li Zuopeng regardent des films à volonté, et le fils de Huang Yongsheng prend la liberté de lire ses documents ultrasecrets[68]. Leur petite société est une sorte de pièce détachée de la caste qui était au pouvoir jusqu'en 1966 et dont les vices avaient été abondamment dénoncés par la Révolution culturelle – ils se comportent parfois encore plus grossièrement que leurs prédécesseurs.

En revanche, les nouvelles étoiles du régime n'hésitent pas à abandonner certains principes anciens, dont le respect d'autrui. Ainsi, Jiang Qing tyrannise son personnel de service et ses filles. Elle épuise ses servantes et réprimande Li Na – Li Min n'existe plus pour elle depuis qu'elle a quitté les Murs rouges[69]. Difficile d'imaginer un comportement aussi étranger à l'éthique chinoise classique.

Enfin, les plus puissants de l'heure laissent voir des mœurs privées catastrophiques. Chen Boda continue à collectionner les épouses et à se brouiller avec elles[70]. Kang Sheng fait preuve d'un sadisme qui alimente les ragots. L'adjoint immédiat de Lin Biao, Huang Yongsheng, chef d'État-major de l'APL, qui a toujours été léger avec les femmes, n'hésite pas à se rendre clandestinement dans les maisons de plaisir de Hong Kong – à tel point que son épouse se plaint ouvertement[71].

Quant au couple formé par Lin Biao et Ye Qun, il tranche avec l'idéal brandi par la bonne société des Murs rouges d'antan. Au sein de ce « couple politique », non seulement Lin Biao avait toujours brutalisé son épouse, mais Ye Qun avait également séduit Huang Yongsheng et, pendant que les désaccords se répétaient avec Mao Zedong en 1970-1971, les deux oisillons vivaient une romance d'adolescents dont les épisodes scandalisaient le petit personnel[72].

Dans une caste qui avait toujours privilégié le traitement des enfants, ce couple avait lamentablement échoué. Déjà, la solitude dans laquelle Lin Biao avait laissé la fille qu'il avait eue de sa première femme avait déplu à la bonne société des Murs rouges – les ennemis de Lin Biao prenaient plaisir à l'accueillir et, on l'a dit, elle n'avait pas manqué de se venger dans les premiers temps de l'insurrection. Par ailleurs, les deux enfants de Lin Biao et Ye Qun, ont toujours souffert de la préférence que leurs parents accordaient à l'attrait du pouvoir. Ainsi, négligée par son père et méprisée par sa mère, persuadée même qu'elle n'était pas leur fille, Lin Doudou, l'aînée, avait fait plusieurs tentatives de suicide en 1964 et 1968 et elle cherchait à se marier pour leur échapper. Or sa mère exigeait que l'union soit à la hauteur du rang de la famille et contrôlait les candidats… Furieuse de ne pouvoir imposer ses prétendants et de subir le joug de sa mère, elle finit par dénoncer à Zhou Enlai la fuite de ses parents vers l'URSS[73].

Mais c'est Lin Liguo son jeune frère, le *wonderboy* de la famille de Lin Biao, qui a déclenché le complot dont l'échec suscita cette fuite. Né en 1945, il incarnait ce que la bonne société des Murs rouges détestait : un garçon doué mais peu travailleur, amateur de filles, de musique occidentale et de conduite automobile[74]. Sa mère, qui l'adulait, avait persuadé Wu Faxian, le patron de l'armée de l'air, de lui mettre le pied à l'étrier : désormais doté d'un poste ronflant, Lin Liguo avait formé un groupe de jeunes officiers supérieurs dévoués à son service qui l'avaient aidé à acquérir des compétences dans les affaires de défense nationale[75].

Ye Qun avait même convaincu son mari du « génie » de leur fils et l'avait persuadé d'en faire son conseiller dès 1970. Elle le traitait en héritier et voulait le marier comme un futur « *commander* » (pour reprendre son anglais prétentieux). Avec l'aide des épouses des connétables de Lin Biao, Ye Qun avait donc organisé une vaste battue destinée à dénicher la jeune fille idéale : belle, âgée de vingt ans, mesu-rant 1,65 mètre, et possédant un niveau scolaire de début de secon-daire… L'affaire avait suscité beaucoup de vagues parmi les familiers du maréchal et se trouvait sur le point d'aboutir à l'été 1971[76].

Ce n'est pas tout. Lin Biao s'était mis très tôt à lui transmettre des documents confidentiels et à consulter ses avis. Après l'échec du Comité central de Lushan à l'automne 1970, il ne l'avait pas dissuadé d'entreprendre les préparatifs d'un complot dont les manœuvres de Mao devaient finalement précipiter la réalisation fort médiocre – et l'échec[77].

Pour les familles de la caste, le ciel reste plombé en ces années 1970-1971. Les compagnons de Mao se sont laissé chasser de chez eux et séparer de leur famille par leur maître, sans pouvoir résis-ter. Quant à leurs enfants, certains ont d'abord contribué à déclencher la purge de leurs parents, sans réagir par la suite, pour finalement se laisser exiler. La caste triomphante des années 1950 ne pouvait plus compter que sur un avantage : l'éventuelle faiblesse de ses adversaires. C'est cette hypothèse inimaginable qui a émergé après l'échec de Lin Biao. Cela, parce que le camp de la Révolution culturelle a perdu son aile militaire, alors que Mao s'affaiblissait et que son adjoint civil ne parvenait pas à s'imposer. À cela s'est ajouté le fait que les princes et leurs enfants ayant en majorité survécu ont eu le temps de réfléchir et de tirer les leçons de leur défaite : en soutenant leurs familles et en défendant leur caste pour préparer la succession, il sera dès alors possible d'agir contre les responsables de la Révolution culturelle.

Chapitre V

La revanche de la caste
(1971-1976)

Le paradoxe de l'affaire Lin Biao – c'est-à-dire des manœuvres de Mao Zedong pour critiquer son successeur officiel, puis le faire paniquer et le contraindre à fuir dans un avion qui s'écrasera en Mongolie – est qu'elle est née et s'est développée dans des bureaux, des couloirs et des logements princiers, mais qu'elle s'est achevée dans un accident dramatique qui a provoqué de lourdes conséquences. Auparavant, Mao Zedong disposait d'une santé suffisamment bonne pour manœuvrer les factions et les hommes. Or l'émotion suscitée par la trahison de son prétendu héritier faillit provoquer sa mort. Par la suite, son affaiblissement physique et intellectuel ne lui a pas permis de dominer totalement la rivalité entre des comploteurs civils incapables de tirer parti de leur monopole sur la « gauche », et un front défensif habilement soutenu par Zhou Enlai auquel s'ajoutent désormais les victimes de la Révolution culturelle.

Cette mutation du champ politique est soulignée par le fait que la plupart des acteurs en eurent conscience. Même de simples spectateurs ne tardèrent pas à comprendre ce qui se passait et se le dirent à demi-mot. Ainsi, en enquêtant auprès de ses camarades de lycée, de ses parents et de ses collègues soldats, le jeune Wei Jingsheng ne mit qu'une semaine à comprendre l'affaire Lin Biao[1].

Le nouveau cours

Inévitablement, depuis l'effondrement de la gauche militaire, le balancier de la politique chinoise penche vers la droite. Cette situation nouvelle privilégie la caste et ses descendants. Dès le 24 septembre 1971, Zhou Enlai donne la mesure du changement en déclarant ironiquement aux généraux de Lin Biao qui s'apprête à être mis sous les verrous : « Ne vous inquiétez pas, votre problème est votre affaire. Votre famille et vos enfants ne seront pas compromis, contrairement à ce que vous avez fait au maréchal Ye (Jianying). Vous n'avez pas relâché ses enfants. Mais… lui ne peut agir ainsi[2]. » Pas de doute : la caste va pouvoir respirer.

Cependant, le crédit du Premier ministre est irrémédiablement entamé par le comportement sinueux dont il a fait preuve dès 1966 pour se protéger des accès de gauchisme quasiment pathologiques du président. Il est également menacé par la méfiance que Mao lui porte depuis longtemps – et aussi, l'âge venant, par les accès de sincérité tout aussi dangereux dont il est désormais capable : par exemple, lorsqu'il accueille un personnage qui ne lui est pas soumis en s'excusant d'emblée de ne pas avoir pu sauver sa fille[3]. Pour conduire la nécessaire évolution, il faut des acteurs plus crédibles et plus constants, et Zhou Enlai le comprend très bien.

Deux personnages vont donc jouer un rôle essentiel dans l'histoire des fils de princes. Le général Wang Zhen, tout d'abord, un soudard capable du meilleur (il a toujours été un bon camarade et un extraordinaire commandant militaire) et aussi du pire – ses massacres lors de l'occupation du Xinjiang au début des années 1950 avaient choqué les dirigeants du PCC qui en avaient pourtant vu d'autres… Après lui avoir imposé des années de confinement dans des postes secondaires, Mao le rappelle dans le noyau dirigeant et lui ouvre souvent sa porte. Ragaillardi par ce retour en sa faveur, installé dans son confortable appartement de l'hôpital 301 où ses jurons contre Jiang Qing répandent la panique parmi les infirmières, il acquiert rapidement une réputation d'intermédiaire dévoué entre le pouvoir maoïste et les familles de princes qui s'efforcent de reprendre pied à Pékin. Néanmoins, il favorise sciemment ses protégés : Rong Yiren, un « capitaliste national » dont il augure avec talent un rôle à jouer, et deux familles très spécifiques. Ces familles sont celles de Chen Yi (un ami respecté de Zhou Enlai et du président), et de Deng Xiaoping, dont il a estimé le rôle nécessaire, qu'il informe régulièrement, et dont la fille la plus active, Deng Rong, prend ses quartiers chez lui lorsqu'elle passe par Pékin[4].

Le second personnage est Hu Yaobang, un ancien petit clairon de la guérilla devenu dans les années 1950 le patron convaincu des Jeunesses communistes, un homme qui s'est toujours démarqué par sa générosité

– et cela, même avec les faibles, fait rare dans une élite communiste. De retour à Pékin à la fin de l'année 1971, il avait eu le courage de refuser l'autocritique qui lui avait été dictée et s'était mis d'emblée au service de ses vieux camarades – il était allé jusqu'à demander à son épouse (qu'il traitait pourtant avec un respect rare) de recoudre la couette en coton du vieux Chen Yun dont l'épouse était en exil[5].

Tous les deux comprennent que chacun peut demander justice, à condition que ce soit au président… Et tous deux encouragent le changement grâce à leurs nombreuses amitiés. Ils soutiennent et guident dans leurs démarches les collègues épuisés qui rentrent d'exil les uns après les autres. Leur expérience est précieuse, et deux qualités supplémentaires leur valent une confiance quasiment unanime. D'une part, leurs rapports avec Zhou Enlai (dont la prudence a inspiré de la méfiance à de nombreux collègues) restent seulement corrects. Ils s'entendent mieux avec Ye Jianying, plus modéré peut-être mais plus constant – et surtout, comme beaucoup d'autres, ils regardent du côté de Deng Xiaoping. D'autre part, en tant que pères de famille très proches de leurs enfants, ils inspirent confiance à une époque où toutes les familles cherchent à réunir leur progéniture. Les enfants de Wang Zhen – trois garçons et un fils adoptif – n'ont pas encore dévoilé les qualités qui leur vaudront plus tard de superbes carrières aux confins de la politique et des affaires[6]. En revanche, les quatre enfants de Hu Yaobang – trois garçons et une fille, qui avaient suivi des études de qualité – sont depuis longtemps connus dans toute la caste pour leur générosité et leur bonne camaraderie : la maison de Hu Yaobang demeure ouverte à tous[7].

En contact permanent avec Zhou Enlai et surtout Ye Jianying et Wang Dongxing, un ancien sous-ordre de Wang Zhen devenu le garde puis l'homme de confiance de Mao Zedong chargé de défendre les requêtes, ces deux personnages aident efficacement les familles éclatées à se reconstruire puis à revenir à Pékin. Leurs services se complètent favorablement : Wang Zhen donne des conseils (essentiellement, d'écrire respectueusement à Mao et de solliciter l'aide de Ye Jianying) et Hu Yaobang des informations concrètes[8].

La reconstruction des familles

Le premier acte consiste pour les familles à se réunifier. Dans ce processus, le rôle des filles, et notamment des aînées, est considérable car, on l'a dit, elles exercent souvent une partie du pouvoir maternel. Mais deux facteurs qui proviennent du changement d'atmosphère au sommet et de l'action de Wang Zhen et Hu Yaobang vont accélérer le processus : les autorisations de visites aux parents détenus et les réunions qu'elles facilitent. De nombreuses familles, en effet, avaient longtemps vécu sans nouvelles d'un ou plusieurs de leurs membres emprisonnés : leur situation s'est améliorée à mesure qu'en 1968-1969 revenait un ordre fragile au ministère de la Sécurité publique et dans les prisons, et surtout qu'il s'est renforcé après l'affaire Lin Biao. Les familles préparent donc des projets de visite. S'agissant des personnages importants, il faut des autorisations de Mao Zedong : à Wang Zhen d'appuyer les demandes. Par chance, si l'on peut dire, le décès de plusieurs personnalités à la suite de mauvais traitements a convaincu Mao qu'il pourrait se rapprocher d'une partie de l'ancien personnel politique en relâchant de nombreux détenus et en allégeant la discipline carcérale[9]. Il s'est donc décidé à encourager les démarches des fils de princes et de leurs familles.

Très vite, des exemples servent de modèle : après ceux de Peng Zhen et de Luo Ruiqing, les enfants de Liu Shaoqi (qui apprennent par la même occasion que leur père est décédé) sont autorisés le 18 août 1972 à rendre visite à Wang Guangmei dans la fameuse prison de Qincheng. Wu Xiuquan, qui n'était pas considéré comme un « révisionniste » de gros calibre, est pour sa part libéré la même année et obtient un long séjour à l'hôpital, en même temps que certains autres, parents ou enfants qui se trouvent dans un état physique très faible[10]. Par la suite les enfants de Yu Ruomu, l'épouse de Chen Yun puis, plus tard en 1974, ceux de Bo Yibo franchissent à leur tour les murs des prisons.

Visites et libérations fournissent aux familles un prétexte pour obtenir les autorisations de déplacement et de séjour nécessaires à des retrouvailles[11]. De premières réunions de famille sont organisées, et sont le plus souvent bouleversantes : « Un garçon m'a appelé papa », se rappelle un exilé de retour. « Je ne l'ai reconnu que quand il m'a dit qu'il était mon fils qui avait huit ans quand j'ai été emmené hors de la maison[12]. » Des échanges d'informations permettent alors un premier bilan des morts et des survivants. En général, les décès s'avèrent moins nombreux qu'on ne le craignait car les nervis de l'ultragauche ont préféré avilir et affaiblir plutôt que de tuer. Mais certains meurtres sont horriblement symboliques, comme par exemple celui de Sun Weishi, dont la grâce et l'intelligence insupportaient Jiang Qing[13]. Il y a tout de même beaucoup de disparitions, souvent dues à des suicides, ou à des vengeances ciblées[14]. Surtout, quantité de grands anciens sont affaiblis ou malades : c'est le fait le plus important à cette époque où la plupart des acteurs qui comptent appartiennent encore à la génération des pionniers.

Des priorités sont définies dans chaque famille : la libération de tel membre, des soins à exiger pour tel autre, ou le rapprochement d'une ville pour les parents. Et des tactiques sont mises en œuvre : commencent de longues procédures épistolaires, et de véritables offensives mondaines que l'écrivain Lu Wenfu décrira avec talent : « le remue-ménage avait pris une ampleur folle ! On courait partout, on se démenait pour retrouver ses anciennes relations. On rendait visite à ses compagnons d'armes, à ses condisciples, à ses anciens directeurs ainsi qu'à ses proches[15]. »

Nombre de ces campagnes aboutissent à des hospitalisations de grands anciens à Pékin ou dans les métropoles provinciales. Sans doute l'habitude avait-elle été prise par les principaux dirigeants, dès les années 1950, d'accomplir des séjours réguliers dans les quartiers réservés des grands hôpitaux – et en particulier le fameux hôpital 301 de Pékin, qui avait l'avantage de dépendre du corps des gardes du Comité central et donc de garantir la sécurité de chacun[16]. En revanche, cette fois le mouvement est massif et il est encore accéléré par les décès successifs en 1972 de chefs des deux bords[17].

Des milliers de dirigeants et cadres supérieurs sont à leur tour admis pour des séjours souvent de longue durée dans les principaux hôpitaux[18]. La caste tout entière est parcourue de rumeurs sur la qualité des différents centres de soins et une nouvelle hiérarchie apparaît dans cette société qui a toujours fonctionné par classements : celle qui privilégie les familles dont une fille travaille dans un hôpital… Les évolutions sociales franchissent d'ailleurs les frontières politiques car c'est une infirmière de Shenyang qu'épouse Mao Yuanxin, jeune neveu du président et étoile montante du camp maoïste[19]. Dans le même temps, du côté des partisans de Jiang Qing, certains se rendent dans des hôpitaux pour recevoir des injections de glucose ou de sang et recouvrer ainsi, croient-ils, un peu de jeunesse perdue[20].

Le retour à Pékin

Par ailleurs, pléthore d'anciens dirigeants purgés sont directement libérés, notamment dans l'armée : cent soixante-quinze généraux sortent de leurs « étables » carcérales à partir de septembre 1971[21]. Dans la haute administration, ressurgissent nombre de vice-ministres. Brièvement, les langues se délient. Comme à l'ordinaire, le maréchal Chen Yi vit ce moment avec humour : il déclare à ses enfants, qui s'empressent de faire circuler l'information, qu'il se trompait lorsqu'il croyait que les problèmes politiques de la Chine étaient réglés : la Révolution culturelle a prouvé le contraire[22] ! Entre les familles déjà rentrées et celles qui sont sur le point de revenir, une vie sociale reprend : la caste commence à se reconstituer[23]. Ainsi, Wang Jiaxiang multiplie les rencontres avec ses vieux camarades et Yang Shangkun, un des premiers purgés par Mao, se fait inviter à dîner par Li Xiannian, qui est parvenu, lui, à traverser l'épreuve presque indemne. Chez Zhu De, on invite les amis et leurs enfants à visionner des films[24], et l'on se raconte des anecdotes sur le personnel de maison qu'il avait fallu abandonner et que l'on souhaiterait récupérer : on prétend qu'« ils ne nous avaient pas oubliés, ils nous aiment encore ». Cependant, Jiang Nanxiang, ancien patron de l'enseignement supérieur, se garde bien de rapporter la réaction spontanée de son ancien chauffeur : « Ah non ! Je n'ai pas envie d'être à nouveau traité comme de la crotte de chien[25] ! »

Le symbole le plus manifeste de ce retour en force de la caste est le pardon accordé à Deng Xiaoping, qui rentre à Pékin en février 1973 avec son épouse avant de s'y installer avec sa famille au complet. Celle-ci comprend notamment sa fille Deng Rong surnommée la « ministre des Affaires étrangères », car c'est elle qui règle les relations de son père avec trois autres puissantes familles : celles de Nie Rongzhen, de Yang Shangkun et de Wang Zhen[26]. À l'évidence, Deng Xiaoping a conservé tous ses moyens, mais autour de lui beaucoup faiblissent, en particulier Zhou Enlai, atteint par un cancer de la vessie, alors que la clique de Jiang Qing continue de s'agiter. Aussi l'inquiétude quant à l'avenir préoccupe-t-elle toujours les grands anciens.

Ceux-ci ont beaucoup vieilli. Désormais, ils comptent sur leurs enfants et réclament pour eux des aménagements : les bureaucrates installés par Jiang Qing doivent s'y habituer. Quand le nouveau directeur du département de l'organisation reçoit la veuve de Tao Zhu, il ne peut se contenter de s'assurer de sa santé, il faut aider sa fille – elle recevra un poste de médecin dans un grand hôpital – et ses petits-enfants qui bénéficieront du célèbre jardin d'enfants dudit département de l'organisation du PCC[27].

À peine de retour, les chefs de famille expriment l'immense changement : contrairement au Grand Timonier qui n'en finit pas de vieillir en solitaire, ils travaillent pour leur succession et pour leurs successeurs. On raconte partout comment, durant leur exil, Deng Xiaoping, sa femme et sa belle-mère ont pris en charge leur fils Deng Pufang devenu paralytique : l'anecdote devient un symbole majeur de l'époque.

Toutes les énergies sont employées en faveur du retour des enfants exilés. Leurs familles organisent ainsi celui de Chen Yuan, fils de Chen Yun, et même plus tard celui de Liu Yuan, fils de Liu Shaoqi, lequel en dépit d'un passé de chenapan durant la Révolution culturelle est recruté par une usine de la capitale[28]. Les filles sont installées autant que possible dans les hôpitaux et les garçons dans des unités pékinoises de l'armée de terre, dans la marine et surtout dans l'armée de l'air, qui apparaît comme le fleuron de la modernisation du pays. Elle engage en effet des dizaines de fils de princes[29]. Les universités reçoivent des « ouvriers, paysans et soldats » venus théoriquement des unités de base, cependant, plus le temps passe et plus les fils de princes trouvent place dans leurs contingents – Chen Haosu, fils de Chen Yi, peut ainsi s'inscrire à la fameuse université de Nankin dès 1975[30]. Tous les signaux sont désormais en faveur des enfants. Il est d'ailleurs significatif qu'il en soit de même dans le camp adverse car Yao Wenyuan, un membre de la Bande des Quatre confie dans son journal que « la plus grande inquiétude de son épouse », qu'il partage, « ce sont les enfants »[31].

Le nouveau statut des enfants

Leur place dans la famille s'est considérablement renforcée, en particulier celle des garçons et des aînés. Bien souvent, en effet, le plus âgé des fils entretient une relation étroite avec son père. C'est le cas par exemple de Bo Xicheng qui, tous les soirs, se promène avec son père Bo Yibo, lequel lui parle de tout, y compris de Mao Zedong, en racontant aussi ses erreurs – ce qui était impensable dix ans plus tôt[32]. Dans le camp adverse, Zhang Chunqiao, le leader des gauchistes de

Shanghai, envoie à son fils une véritable chronique des événements en cours[33].

Par conséquent, les enfants pèsent plus dans les affaires familiales, et se permettent parfois de critiquer certaines décisions. Le cas le plus spectaculaire, dont tout le monde parle dans la caste, se développe de l'autre côté de la ligne de front politique lorsque Qiao Guanhua, pourtant ministre des Affaires étrangères, un des rares partisans à peu près honorables de Jiang Qing, décide de se remarier avec la fille d'un écrivain – et également une favorite de Mao Zedong. Ses enfants manifestent alors bruyamment leur désaccord et finissent par déménager ses meubles[34]. Les enfants apprennent de leurs parents le fameux « art des relations » – une constante de l'histoire sociale chinoise –, et ils s'appuient sur la réputation de la famille pour aider leurs amis en difficulté. Le plus jeune fils de Ye Jianying intervient par exemple auprès de son père pour aider une amie à retrouver son mari détenu et le faire admettre à l'hôpital[35].

Partout et à tout moment, les fils de princes se font voir. Quand Deng Xiaoping arrive à Pékin en février 1973, les premiers autorisés à lui rendre visite sont trois enfants de Li Jingquan, un vieux collègue. Peu de temps après, il reçoit la veuve du maréchal Luo Ronghuan avec ses enfants. Le 8 janvier 1974, veille de son départ pour les universités britanniques – une grande nouveauté –, Chen Lili, la fille de Chen Yi, est invitée chez Zhou Enlai et Deng Yingchao[36]. Le plus extraordinaire est que Mao Zedong suit le mouvement. Attristé par le décès du même Chen Yi – l'un des rares compagnons auxquels il ait voué un semblant d'amitié –, il reçoit ses quatre enfants. Un peu plus tard, alors qu'il a toujours détesté Lu Dingyi et sa femme, il répond favorablement à la demande de grâce que lui adressent leurs enfants : Lu Dingyi sera expulsé du parti mais ses héritiers seront épargnés – un principe que la faction maoïste n'avait jusqu'alors guère appliqué[37]. À l'inverse, en 1974, Jiang Qing fera scandale en envoyant en prison une fille de Ye Jianying pour faire pression sur ce dernier[38].

L'attitude politique à l'égard des fils de princes change. Désormais, beaucoup de responsables que la Révolution culturelle a favorisés comprennent qu'ils reviendront immanquablement. La conclusion va de soi : autant en tenir compte voire les y aider, ne serait-ce que pour en tirer quelque avantage. La proportion de ceux qui rentrent d'exil est désormais bien plus grande chez les fils de princes que parmi l'ensemble des jeunes exilés. Sans doute y a-t-il eu des exceptions. Ainsi quelques-uns, qui avaient organisé leur nouvelle vie – notamment en se mariant sur leur lieu de relégation, nous y reviendrons – ont tardé avant de rentrer. En revanche, la majorité cherche à regagner la ville. L'idéal, pour les diplômés du secondaire, est d'intégrer l'université. Pour cela il faut satisfaire de nouvelles conditions politiques : en tant qu' « ouvriers, paysans et soldats » – à savoir se faire déléguer par les cadres locaux.

Rien n'est gagné d'avance, certes, tant sont vives la jalousie et la méfiance à l'égard des enfants de l'élite : ainsi, la fille de Hu Yaobang est bloquée dans son usine par un vote de ses collègues ouvriers[39]. Pourtant d'autres réussissent après avoir intelligemment préparé le terrain et arrosé de cadeaux les petits cadres. Parmi eux, deux enfants de Deng Xiaoping, une fille de Yao Yilin et trois personnages qui mèneront plus tard une belle carrière : Li Yuanchao, actuel vice-président de la République, Wang Qishan, devenu l'un des plus influents membres du comité permanent du PCC et Xi Jingping qui a rejoint la prestigieuse université de Qinghua après s'être mis au service des cadres locaux[40]. Inutile de dire que la campagne assourdissante prônée par les médias officiels contre l'usage du « piston » pour intégrer l'université n'attire guère l'attention de ce public déjà très bien informé…

Nombre d'autres fils de princes réussissent également à se faire employer dans des usines ou des bureaux. Ceux-là s'y montrent en général relativement discrets car les comités du parti veillent. Ils rejoignent d'autres fils de princes qui ont survécu sans se faire remarquer depuis le début de la Révolution culturelle. D'autres encore, plus âgés, avaient acquis auparavant des postes de cadres ou d'ingénieurs. On s'apercevra plus tard qu'ils avaient ainsi maintenu une partie de l'économie chinoise hors de l'eau au pire moment. Plusieurs travaillaient également dans l'industrie de défense, comme Zou Jiahua, un ancien de la coopération soviétique des années 1950, ainsi que Liao Hui, un fils de Liao Chengzhi, dont nous reparlerons[41].

Les retours en ville ne sont évidemment pas toujours faciles pour ces jeunes gens qui arrivent d'un autre bout du monde. Et plus encore les retours dans l'élite car bien des choses ont changé. Non seulement des nouveaux dirigeants sont apparus mais leurs mœurs et leurs loisirs paraissent plus sophistiqués – l'usage du téléphone et la jouissance du cinéma, par exemple, se sont beaucoup étendus, et, après la normalisation sino-américaine de 1972, on a commenté longtemps, dans les sphères les plus élevées, le film américain *Patton* qui révélait l'incroyable puissance de l'armée américaine et la vigueur de son commandement. Luo Diandian, fille de Luo Ruiqing, raconte également comment, de retour à Pékin et souhaitant remettre une lettre à l'un des plus importants dignitaires du régime, elle s'était retrouvée démunie un soir de réception devant le portail de ce dernier, affolée par le ballet des voitures officielles[42].

Les fils de princes se marient

Pour cette raison, la tendance naturelle de toutes les familles de la caste est d'espérer du renfort de leurs enfants, mais aussi déjà des petits-enfants que l'on souhaite nombreux – les premières informations que son épouse transmet au vieux Zhou Yang lorsqu'il est libéré concerne d'ailleurs trois naissances dans la famille[43]. C'est que les fils et les filles de princes se marient en masse à partir des années 1971-1972 – il est vrai que beaucoup ont alors largement dépassé la vingtaine. Le signal est donné par deux fils de Chen Yi qui combinent leurs cérémonies de mariage – un troisième épousera plus tard une fille du général Su Yu, un vieux camarade de leur père. Ils sont suivis par d'autres enfants de très hauts dirigeants passés ou présents. Même si He Long, Luo Ruihuan, Luo Ruiqing, Peng Zhen, Song Renqiong, Tan Zhenlin et Yang Shangkun sont décédés ou en attente de retour, la preuve est ainsi donnée que leur famille conserve son dynamisme et son rang. Certains comme Chen Yun et Hu Yaobang font voir que leur carrière n'est pas terminée et d'autres encore, tels Ye Jianying et Deng Xiaoping, en profitent pour signifier qu'ils sont déjà revenus au plus haut niveau. À l'inverse, une fille de Wu Faxian (un des adjoints de Lin Biao) se marie avec le fils d'un secrétaire : tout se paie aux yeux de la caste enfin reconstituée[44]. En revanche, les anciennes disputes internes ne portent généralement pas à conséquence, comme le montre l'union d'un fils aîné de Luo Ruiqing, de filiation maoïste, avec une fille de Lin Feng, un collaborateur historique de Liu Shaoqi[45].

Chaque mariage est le résultat d'enquêtes et de discussions dont l'arrangement nous est connu par un récit autobiographique quasi théâtral de Deng Rong. Le premier acte est l'initiative d'une de ses amies, la fille d'un célèbre général, Lü Zhengcao, qui lui présente un bon parti potentiel, le fils d'un médecin militaire réputé. Avec son accord, elle organise un échange épistolaire entre les deux jeunes gens qui dure deux mois. Puis – deuxième acte – les jeunes gens se rencontrent. Enfin, chacun présente son promis à ses parents, lesquels, dûment informés, ont déjà mené leur enquête. Quant à Chen Yi, il a consulté en toute urgence son vieux camarade Wang Zhen à propos du mariage de ses deux fils[46].

Ce schéma présente un intéressant mélange de ritualisme et d'initiative personnelle. L'accord des parents (donc de la famille) est absolument indispensable : ainsi, le père de Wei Jingsheng interdit purement et simplement son mariage et, comme son fils aîné s'est marié en son absence, ChenYun exige d'organiser une cérémonie en son nom lors de son exil du Jiangxi en 1972[47]. Que les parents des promis se connaissent et s'apprécient n'est en principe pas obligatoire mais très préférable. Cette règle traditionnelle a parfois inspiré quelques manœuvres préalables des deux mères ou d'autres parents… L'appartenance à la caste est nécessaire, sans imposer les équivalences de rang : il suffit que soit atteint de part et d'autre un certain niveau point trop éloigné – mais qui sera commenté voire critiqué plus tard ! En outre, d'autres éléments interviennent. Ainsi, Zou Jiahua, fils d'un célèbre « martyr », et Ye Chunmei, fille de Ye Jianying, ont beaucoup en commun : l'appartenance au fameux groupe « 4821 » – les vingt et un qui avaient été envoyés en URSS en 1948 –, puis l'affectation professionnelle dans la même usine de Shenyang et ensuite, durant la Révolution culturelle, une incarcération de deux mois dans la même prison[48]. De même, une fille de Yang Shangkun a connu son mari lorsque tous deux se trouvaient exilés au même endroit[49].

Il est remarquable que les mésalliances conclues durant les années chaudes de la Révolution culturelle par des descendants de princes n'aient en général pas duré, parce qu'ils ont ensuite subi une pression sociale considérable en faveur de la reconstitution de la caste. Nous connaissons précisément deux cas qui illustrent cela. Le premier concerne une fille de Peng Zhen, qui fait très tôt l'objet de mises en garde et de reproches, et quitte son mari, un fils d'ouvrier, quand son père est réhabilité en 1979 – elle se remariera plus tard avec le fils d'un haut gradé. L'autre concerne une fille de Chen Yun qui avait épousé un modeste chef d'équipe de production, et le quitte, en dépit des conseils de son père, après avoir passé de sa propre initiative l'examen d'entrée à l'université : elle rentre à Pékin, et intègre la caste[50] !

La restauration du mariage tel qu'il avait été réorganisé dans les années 1950 à partir de modèles jugés traditionnels ne confirme pas

seulement le fait que les fils de princes gagnent de l'importance et
entrent dans l'âge adulte. Elle signifie également que ceux-ci ont définitivement choisi de défendre leur caste. Elle accentue ainsi la différence
apparue depuis la Révolution culturelle entre leur vécu et celui des
enfants de Mao. Li Min en effet, qui avait été comme son mari souvent
maltraitée par les « rebelles », ne fréquentent plus ses anciens camarades et ont rompu en fait avec les mondanités qui les occupent désormais. Pratiquement bannie de sa propre famille, elle ne parviendra à
voir son père que trois fois en 1976, l'année de son agonie, et devra
faire la queue pour s'incliner devant son cercueil. Li Na, pourtant
mariée comme il se doit dans l'entourage de Jiang Qing à un ouvrier et
mère d'un petit garçon, mais bientôt divorcée et déjà dépressive, perd
pratiquement tous ses contacts sociaux et se replie dans la solitude[51].

À l'intérieur de la caste comme de la population dans son ensemble,
la défaite est écrasante pour un Mao Zedong qui, dans ses années de
gloire, déclarait à son neveu Mao Yuanxin que « les enfants de cadres
sont des gâtés, ils ne supportent pas la souffrance, il ne faut pas en
épouser mais épouser des enfants d'ouvriers et de paysans[52] ». De
même, Zhang Chunqiao n'a jamais osé présenter son épouse à la caste,
et celle de Wang Hongwen, à l'origine une ouvrière, ne parvient pas
à s'adapter au milieu, trop policé à son gré, des dirigeants gauchistes
de Shanghai[53].

Non seulement la Révolution culturelle n'a rien changé aux menta-
lités, mais la plupart des fils de princes ne cachent pas des convictions
politiques plus tranchées encore que celles de leurs parents. Ainsi, le
fils de Chen Pixian, un ancien responsable de Shanghai maintenu à
l'écart par les nouveaux potentats, mène campagne pour un changement politique – et pas vers la gauche ! En 1975, He Tiesheng,
fille de He Long, réunit des documents d'archives contre Jiang Qing
avec l'approbation de Deng Xiaoping. En septembre de cette année,
deux haut cadres rendent visite au vieux maréchal Zhu De avec leurs
enfants, de grands adolescents, et tout le monde convient qu'il faut
empêcher les « ambitieux » de prendre le contrôle de l'armée. Peu
de temps après, les enfants de He Long aident leur mère à organiser
en souvenir du maréchal une cérémonie qui prend des allures oppo-
sitionnelles. Pendant la grande manifestation du 5 avril 1976 contre
la Bande des Quatre, qui réunit le peuple de Pékin et l'ancienne
élite, la fille d'un autre prince se précipite place Tian'anmen pour
prendre des photos. Le fils aîné d'un des fondateurs des services de

renseignement chinois et son épouse, également présents, sont alors arrêtés parmi les manifestants : ironie de l'histoire[54]...

À mesure que le temps passe, et qu'au gré des humeurs changeantes du Grand Vieillard se confirment à la fois la nécessité et l'impossibilité du changement, les tensions gagnent la caste mais aussi la population. Comme lors de toutes les grandes catastrophes précédentes, quelques incidents se produisent aux abords des Murs rouges : en août 1975, un ex-droitier et ancien détenu venu du Sichuan est arrêté pour avoir voulu proposer aux dirigeants de mettre fin à la Révolution culturelle et à la répression politique[55]. Dans la caste, la colère monte, surtout parmi ceux de ses membres qui sont en attente de régularisation ou en voie de retour. Une minorité active continue de s'agiter, installée à l'hôpital 301. Cette base de contestation est régulièrement visitée par le général Xu Shiyou, un soudard qui entretient une haine obsessionnelle pour Wang Hongwen, l'étoile shanghaienne désignée pour succéder à Mao Zedong : il a promis de lui « casser la figure » et personne ne veut manquer le spectacle[56].

L'atmosphère devient plus lourde encore, car la température ne cesse pas de monter après la nouvelle disgrâce de Deng Xiaoping qui survient dans l'automne 1975. Les plus calmes et les mieux installés sont mécontents de la tournure des événements. Ainsi Li Xiannian, connu pourtant pour sa prudence et son sens du devoir, décide de se soigner, ce qui est chez lui une manière de faire grève[57]... Par la suite, la disparition de Zhou Enlai et l'affaissement physique de Mao accélèrent soudain l'échéance d'un conflit de succession et la possibilité pour les représentants de la caste d'intervenir contre la Bande des Quatre.

Les voltigeurs du coup d'État

Après le décès de Mao, le 9 septembre 1976, on le sait, cette intervention politico-policière prend la forme d'un coup de force conduit le 6 octobre par Wang Dongxing. Ce chef des gardes devenu le principal collaborateur du président, est manœuvré et contrôlé par une coalition représentée, au plus haut niveau, par Hua Guofeng, Ye Jianying et Li Xiannian soit des représentants des trois grandes tendances politiques de la vieille génération – centriste, modérée et offensive – qui s'étaient constituées au lendemain de l'affaire Lin Biao. Ce que l'on ignore, généralement, c'est le rôle secondaire mais réel des fils de princes dans cette opération surprise.

Il commence pourtant dès la fin du mois de mai 1976, quand, Mao se montrant de plus en plus affaibli, Ye Jianying envoie son neveu Ye Xuanqi interroger Xiong Xianghui, un super-espion adepte du renseignement intérieur, à propos de Hua Guofeng afin de s'assurer de sa fidelité. La question est primordiale car elle porte à la fois sur le successeur désigné par Mao et le représentant des responsables à peu près « raisonnables » qui ont émergé de la Révolution culturelle. La réponse, positive, permettra une alliance décisive pour le succès de l'opération : il sera toujours temps, après, de réévaluer l'équilibre entre les factions[58].

Par la suite, Ye Jianying utilise continuellement son neveu, son gendre et sa fille pour d'autres missions de liaison. Ainsi, au début du mois de juin 1976, Ye Xuanqi conduit Xiong Xianghui chez Ye Jianying, lequel conclut un premier accord avec Hua Guofeng en juillet. Par la suite, les jeunes parents de Ye Jianying continueront à aider leur aïeul. Fin juillet, Ye Xuanqi indique à Xiong Xianghui que Ye Jianying et Hua Guofeng se sont vus[59]. Le même Ye Xuanqi, assisté du gendre de Ye Jianying, continue à faire la liaison avec Xiong Xianghui jusqu'au soir de l'arrestation des Quatre. Ye Xuanqi, encore lui, quelques jours avant l'opération, était allé chercher Chen Yun – hostile à l'hypothèse d'un coup d'État, pour que son beau-père le convainque[60]. Le soir du complot, des fils de princes, dont un gendre de Deng Xiaoping et un fils de Chen Pixian[61], trans-mirent la nouvelle aux principaux amis et collègues de leurs pères. Six jours après, les mêmes Ye Xuanqi et Xiong Xianghui organi-saient une réunion destinée à informer Wang Zhen du déroulement de l'arrestation[62]. Et quelques mois plus tard, une fille de Ye Jianying, Ye Xiangzhen, aiderait son père en rendant une visite de nature très délicate à Deng Xiaoping alors hospitalisé et mécontent de ne pas avoir encore été réhabilité[63].

Compte tenu des sources existantes, cette chronique insiste sur le rôle des jeunes parents de Ye Jianying, mais on a des raisons de penser que d'autres descendants directs jouèrent un rôle auprès de Li Xiannian, Ji Dengkui et Liu Jianxun. Dans leur emploi de messa-gers, ils manifestèrent une discipline de l'urgence, car, semble-t-il, il n'y eut aucune fuite majeure durant les semaines de préparation du coup de force. Un exemple montre cependant que leurs aînés furent bien inspirés de ne pas leur confier de mission plus importante : dans une lettre qu'il aurait fait circuler en septembre 1976, le fils de

Ji Dengkui aurait proposé que le Bureau politique du PCC proclame que Zhang Chunqiao était un traître – si ce document avait été éventé, il aurait pu alerter les partisans de Jiang Qing[64].

Les leçons de la Révolution culturelle

Avec ce dernier épisode, la Révolution culturelle donnait une leçon ultime aux fils de princes. Cet enseignement était d'autant plus brutal que, nous l'avons dit, leurs années d'enfance puis plus encore d'adolescence avaient été particulièrement naïves.

Il est incontestable que leur inexpérience a condamné les fils et filles de princes à subir de terribles épreuves quand, à partir de la fin de 1966, le pouvoir maoïste se retourna contre eux en utilisant à son avantage leur enthousiasme initial. Pour autant, une forte minorité, particulièrement les responsables des organisations de Gardes rouges, apprirent alors la lucidité. Ils perçurent à la fois le caractère démagogique de la Révolution culturelle ainsi que la nécessité d'un ordre social et juridique et certains d'entre eux eurent le courage, notamment dans le *Liandong*, de prendre des risques pour limiter la catastrophe. Ils joueront plus tard un rôle important dans la mutation du régime.

Ensuite, nombre d'enfants de princes se laissèrent de nouveau berner par l'appel à « descendre dans les campagnes » (*xiaxiang*). Mais cette fois la durée de l'épreuve, l'éloignement de l'exil, la découverte de la réalité sociale et la nécessité de la solidarité familiale provoquèrent un véritable retournement intellectuel et psychologique : confrontés au pire, ils comprirent qu'ils s'étaient et avaient été trompés et que leur avenir résidait en large part dans leur passé – dans leurs familles et dans la caste qu'elles formaient. Après une première adolescence faite d'illusions, ils revenaient aux fidélités fondamentales et opposaient à tout le reste une méfiance et un réalisme qui seront pour beaucoup définitifs[65].

Désormais, ils se méfieront des grands discours et leur fidélité à leur pays et à leur parti sera toujours liée à une fidélité à l'égard de leurs familles, de leur caste puis de leur propre fortune.

Chapitre VI

Sur le chemin de la succession
(1977-1989)

Lorsqu'on connaît l'issue d'une évolution, la tentation est grande d'ignorer les accidents qui l'ont accompagnée. Aussi les historiens chinois contemporains oublient-ils généralement de mentionner les hésitations et les erreurs des dirigeants chinois qui, au début, prenaient le risque d'innover et tentaient de « traverser la rivière en marchant sur les pierres » comme le disait Deng Xiaoping, quitte parfois à marcher là où les pierres manquaient. Nombre d'entre eux réduisent les années 1976 à 1989 à une période dédiée à la critique de la Révolution culturelle, à la définition d'un programme de modernisation et la formation des équipes qui les réaliseraient.

L'accès à des données nouvelles et la réflexion qu'elles autorisent permettent de revoir cette vulgate. Pour passer des erreurs du passé aux innovations du présent, des débats sur la stratégie économique, l'ouverture du pays et la question de la démocratie furent très tendus entre les grands Anciens revenus aux commandes. Leurs enfants n'avaient pas les moyens politiques de les orienter et ils ne s'y sont mêlés que peu à peu. Ces débats ont nourri successivement trois temps politiques qui allaient engendrer une turbulence majeure au printemps 1989 : d'abord, l'abandon du « maoïsme raisonnable » que Hua Guofeng défendait, et son remplacement par un programme de modernisation imprécis ; puis, la mutation de l'économie et l'intégration croissante des fils de princes au fonctionnement du régime ; et enfin, la montée au cœur du régime d'un débat sur la démocratie qui sera interrompu par les maladresses du gouvernement et la protestation populaire. Ceux-ci déboucheront sur une solution autoritaire qui ouvrira plus encore la voie aux fils de princes.

Attente et préparatifs

Beaucoup, au plus haut niveau, l'avaient prédit : le désaccord entre les vainqueurs affleure dès le lendemain du coup d'État contre la Bande des Quatre. En effet, celui-ci repose sur un compromis défini par le maréchal Ye Jianying entre la caste que Mao avait voulu détruire (où chacun regardait vers Deng Xiaoping et Chen Yun) et certains de ceux qui l'avaient aidé à la détruire, notamment Hua Guofeng et Wang Dongxing (soit l'héritier désigné par Mao et son ultime homme de main). Pendant deux ans, de l'hiver 1976 à l'hiver 1978, les principaux représentants de la caste hésitent à casser ce compromis mais profitent de leur popularité et de leur cohésion croissantes pour renforcer leurs positions.

Bien sûr, ils se méfient les uns des autres, et sont en outre âgés et souvent malades : beaucoup font des bilans médicaux dans les hôpitaux et y sont ensuite soignés. Deng Xiaoping est opéré de la prostate dès l'hiver 1976-1977 – cette fois on lui réserve tout un étage de l'hôpital 301. Jusqu'au début des années 1980, la quasi-totalité des maréchaux encore en vie ainsi que de nombreux dirigeants civils seront hospitalisés au moins une fois[1]. Toute la caste bruit de nouvelles médicales et les familles commencent à évoquer de plus en plus l'éventualité de soins à l'étranger : c'est pourquoi les missions médicales dans les pays occidentaux seront très tôt organisées. Chez Deng Xiaoping, par exemple, on pense à faire opérer Deng Pufang, leur fils paraplégique[2].

Une autre urgence consiste à hâter le retour de ceux qui n'ont pas encore quitté leur terre d'exil. Les derniers rappelés comprennent les parents et amis de Liu Shaoqi et, plus généralement, ceux que Mao Zedong détestait le plus : Wang Guangmei, l'épouse de Liu, Yang Shangkun, qui avait dirigé habilement la machinerie du Comité central et Peng Zhen, ancien maire de Pékin, ne rentreront à Pékin qu'assez tard[3]. Xi Zhongxun, en revanche, aura auparavant bénéficié de la campagne intense menée par sa femme et sa fille aînée ainsi que de l'amitié de Wang Zhen, Ye Jianying et Deng Xiaoping pour obtenir un retour en février 1978 et être affecté à Canton[4].

Mais le sort des descendants des princes s'améliore contrairement à celui des jeunes plébéiens, dont plus de la moitié resteront en exil encore des années[5]. Naturellement, tous les prétextes sont saisis. Le retour est justifié par un engagement dans l'armée pour les adolescents les moins prometteurs – par exemple Li Xiaoyong, un fils de Li Peng, un des membres les plus en vue de la génération des plus âgés des fils de princes[6]. De fait, l'armée va se révéler accueillante pour les fils de princes. La guerre géographiquement limitée mais violente contre le Vietnam – déclarée en février 1979, théoriquement achevée peu après[7] – est pour certains officiers supérieurs l'occasion d'y engager leurs enfants et de pousser leur carrière. À l'inverse, d'autres vont les en éloigner afin d'éviter à leur progéniture des combats sanglants – toutes ces manœuvres n'ont pas manqué de susciter de part et d'autre des critiques jalouses[8].

Surtout, un événement extraordinaire mobilise l'ensemble de la caste : la réouverture en 1977 d'un examen officiel d'entrée dans les universités, le fameux *gaokao*, qui remplace désormais le système d'affectation très politisé qui avait duré quelques années. Plus de cinq millions de jeunes se présentent, pour 273 000 reçus, parmi lesquels quantité d'enfants de bonne famille – le concours retrouve ensuite son rythme annuel[9]. Cet épisode perçu comme la fin de l'humiliation et la preuve qu'ils méritent les postes convoités est resté dans les mémoires des nouveaux étudiants. De fait, les récits relatés par nombre d'anciens exilés des efforts accomplis pour préparer l'examen confirment le courage qu'ils ont dû mobiliser alors même qu'ils vivaient souvent dans des conditions difficiles et avaient parfois dépassé l'âge normal. La fille de Hu Yaobang, par exemple, réussit l'examen en 1978, année de ses vingt-sept ans, tout comme le fils de Deng Liqun, l'ancien secrétaire de Liu Shaoqi, après des années d'enlisement dans les campagnes du Henan[10]. Liu Yuan témoigne d'audace en protestant auprès de Deng Xiaoping contre l'interdiction qui lui est faite de se présenter – à cause de son père Liu Shaoqi dont le cas n'est pas encore tranché, admis dès 1977. Mais, signe du trouble qui régnait, la fameuse université de Pékin n'ose pas l'enregistrer parmi les siens et il est contraint de se rabattre sur l'École normale qui était moins cotée. Un an plus tard, Chen Yuan (fils de Chen Yun) réussit lui aussi[11]. Dans les années suivantes, le nombre élevé de reçus parmi les fils de princes irrite les autres candidats. Ils sont en outre mieux traités par les universités et mieux placés après le diplôme – ceux qui échouent à l'examen d'entrée trouvent tout de même de bonnes places dans les administrations[12].

Une fois réinstallés en ville, les fils et filles de prince qui arrivent de la campagne s'efforcent de profiter de la sérénité retrouvée pour régler leurs affaires de cœur. Le même Liu Yuan, par exemple, joue les séducteurs dans les premières « surprises-parties » et flirte avec une fille de Zeng Shan[13]. Mais pour la majorité des enfants de la caste, l'amour signifie plus que jamais une affaire sociale, voire même politique. En témoignent quelques premiers divorces. Les filles de Xie Fuzhi, l'ancien ministre de la Sécurité et favori de Jiang Qing qui est décédé peu avant, sont carrément abandonnées par leur mari. Certaines unions sont solidement arrangées en fonction de la conjoncture, telle que celle de Li Na, fille de Mao et de Jiang Qing, avec un officier des Gardes déjà quinquagénaire. Son époux qu'elle surnommera « petit oncle » sera le meilleur des surveillants au service du nouveau pouvoir[14].

Tous les yeux sont rivés sur les fils et filles des anciens bannis. Dès 1977, Hu Yaobang, dont chacun note l'ascension politique, donne l'exemple en mariant son plus jeune fils. Mais Deng Yingchao, la veuve de Zhou Enlai, entend orchestrer cette mode : elle organise en 1978 un mariage qui fait sensation entre He Jiesheng, fille de feu He Long (qu'elle regrettait d'avoir trop peu aidé durant la Révolution culturelle), et le secrétaire du parti du Hunan, la province natale de Mao Zedong. D'autres mariages s'accordent aux convenances de la caste et réconcilient des clans autrefois concurrents : ainsi Hu Deping, le fils cité plus haut de Hu Yaobang, a choisi une fille d'An Ziwen, un ancien collaborateur de Liu Shaoqi. Une foule d'enfants de princes se marient sans discuter avec le partenaire présenté. Et le couple le plus admiré est celui formé par Li Xiaolin, une fille de Li Xiannian (un grand Ancien très influent et aussi un chef de famille fort attaché aux principes), et Liu Yazhou, également fils de prince, un curieux militaire qui va s'imposer rapidement comme l'écrivain favori de la caste[15].

Pour autant, les conventions ne sont pas toujours complètement respectées. Certains gendres des grands hommes, par exemple, se révèlent moins disciplinés que par le passé. Celui de Huang Kecheng, un ancien collègue du maréchal Peng Dehuai, a l'audace de défendre la « littérature des cicatrices » qui donne la parole aux victimes de la Révolution culturelle. Cas tout de même rare, les enfants du vieux maréchal Liu Bocheng quittent la maison familiale et s'installent de leur côté. À l'inverse, le très classique Deng Xiaoping tient à abriter chez lui tous ses enfants, leurs conjoints et leurs ouailles[16]. Certains mariages très rapidement conclus ne dureront pas. Ainsi, à peine marié en 1977, Bo Xilai, un brillant fils de Bo Yibo, trompe sa femme avec une autre fille de prince nommée Gu Kailai, qu'il épousera en 1979[17]. Et quand Xi Jinping, fils de Xi Zhongxun, refuse de suivre à l'étranger sa jeune épouse, une fille de l'ambassadeur chinois en Grande-Bretagne, et divorce, il songe déjà à faire plus tard un bien meilleur mariage.

Enfin le changement ?

Toute la jeunesse des grandes villes bouillonne d'envies contradictoires de sécurité mais aussi, et surtout, de liberté et de voyage à l'étranger : ces deux termes sont liés, tant les souvenirs du passé récent en Chine sont douloureux et tant la télévision récemment installée révèle des merveilles sur le monde d'au-delà des mers. Même une émission destinée à dénoncer la condition servile des Noirs laisse voir l'intense circulation automobile des villes américaines[18]. Parmi les enfants de la caste, une véritable légende entoure désormais les pays d'Occident, d'autant que les parents rapportent les récits enchantés qu'ils ont entendus de certains de leurs collègues de retour de mission. Les plus gradés ont assisté huit heures durant aux récits de la première grande mission à l'étranger, dirigée par Gu Mu en mai-juin 1978 en Europe occidentale[19]. Quant à Deng Xiaoping, il n'est pas avare de récits car, entre 1978 et 1979, il a plus voyagé à l'étranger que durant le restant de sa vie. Il déclara fin 1978 : « Plus nous voyons de choses à l'étranger, plus nous comprenons combien nous sommes en retard. » Et il ne manqua pas, ensuite, de proposer à ses enfants et petits-enfants de l'accompagner lors de ses déplacements[20].

Par ailleurs, en Chine même, l'étranger n'est plus systématiquement parqué dans son hôtel. Les étudiants et les touristes du monde capitaliste, et d'abord les Japonais, entretiennent chez les fils de princes la passion nouvelle pour les habits et les biens de consommation « modernes ». Dès 1977, par exemple, Deng Pufang possède un appareil hi-fi, cadeau d'un ami japonais. Les cigarettes américaines font fureur et certains jeunes zazous commencent à se colorer les cheveux[21].

Enfin, au fur et à mesure que s'éloigne la menace d'un retour au pouvoir de l'aile dure du parti et en particulier à partir de la réhabilitation des victimes de la Révolution culturelle au printemps 1978, les protestations contre les injustices et les violences subies se multiplient un peu partout, alors même que des centaines de milliers de détenus libérés des camps reviennent à la maison. Des « plaignants » affluent en nombre vers Pékin, parmi lesquels de nombreux jeunes mécontents qu'on ne leur rende ni justice ni emploi.

La montée des troubles au cours de l'année 1978 s'explique largement par le blocage du pouvoir à Pékin, mais elle en précipite aussi la fin. Constatant que leur unité est à la fois nécessaire et possible, les principaux chefs de la caste, avec à leur tête Deng Xiaoping et Chen Yun, passent à l'offensive dans les réunions centrales tenues durant les deux derniers mois, entraînant dans leur sillage Ye Jianying et contraignant Hua Guofeng à les suivre. Dans un premier temps, leur action encourage un mouvement de contestation, dont le texte éponyme, affiché le 5 décembre 1978, est « La cinquième modernisation : la démocratie[22] ». Surtout puissant et audacieux à Pékin, le mouvement s'étend en province car la police, désorientée, réduit ses contrôles.

Dans l'ensemble, la jeunesse qui défile et proteste à Pékin en hiver puis au printemps 1979 est relativement âgée – souvent la trentaine. Elle a souffert et entend qu'on lui fasse justice. Constituée de nombreux chômeurs, d'ouvriers, mais aussi de professeurs et d'instituteurs, cette foule éclectique parle, écrit ses souffrances et ses espoirs, et communique son espérance d'une autre Chine, plus démocratique[23]. Contrairement à ce qui s'était passé au début de la Révolution culturelle, les fils de princes ne semblent pas avoir été très nombreux – peut-être parce que leurs familles avaient généralement déjà obtenu réparation et que la plupart d'entre eux étaient rentrés d'exil depuis des années[24].

À deux exceptions près. La première, moins connue aujourd'hui, était à l'époque significative. Participe au mouvement démocratique chinois Dai Qing, une journaliste qui publie alors une histoire de la Révolution culturelle et qui n'est pas n'importe qui : fille d'un martyr révolutionnaire, elle avait été adoptée par Ye Jianying, un des personnages extrêmement puissants du régime. Elle est tout au long des années 1980-1990 l'avocate écoutée d'une fraction de la jeunesse intellectuelle séduite par l'hypothèse d'une démocratisation du régime[25].

La seconde exception est plus importante encore : le texte le plus audacieux du mouvement, qui prône la démocratie comme « cinquième modernisation », émane d'un fils de prince (de deuxième catégorie, certes), Wei Jingsheng, dont l'intelligence, le courage et la lucidité feront de lui l'un des partisans chinois de la démocratie et des droits de l'homme les plus reconnus[26]. Même si une fois installés au pouvoir Deng Xiaoping et Chen Yun organisent l'étouffement progressif du mouvement jusqu'à l'arrestation de ses principaux animateurs en mars et avril 1979[27], le message de Wei Jingsheng demeurera fondateur. Et lors des mobilisations de la jeunesse jusqu'en 1989, une minorité de fils de princes figurent dans les rangs protestataires, sinon dans leurs marges.

En 1978-1979, en tout cas, la démocratie attire la jeunesse chinoise tandis que quelques cadres dirigeants s'interrogent sur la solidité des systèmes communistes. Li Weihan, un grand Ancien, assure ainsi à son fils Li Tieying, qui veut se lancer dans la politique, que la Révolution culturelle s'explique par les poisons du féodalisme en Chine[28]. Certains fils de princes sont influencés par le vent nouveau. Liu Yuan, par exemple, se tourne vers les idées à la mode provenant d'Occident[29]. D'autres entrent à l'Académie des sciences sociales nouvellement réformée, comme Chen Yuan, le fils de Chen Yun, qui travaille dès 1978 à une thèse sur les fondements sociaux du système chinois. L'un des fils de Deng Liqun, l'ancien secrétaire de Liu Shaoqi, fonde ensuite avec quelques camarades un centre de recherches sur les questions rurales. Même la nièce si modeste de Zhou Enlai qui avait débuté une carrière d'institutrice, travaille désormais pour l'Académie des sciences sociales de Mongolie intérieure[30].

Parmi les étudiants, certains vont s'employer à faire avancer la cause de la réforme politique en se présentant dans les quartiers des universités aux élections locales ouvertes en 1980. À l'École normale de Pékin, Liu Yuan (encore lui) affronte sans vergogne le candidat officiel du PCC et répond aux questions sur les avantages dont il bénéficiait quand il était exilé à la campagne – n'avait-il pas une maîtresse à l'époque ? Sans craindre la contradiction, il prend parti pour l'autorisation légale des opinions contraires mais contre l'instauration d'un système de partis concurrents ; il ne sera pas élu. En revanche Li Keqiang, futur Premier ministre, plus prudent, sort vainqueur des élections dans la Ligue des jeunesses communistes de l'université de Pékin[31].

Beaucoup se rendent compte que la réflexion prendra du temps et qu'il sera difficile d'agir immédiatement : il vaut donc mieux se rendre en Occident – avant de retourner en Chine le moment venu. C'est alors que se forme une première marée d'étudiants chinois vers les États-Unis et l'Europe. Les premiers qui partent – choix autrefois interdit – sont les fils et filles des dirigeants les plus importants que les universités américaines ont l'intelligence d'accueillir, comme Liu Jingjing et Liu Pingping, des filles de Liu Shaoqi, ainsi qu'un fils de Xu Xiangqian dès 1980, puis des fils de Deng Xiaoping, Zhu Rongji, Yang Shangkun et Jiang Zemin[32]. Ceux qui sont trop âgés pour étudier aux États-Unis se débrouillent pour s'y faire affecter dans un poste diplomatique à l'image d'une fille de Deng Xiaoping et son mari, ou pour s'y rendre en mission – c'est le cas de Xi Jinping dès juin 1980[33]. Le Japon, également très admiré, ainsi que Hong Kong, sont aussi des destinations prisées[34]. En ces années où tous les jeunes Chinois rêvent au départ vers l'Occident, les enfants de princes sont privilégiés par une mesure dont ils profiteront abondamment pour leurs missions commerciales à l'étranger : ils peuvent se procurer des « alias », c'est-à-dire des documents d'identité particuliers qui leur permettent de voyager incognito. Ils seront nombreux parmi les trente mille jeunes qui effectuent des études à l'étranger jusqu'en 1987[35].

La caste se réinstalle

Pendant que les plus jeunes organisent leur nouvelle vie matrimoniale et leurs études, la caste se réinstalle et se renforce. Désormais, les fils et filles de princes sont traités comme des héritiers. Il arrive même que l'un d'entre eux soit davantage aidé par les parents. C'est rarement une fille et pas forcément l'aîné, issu souvent d'un premier mariage, mais toujours le plus doué intellectuellement et socialement. Pour autant, tout dépend des situations. Ainsi, de passage à Pékin en 1979, Yang Shangkui et son épouse présentent à Bo Yibo leurs deux fils entre des visites à Wang Guangmei et à l'épouse de Xi Zhongxun[36]. D'emblée, le même Xi Zhongxun, libéré de son exil en grande partie grâce à une de ses filles, coach son fils le plus brillant, Xi Jinping, et lui déniche une position de secrétaire d'un haut dirigeant militaire. Une minorité de fils de princes parmi lesquels Kong Dan, optent pour le même poste de secrétaire : l'avenir

montrera que ce choix était plus judicieux que celui, alors généralement préféré, de partir à l'étranger ou de débuter directement une
carrière. En effet, cette expérience fournissait aux futurs politiciens
des informations fondamentales sur les pratiques devenues plus complexes de la bureaucratie chinoise[37].

Plus que jamais, le capital de chaque famille se mesure à ses relations. C'est donc à les entretenir que s'emploient les grands Anciens
et leurs enfants qui parcourent les allées du pouvoir. Très vite, ils
obtiennent que ce qui tient lieu d'histoire contemporaine, c'est-
à-dire « l'histoire du parti », renaisse de ses cendres et réserve une
priorité absolue aux biographies des grands Anciens, qu'ils soient
morts ou encore vivants. Les éditions historiques officielles reçoivent
désormais de forts soutiens politiques en même temps que des bud-
gets considérables. Et elles multiplient les collections de biographies
et de mémoires[38]. Pour entretenir la légende, les grands hommes
retournent aussi sur les sites célèbres comme Yanan, souvent avec
de vieux amis de la famille, et parfois avec des célébrités telles Li Na,
la fille aînée de Mao, ou d'autres anciens familiers de la cour maoïste
comme Wang Dongxing. Certains fils de princes participent à des
activités mémorielles réservées à la jeune génération[39]. L'ensemble
de ces actions vise à rétablir la légitimité de la caste en montrant
dès que possible comment le « bon » Mao avait contribué à son
édification.

Les mondanités et autres occasions sociales à l'intérieur de la caste
contribuent à conforter le sentiment d'appartenance à des familles.
Sous Mao et Liu Shaoqi, qui n'en voyaient pas l'intérêt, Deng Xiaoping
et Peng Zhen avaient échoué à créer un système de détente et de loisirs à l'attention des cadres supérieurs. Désormais, le centre de loisirs dit *Sanmen*, confié à la gestion prétendument sévère de l'armée,
rayonne au centre de Pékin, entre la colline de charbon et l'entrée
du parc Beihai : quatre salles de cinéma, des salles de gymnastique et
de ping-pong, des salles de jeux de cartes où l'on peut rencontrer les
dirigeants les plus cotés – à l'exception de Chen Yun qui ne s'autorise
aucun loisir[40].

Rien ne vaut cependant le contact direct avec les grands Anciens.
La visite aux vieux « oncles » devient un art nécessaire. Liu Yuan
rend ainsi une visite de politesse à Yang Shangkun et Peng Zhen
– lesquels l'accueillent pour s'entretenir des événements passés qu'ils
peinent à analyser. Ils lui posent une grande question : pourquoi

selon lui Mao a-t-il voulu purger son père Liu Shaoqi ? De nombreux
gradés vont également au chevet du général Su Yu, un héros de la
guerre connu pour son talent militaire et son mauvais caractère,
que l'âge et la maladie ont rendu plus accessible. Enfin, lors des
grands anniversaires, les vieux collègues se retrouvent et se plaisent
à comparer les ascensions professionnelles des enfants : le sujet reste
inépuisable[41] !

Néanmoins, les épisodes sociaux majeurs nombreux à l'époque sont
les décès des aïeux. Conscient de l'importance du sujet et de la pingre-
rie des familles, le gouvernement a décidé de distribuer une somme
équivalant à six mois de salaire du défunt qui permettra à chaque
famille d'assurer les dépenses liées aux funérailles pour garder son
rang[42]. Avant et après le décès se déroulent les procédures dictées par
le défunt et admises par le pouvoir. Ainsi Deng Yingchao, la veuve de
Zhou Enlai, réunit-elle ses proches pour leur exposer qu'ils ne doivent
attendre aucun héritage, qu'elle ne désire pas de funérailles et qu'elle
choisit l'incinération – ses cendres ne devront pas pour autant être
conservées[43].

Mais l'intérêt se concentre autour des funérailles elles-mêmes
puisque le rang du défunt et celui de ses invités dans les cérémonies
officielles qui se déroulent au fameux cimetière de Babaoshan sont
mesurés au cordeau. Par ailleurs, les principes adoptés au milieu
des années 1950 en faveur de l'incinération de tous et de l'austérité
des cérémonies font l'objet de négociations qui intéressent toute
la caste. En effet, certains dirigeants, comme l'irascible général
Xu Shiyou, exigent d'être enterrés, et Pékin cède[44]. En outre, différentes demandes sont prises en compte pour le dépôt, la dispersion
des cendres ou d'éventuels monuments funéraires. Aussi la veuve
de Su Yu et son fils aîné respectent-ils sa volonté de répendre ses
cendres sur un champ de bataille célèbre où nombre de ses compagnons étaient tombés[45]. La quantité et la qualité des invités présents,
les lieux de la cérémonie et l'identité des dirigeants réunis sont
autant d'occasions de classements hiérarchiques entre les grandes
familles ainsi que dans les hiérarchies politiques et militaires. Les
fils et filles de princes jouent naturellement un rôle considérable
dans les négociations qui entourent la préparation de cet événement.

Rajeunir la politique ?

En dépit des bavardages et parfois des dissensions au cœur de l'actualité toujours très fournie de la caste, les sujets de satisfaction l'emportent car le tournant politique qui s'opère depuis l'hiver 1978-1979 a permis aux familles de récupérer rang et avantages. Aussi la mise à l'écart de Hua Guofeng et la retraite progressive de Ye Jianying, ne suscitent-elles aucun désaccord marqué. La consolidation du pouvoir de Deng Xiaoping et le partage qu'il établit avec Chen Yun et Hu Yaobang sont généralement approuvés, et jusqu'en 1982-1983, les différences de point de vue sont minimes[46].

Sans doute les déclarations de Deng Xiaoping (souvent aiguillé par Hu Yaobang) sont-elles plus favorables au changement que celles de Chen Yun, en particulier en ce qui concerne le rajeunissement de l'appareil et donc la succession politique. Dès juillet 1979, Deng Xiaoping ordonne aux départements de l'organisation de découvrir et cultiver de nouveaux talents. Il profite également de ses missions en province pour en repérer et les faire monter. Mais l'essentiel est que tous deux préconisent à la fois le départ des dirigeants âgés (à l'exception des plus haut-placés !) et l'arrivée de « jeunes dirigeants prometteurs » – ce qui revient également à ouvrir la porte aux fils de princes[47] !

Les nouveaux dirigeants tendent donc prudemment vers un processus de succession décidé – même si, en l'occurrence, Deng Xiaoping reste parfois méfiant. Toujours ironique, Chen Yun aurait déclaré : « Si nos fils nous succèdent, au moins ils ne se retourneront pas contre nous[48]. » L'accord des deux grands Anciens permet l'adoption en 1982 de deux mesures essentielles : le départ des dirigeants à l'âge de soixante-dix ans et la fondation d'une Commission centrale des conseillers pour accueillir les vieillards. Dans tous les ministères, au printemps 1982, les responsables concernés perdent leur position et, là où Hu Yaobang est influent, les hommes qui ont dépassé soixante ans sont fermement prévenus[49]. Pour amadouer les grands Anciens encore vivants, la possibilité est accordée à chaque famille de princes de désigner un descendant chargé de défendre ses intérêts auprès de l'élite du parti et donc de succéder aux retraités[50]. Ce rajeunissement est à la fois orienté et freiné par la Commission des conseillers. Chen Yun, son président, veut a priori imposer une ligne de rigueur économique et morale, tandis que les membres reçoivent d'emblée de nombreux avantages matériels. De plus, le successeur désigné par chaque famille est censé occuper un poste différent dans un domaine également autre que celui qui est parti en retraite – un principe qui ne sera pas toujours respecté. Enfin – fait notoire mais qui ne se dit pas – les principaux dirigeants échappent à la loi des soixante-dix ans : ils s'affirment plus que jamais comme les patrons du régime, et leur liste dépend du trio au pouvoir – Deng Xiaoping, Hu Yaobang et Chen Yun.

En dépit de ces exceptions, le rajeunissement des responsables se précise. Tous les promus, certes, ne sont pas des fils de princes : par exemple, à la tête des Jeunesses communistes, les roturiers Wang Zhaoguo puis Hu Jintao constituent une véritable lignée idéologique toujours soucieuse de limiter le pouvoir des fils de princes. Mais des descendants de grandes familles font leur apparition dès les années 1981-1982 à des postes intéressants : par exemple Luo Gan, fils du maréchal Luo Ronghuan, dans la direction des syndicats et surtout Li Tieying, fils de Li Weihan, à la tête de la grande ville de Shenyang ainsi que Li Peng à la direction du ministère de l'Énergie électrique[51]. Tous les trois nés dans les années 1930 – on pourrait presque les appeler des « anciens » fils de princes –, ils possèdent une expérience professionnelle de qualité et ont souvent participé à la coopération avec l'Union soviétique dans les années 1950. Ils accèdent au pouvoir au moment où des dizaines de milliers d'ingénieurs et de techniciens formés par le grand frère soviétique et mis à l'écart durant la Révolution culturelle sont revenus à la production : ils joueront un rôle essentiel dans la reprise économique des années 1980[52].

Dans cette période où les fils de princes commencent leur ascension politique, leur position n'est pas très solide. Ils sont dépendants de leur patron – Deng Xiaoping et Hu Yaobang pour Wang et Hu Jintao – qui parfois paraissent hésiter à leur témoigner leur faveur. Chen Yun leur réserve des jugements parfois sévères – il est en tout cas partisan d'interdire aux familles princières de pousser plus d'un enfant vers la politique[53]. Mais cela ne l'empêche pas de patronner Li Peng et Yao Yilin, qui partagent son conservatisme, ni d'encourager son propre fils à se diriger vers les postes de pouvoir. Quant à Deng Xiaoping, il modifie également sa position à propos des fils de princes, soutenant souvent ceux que ses enfants lui recommandent.

Par ailleurs, le jeu ne se limite pas à Deng Xiaoping et Chen Yun. Certaines nominations dépendent également de l'influence variable d'autres familles. Ainsi, quand en 1980 la chute de Hua Guofeng affaiblit de manière décisive la position politique de Ye Jianying, en compensation, son fils Ye Xuanping est nommé vice-gouverneur dans la province où il a longtemps exercé une influence majeure : le Guangdong. Il devient maire de Canton en 1983 et gouverneur en 1985[54]. Un autre exemple spectaculaire est celui de la Mongolie intérieure que Ulanfu avait gouvernée sans partage avant et après la Révolution culturelle : deux de ses fils y sont nommés au début des années 1980 – mais lui-même ne prend pas le risque d'y retourner[55].

Les « parachutages »

En tout cas, grâce à l'accord tacite des plus hauts dirigeants, le nombre des fils de princes qui s'engagent dans la politique augmente brutalement. Tout se passe comme si les grandes familles de la caste essayaient de se placer sur l'échiquier politique – mais avec une exception remarquable et finalement habile : la famille de Deng Xiaoping, dont le fils aîné Deng Pufang n'en a pas la capacité physique et dont le cadet n'en manifeste pas le goût, peu importe, les enfants de Deng joueront un rôle souvent décisif en amont et en aval des décisions importantes, et ils s'organiseront pour en tirer profit.

Dans l'ensemble, les tentatives de « parachutages », très variées, reflètent des calculs qui ne se révèlent pas tous être judicieux. Le choix du « lieu d'atterrissage » est quelquefois hasardeux : un fils de Lin Boqu se retrouve dans le gouvernement de Mongolie intérieure, où sa famille ne possède aucune attache ; Chen Yuan, le fils de Chen Yun qui fera une carrière remarquable dans la banque, perd d'abord beaucoup de temps dans le quartier « ouest » tout comme un autre héritier dans le quartier « est » de Pékin car le comité du parti municipal défend solidement son contrôle. Et Xi Jinping, fils de Xi Zhongxun, est affecté à la tête d'un district dans le Hebei, où il est confronté au très autoritaire patron qui ne lui cache pas son mépris[56]. En revanche, Wang Zhen, qui n'a jamais occupé de position importante dans le parti, parvient en 1982 à faire accéder son fils adoptif, He Jingzhi, au Comité central du PCC, tandis que quantité de jeunes échouent et échoueront longtemps encore : probablement l'a-t-il fait en échange d'alléchantes promesses[57]. D'autres s'inscrivent dans une certaine logique, et débutent plus facilement : Liu Yuan, fils de Liu Shaoqi, obtient un poste au Henan, où son père est mort ; Chen Haosu, fils de l'impénitent idéaliste Chen Yi, se fait élire au secrétariat de la Ligue des jeunesses communistes ; et Hu Deping, fils de Hu Yaobang, reçoit la direction du département du front uni du PCC en 1985 sans doute dans l'idée quelque peu naïve de donner un coup de main à son père, alors secrétaire général du PCC très controversé – une promotion à la fois brillante et fragile[58].

Les résultats de ces « parachutages » furent dans un premier temps extraordinairement variés et fragiles. Certains fils de princes n'ont guère marqué les esprits, comme le fils de Lin Boqu. D'autres ont échoué et changé de voie alors qu'ils ne manquaient pas de talents – tels Chen Haosu et Chen Yuan. Quant à An Li, la fille d'un ancien chef du département de l'Organisation et belle-fille de Hu Yaobang, elle a laissé un souvenir catastrophique en gaspillant en réceptions l'argent de la mairie de Xiamen, au Fujian[59]. Quelques autres, pourtant aidés et intéressés par leurs nouvelles affectations, se sont heurtés à des difficultés, par exemple, au Henan, Liu Yuan (qui devra passer par l'armée pour réussir) et, au Hebei, Xi Jinping. Rares en effet sont ceux qui se sont imposés d'emblée – peut-être Yu Zhensheng, le fils d'un ancien amant de Jiang Qing, à la tête de la mairie de Yantai, au Shandong.

La réussite

Après ces débuts chaotiques, et en dépit de leur inexpérience, les fils de princes montent peu à peu dans les hiérarchies, pour des raisons qu'il faudrait étudier : leur formation, sans doute, leur ambition bien sûr, mais surtout parce que, malgré la variété de leurs choix et de leurs allégeances, ils sont maintenus aux échelons supérieurs par des parents ou des relations. Encore confinés dans des rangs subordonnés au début des années 1980, les fils de princes occuperont la moitié des sièges du Bureau politique du PCC une décennie plus tard, ce qui est une performance sans précédent dans l'histoire communiste.

Ils progressent sur fond d'échecs et de jalousies, bien qu'ils ne puissent s'engager dans les débats de l'heure : en effet, ils ne sont pas unis face aux grands problèmes qui divisent le sommet du parti. Soutenus par leurs réseaux, ils profiteront de l'histoire politique de plus en plus agitée des années 1983-1989 sans jamais s'engager totalement dans un camp. Ainsi, en 1983-1984, Hu Deping, fils de Hu Yaobang, et Deng Pufang, fils de Deng Xiaoping, se mettront en avant pour critiquer la campagne idéologique et policière contre la « pollution spirituelle », c'est-à-dire les mauvaises influences morales et politiques supposées venues d'Occident, initiée par Deng Liqun et soutenue par Chen Yun, lesquels de leur côté, s'appuient sur plusieurs fils de princes[60].

Dès lors, ces héritiers profiteront de toutes les inflexions politiques. En particulier en 1985, lors d'une assemblée du parti qui possédait certaines attributions d'un congrès, ils tireront avantage du départ à la retraite de soixante-quatre dirigeants pour s'infiltrer dans tout l'appareil, et notamment au Comité central[61]. Si certains ne réussiront pas tout de suite, comme Liu Yuan qui cessera de progresser au Henan, ou Chen Yuan et Deng Pufang[62], d'autres posent les jalons de leur carrière. Peng Zhen par exemple sera remplacé par un de ses gendres au Comité central. En dépit des tumultes politiques et de la surveillance des grands Anciens, le rajeunissement demeure bien une constante. Témoin de ce succès, l'une des figures éponymes des « anciens » fils de princes, Li Peng, sera nommé Premier ministre en 1988 ; sans hésiter ni rencontrer d'opposition, il attribuera des postes ministériels et quelques charges de vice-Premiers ministres et de ministres à une dizaine de fils de princes. Au plus haut niveau, seuls les sept vieillards « immortels » veilleront désormais[63].

Ces performances politiques auxquelles, nous allons y venir, s'ajoutent de nouvelles activités économiques, valent aux descendants des dirigeants des revenus et des goûts nouveaux. Ils s'habillent désormais chez les premiers tailleurs de mode. Les filles n'hésitent plus à porter des tenues inspirées de l'Occident et certaines vivent officiellement en concubinage. Nombre d'héritiers – et notamment un fils de Zhao Ziyang – abusent des facilités dont ils jouissent et leurs frasques sont connues. Si la police poursuit rarement leurs infractions, trois d'entre eux seront néanmoins exécutés à Shanghai pour des viols répétés[64]. Ils restent très attachés à leurs parents mais occupent peu la demeure familiale car la vie dans les zones réservées n'est guère plaisante et les contrôles y demeurent stricts. C'est pourquoi la plupart des dirigeants se font attribuer plusieurs domiciles à Pékin, dont certains dans les quartiers chics[65].

Désormais, la visibilité, le manque de modestie et la vertu inégale des enfants de dirigeants attisent jalousie et critiques. Hu Yaobang les aurait critiqués en 1986, lançant même une campagne contre leurs privilèges en dénonçant le trafic de cassettes pornographiques auquel se serait livré un fils de Hu Qiaomu et le vol d'or qu'aurait commis Bo Xicheng, un fils de Bo Yibo, alors même que les positions pro-démocratiques de son propre fils Hu Deping lui valaient des critiques[66].

Pourtant rien n'y fait, partout la chasse aux positions de pouvoir bat son plein au sein de la jeune génération de la caste. Une fois admis qu'une grande ambition appelle des études dans une université prestigieuse et un beau mariage, les calculs varient. Depuis le début, les études à l'étranger sont réservées aux plus fortunés, soit trente mille jeunes de 1978 à 1987. Les fils de prince bénéficient de ces places car ils font le plein de recommandations auprès des services culturels pour les maigres bourses chinoises, et pour les bourses des grandes fondations américaines et des gouvernements amis. La plupart des familles de dirigeants envoient donc leurs rejetons étudier au loin gratuitement[67]. Mais très vite les princes pourront payer eux-mêmes la scolarité de leur progéniture grâce aux fruits de la corruption. Un tract révèle ainsi en avril 1989 que Shen Tu, le patron de l'aviation civile, a obtenu cinq cent mille dollars de la société Boeing pour autoriser un fructueux contrat de vente d'avions, ce qui lui a permis de financer les études de ses trois fils aux États-Unis et de sa fille en Europe[68].

Toutes les familles orientent leurs descendants vers le pouvoir mais les moyens d'y parvenir – les études et les relations – sont onéreux. Les conversations abondent en exemples de « spoutniks » et autres « bombes atomiques », ces cadeaux qui permettent de gagner l'appui de parents, d'amis et de réseaux[69]. Partout également sont organisés des mariages qui équivalent à des opérations commerciales. Et les résultats sont partout éloquents : les photos du Nouvel An témoignent de la prospérité des familles d'aristocrates. Par ailleurs, quand un ivrogne ramassé sur la voie publique décline sa qualité de fils de prince, le policier se montre prudent et s'occupe le moins possible de l'affaire[70].

« Une famille, deux systèmes »

Cependant, l'exercice du pouvoir politique ne suffit plus à satisfaire la fièvre qui anime les fils de princes. Ces derniers visent aussi les myriades de prébendes qui se sont multipliées : il n'existe pas de petit profit ! Ainsi, les filles et les femmes de personnalités sont légion aux fonctions de représentation et aux sinécures mondaines. Par exemple, Yu Qiuli, chef du Département politique de l'armée,

accorde à He Jiesheng, fille de He Long, la direction d'une encyclo-
pédie militaire : tâche symbolique, certes, mais très bien rémunérée[71].
L'habitude est prise – et durera – d'attribuer à des filles de princes
des postes de représentation dans les associations dites d'amitié : par
exemple Li Xiaolin, fille déjà citée de Li Xiannian, devient l'une des
principales responsables de la puissante association d'amitié avec les
pays étrangers, ce qui lui permettra de voyager à son gré[72].

Néanmoins, la grande nouveauté réside dans les fonctions nouvelles qu'autorise une activité en plein développement : l'économie
plus ou moins privée qui essaime depuis le début de la décennie.
L'évolution est fragile et paraît encore risquée moins de dix ans après
la mort de Mao Zedong, d'autant que certains grands dirigeants
s'y opposent, et pas seulement Chen Yun : même Xi Zhongxun,
en 1983, si favorable qu'il soit à l'ouverture économique du pays,
interdit à sa fille Ji Xin de s'engager dans une entreprise privée[73].
Ces réticences permettent paradoxalement aux fils de princes de s'y
risquer les premiers, et parmi eux des représentants des familles les
plus puissantes.

C'est sur ce point que l'exemple donné par les familles de
Deng Xiaoping et Wang Zhen a été capital. En effet, toutes deux pilo-
tées par un vieillard immensément puissant, elles se sont spécialisées
dans les secteurs privés, quasi privés, faussement privés ou prétendument publics en train de s'ouvrir : leurs membres et leurs clients privilégiés savent comment rapidement interpréter un règlement, forcer
une autorisation ou gagner un pardon[74].

La voie a été inaugurée par la fameuse CITIC chargée de canaliser les
investissements étrangers. Cette extraordinaire nouveauté dont beaucoup n'osent pas encore seulement prononcer le nom est confiée en
février 1979 par Deng Xiaoping et Wang Zhen au fameux Rong Yiren,
héritier bien connu d'une célèbre dynastie de capitalistes shanghaiens
qui a été malmenée mais non détruite par le régime. Il possède des
parents et amis à Hong Kong et Taïwan, et intéresse de plus en plus les
services secrets et bientôt les plus hauts dirigeants : c'est qu'il faut à la
fois profiter de l'Occident et l'étudier pour se saisir (sans payer, bien
sûr) de ses inventions, de ses produits et de ses techniques[75]. D'emblée,
les postes opérationnels de la CITIC sont confiés aux enfants de
Wang Zhen, de Kong Yuan (notamment le fameux Kong Dan qui
était aux avant-postes dans les premières semaines de la Révolution
culturelle) et de Ye Jianying, avec la bénédiction de Deng Xiaoping et

la participation des siens. Par la suite, la compagnie, qui deviendra la porte d'entrée financière de la Chine, emploiera des enfants d'autres grandes familles, dont celles de Peng Zhen et Yang Shangkun, et elle enseignera les règles ou plutôt l'absence de règles du capitalisme à la chinoise à des centaines de fils de princes qui répandront les nouvelles mœurs économiques dans l'ensemble du pays[76].

En effet, rapidement, d'autres sociétés sont fondées, et contrôlées par des fils de princes. Elles sont situées au confluent de l'économie, de la politique et des services secrets, et de ce fait prêtes à prendre des libertés avec les principes et les lois théoriquement en vigueur pour préparer l'avenir et servir la Chine ainsi que leur portefeuille. La société Baoli par exemple, d'origine militaire, longtemps contrôlée par un fils de He Long, He Pengfei, est fondée en 1984 grâce à Deng Xiaoping alors à la tête de l'armée, pour transgresser toutes les règles ; et la fondation Kanghua de Deng Pufang, autre repaire de fils de princes, se permet d'autant plus de facilités qu'elle se donne pour objectif officiel d'aider les paralytiques et autres malades [77].

Moins connus que la CITIC, ces deux organismes attireront sans doute l'attention des historiens. Le premier, dont le bâtiment principal – et le théâtre... – trônent au centre du célèbre carrefour de Dongzhimen à Pékin, est parvenu avec une extraordinaire impudence à réaliser le mariage de l'industrie militaire, du commerce extérieur, de l'espionnage, du trafic d'armes, de la haute finance... et même de la culture. En effet, la société Baoli, ou Poly, est née du Bureau du commerce militaire de logistique de l'État-Major général de l'armée. Parmi ses premiers responsables, figurent trois gendres de personnalités célèbres : Deng Xiaoping, Yang Shangkun et Zhao Ziyang[78].

La fondation Kanghua désigne la version pékinoise d'une autre transgression, celle qui transforme l'activité en principe charitable en une myriade d'autres activités très variées. Les historiens devront éclaircir trois énigmes : la nature de ses activités, leur lien avec les différentes agences du pouvoir chinois, et la personnalité exceptionnelle de Deng Pufang. En effet, privé des moyens de faire de la politique, cet aîné des fils du grand patron de la Chine a peut-être espéré transformer le système économique et politique de son pays par la création d'une fondation de bienfaisance qui expérimentait toutes les nouvelles innovations commerciales voire financières.

Ce créateur d'avenir doté de qualités innombrables était soutenu par l'amour d'un père au pouvoir considérable, de celui d'une mère et de l'admiration de ses sœurs. À l'origine, il excellait autant dans les études que dans le sport sans profiter des passe-droits : considéré comme prioritaire par son lycée, il avait préféré passer l'examen d'entrée à l'université de Pékin, où il avait été l'un des agitateurs des premiers mois de la Révolution culturelle. Défénestré lors d'une bagarre d'étudiants, il devient invalide, et doit surmonter des douleurs effroyables. Avec un courage remarquable, il accomplit vingt-cinq kilomètres en fauteuil roulant pour atteindre les Murs rouges où il supplie d'être soigné. Après avoir retrouvé ses parents en exil, il reçoit de meilleurs soins . Il conseille son père en faveur de l'ouverture et de la réforme, choisit pour épouse une rhumatologue, et enfin se lance dans les affaires… Au total, une grande personnalité du siècle chinois[79] !

Peu à peu, le contexte économique se transforme ainsi grâce à une réglementation moins stricte qui permet de se lancer dans de nouveaux secteurs. Quand un problème se pose, il peut être résolu par un fils de princes puisque beaucoup d'entre eux ont été placés par les autorités dans les *business corporations*, récemment fondées pour couvrir les différentes activités commerciales, en particulier dans les provinces[80]. Un tel saura par exemple joindre le responsable concerné, lequel, à défaut de connaître le règlement, saura organiser une exception. Un peu partout, jusque et y compris au cœur de l'économie d'État, des intermédiaires proposent leurs services : c'est une nouvelle profession. Entre les anciens et les nouveaux métiers, des ponts s'organisent. Nombre d'individus commencent même à exercer plusieurs formes d'activités, les unes publiques et les autres privées, d'abord avec de bonnes intentions puis, cyniquement, dans la corruption : telle est la situation à laquelle se confronte Xi Jinping au Fujian en 1985, lorsqu'il débarque du Hebei rural. Elle va lui inspirer sa future grande campagne contre la corruption[81]. Ce sont parfois des couples ou des familles qui se partagent des activités publiques et privées. Ainsi, Wen Jiabao accepte en 1983 de devenir vice-ministre des Mines car son épouse est une géologue bien placée dans la Fédération des bijoutiers. Ils deviendront très riches et lui finira Premier ministre[82] !

C'est donc dans les années 1980 que s'organise dans la caste des fils de princes, seule capable de prendre de tels risques, une communication, puis progressivement une corruption organique entre deux secteurs : la fonction publique et l'entreprise, toutes deux exercées en Chine et à l'étranger[83]. En d'autres termes, la caste des fils de princes se charge de mettre au service de l'ordre communiste les procédés du capitalisme – en échange bien sûr d'avantages financiers... En trente ans, cette mécanique transgressive extraordinairement rentable facilitera considérablement la croissance économique. Elle va transformer partiellement la caste issue de l'histoire maoïste en une couche sociale composée de candidats potentiels à la richesse et au pouvoir politique car capables de manœuvrer la combinaison centrale entre un pouvoir qui se dit communiste et des entreprises qui se disent capitalistes.

Il arrive qu'un même individu cumule les deux activités ou qu'il les pratique successivement – comme par exemple Chen Weida, patron de Sinopec de 1983 à 1986, puis maire de Ningpo de 1986 à 1994, et de nouveau PDG de Sinopec jusqu'en 2007[84]. Mais il est généralement plus facile que plusieurs membres d'une famille exercent ce partage des rôles : tel est l'ajustement – variable et imparfait – qui se réalise progressivement dans la société des fils de princes (et plus généralement chez leurs clients) au cours des années 1980.

L'ère des familles

Là est la cause profonde d'un phénomène socio-politique majeur de cette époque. Les familles qui composent la caste changent en partie de structure et gagnent encore de l'importance. Du temps de Mao, elles s'identifiaient presque totalement à leur chef tout puissant – quand il avait des frères et sœurs, ceux-ci dépendaient de lui, ses enfants ne comptaient pas et son épouse était au mieux une adjointe. Depuis lors, nombre de pères de famille ont disparu et l'autorité des survivants a souvent décru.

En revanche, les enfants ont acquis de l'importance, mais de façon assez différenciée. Tout en exerçant assez souvent des métiers de représentation, la médecine ou l'enseignement, les filles se sont plutôt spécialisées dans l'aide aux vieux parents et la gestion de la famille, ce qui donne à certaines d'entre elles une influence réelle. Ainsi, Deng Nan et Deng Rong font la loi chez elle, sauf quand leur père hausse le ton[85]... En revanche, les garçons ont appris des métiers et reçu des positions de pouvoir dans deux filières à l'origine distinctes qui s'étaient rapprochées comme on l'a vu : la classique de l'administration et de l'armée, et la nouvelle du commerce. Pour résumer, disons qu'une famille ne valait plus seulement par son chef, mais par l'ensemble de ses composantes, et en particulier de plus en plus par les garçons. C'est progressivement que va s'affirmer le rôle du fils qui a le mieux réussi, soit dans la politique, soit dans les affaires…

L'influence des familles à l'intérieur de la caste varie et diffère donc beaucoup, et plus que par le passé, suivant quelques facteurs essentiels : le pouvoir et la santé physique du *pater familias* s'il survit, la santé de la mère, la personnalité des filles ou de la fille aînée, et de plus en plus le nombre et les carrières professionnelles des garçons. De ces facteurs, le premier et le dernier sont les plus importants. Si la plupart des chefs de famille encore en vie sont des vieillards, leurs capacités de travail et leur autorité sont très inégales. Deng Xiaoping, Chen Yun et Li Xiannian se distinguent parmi les plus valides, contrairement à d'autres vieux dirigeants qui ne sont plus guère écoutés, notamment parmi les maréchaux et les grands généraux survivants, surtout si leurs enfants n'ont pas réussi.

En ce qui concerne les enfants mâles, c'est la diversité des profils qui est la mieux adaptée à cette époque de transition où la politique, l'économie et les affaires militaires communiquent et se mélangent : il est donc avantageux de placer ses fils dans les hiérarchies civiles et militaires ainsi que dans les affaires, ce qui favorise les familles qui comptent trois enfants de sexe masculin. En conséquence les clans les plus puissants comprennent à la fois des fils nombreux et un chef légendaire, brillant et en relative bonne santé : ces deux qualités ont longtemps fait la puissance de la famille de Bo Yibo, dotée de quatre fils[86].

Tout indique que les patrons du régime, mais aussi leurs adjoints et l'ensemble de la hiérarchie du PCC, se sont pliés à la logique qui faisait des familles l'ossature du régime. Une première raison est sans doute que tel était le souhait profond de la majorité des grands du régime dès l'époque de Mao Zedong, à l'exception d'un homme trop prudent pour le dire – Zhou Enlai – et d'un autre trop honnête pour agir en ce sens – Liu Shaoqi. En outre, la structure des familles a facilité les communications et les coopérations nécessaires aux trafics qui étaient désormais autorisés.

En témoigne l'exemple de Hu Yaobang, alors patron du parti, qui a toujours appliqué les principaux préceptes de la loi des familles. L'homme, d'un tempérament généreux, était pourtant plus nuancé que ses pairs : plutôt critique à l'égard de l'autoritarisme bureaucratique et

disposé à s'y attaquer, assez respectueux avec son épouse, plus atten-
tif que d'autres envers ses enfants, qui n'ont pas tous versé dans les
affaires. Et cependant, il participait à la vie sociale de la caste, profitait
sans vergogne de ses avantages matériels, et mariait ses enfants de la
façon la plus traditionnelle – sa fille avait épousé un vice-amiral. En
un mot, il faisait partie intégrante du système, et en était même un des
plus brillants représentants[87].

Dès lors, sans cesser d'être tiraillée par des options soit conser-
vatrices soit réformatrices, la vie politique chinoise sera animée et
bousculée par les rivalités entre quelques dizaines de familles héritières de l'époque qui a précédé la Révolution culturelle. Le peu que
les sources laissent voir donne à penser que les familles sont souvent
regroupées en réseaux d'amitié et d'intérêt dont les racines peuvent
être historiques ou régionales, mais varient également en fonction de
la conjoncture, de l'influence des différents chefs de famille et des
histoires des enfants les plus déterminés. Les mémoires de Shui Jing,
l'épouse affable de Yang Shangkui, un ancien commandant de guérilla
dont la carrière s'est déroulée pour l'essentiel au Jiangxi après 1949,
révèlent comment sa famille s'est liée d'amitié à d'autres appartenant
soit à un réseau issu de la même région de guérilla, soit à la même
région administrative ou à des familles pékinoises dirigées par des
personnalités utiles à un dirigeant provincial : le Premier ministre
Zhou Enlai bien sûr et les deux grands financiers Li Xiannian et
Bo Yibo[88].

Les grandes familles pékinoises dominent les autres et leurs parti-
cularités sont significatives. Les spécialisations professionnelles
en témoignent. Les familles fondées par des militaires sont, et
demeurent encore aujourd'hui très souvent actives dans le domaine
militaire – par exemple celles des maréchaux Nie Rongzhen,
He Long ou Xu Xiangqian. Les proportions sont à peu près iden-
tiques chez les « grands généraux » (dajiang), avec même une appé-
tence chez leurs enfants, qui s'amplifiera par la suite, à choisir la
même armée voire la même région militaire : la tendance à la succession, déjà spectaculaire dans la famille Yang Chengwu dès la fin des
années 1970, deviendra de plus en plus nette dans les autres familles
de militaires[89]. En revanche, les familles de dirigeants civils adoptent
des voies différentes. Ainsi, dans la famille de Deng Xiaoping, il n'y
aura pas de « politique » propre (en partie à cause de l'état de santé
et de l'impopularité de Deng Pufang) mais aucun descendant direct

ne choisira pour autant l'armée – toutefois, l'époux de sa demi-sœur deviendra un haut gradé et celui de Deng Rong, fils d'un célèbre médecin militaire, suivra un parcours sans faute dans l'armée qui le mènera à la direction des armements de l'État-Major, poste à tout point de vue stratégique dans les années 1980[90].

Une autre distinction se rapporte à la puissance passée ou présente du chef de famille et celle de sa famille. Elle est évidente dans le cas de la famille de Zhu De, dont les enfants n'avaient guère brillé dès les années 1950 et dont les petits-enfants n'ont pas fait beaucoup mieux – quitte à louer l'usage de leur nom de famille. Quant à la famille de Ye Jianying, hormis la belle réussite de Ye Xuanping, les succès des autres enfants et la constitution d'une véritable fortune familiale, elle a souffert d'une exécrable réputation relative à ses mœurs financières et surtout au tournant politique du début de la décennie[91]. Et Nie Rongzhen a payé cher le fait d'avoir accordé, comme sa femme, la priorité à la révolution avant 1949 et de n'avoir eu qu'une fille. Il est néanmoins vrai que celle-ci, Nie Li, réussit une superbe carrière dans l'armée chinoise et que son mari, Ding Hengao, monté très vite dans l'appareil durant les années 1980, possède des responsabilités décisives dans la recherche militaire[92].

La famille de Wang Zhen donne en revanche l'exemple inverse d'une évolution efficace à partir d'un pari tardif réussi. Longtemps privé de la faveur du président, cet ancien héros de la guérilla avait, on l'a dit, réussi un premier pari consistant à servir d'intermédiaire entre celui-ci et ses victimes dans la caste. Ainsi revenu dans le grand jeu, il en avait osé un autre auprès du nouveau patron du régime, Deng Xiaoping : il lui avait proposé l'aide de ses trois fils et de son gendre, les premiers doués pour le commerce et l'autre pour la politique, afin de réaliser l'opération de la CITIC. Ce personnage brutal et réaliste avait compris le premier qu'une fois abandonnée la légitimité idéologique et garanties sa survie au pouvoir et la pérennité du régime, la caste dirigeante se laisserait séduire par l'argent. Il offrait à Deng Xiaoping, moins libre de ses mouvements et moins bien doté en descendance masculine, une opportunité financière remarquable, une maquette de l'avenir et une obéissance politique totale. En d'autres termes, comme à la haute époque, un bataillon de têtes brûlées pour réaliser une nouvelle percée… Et, de fait, 300 000 nouvelles sociétés sont créées de 1986 à 1988[93].

Une catastrophe finalement utile

Étrangement, alors que la caste renforce son pouvoir grâce à sa réinvention du capitalisme dans le communisme, et que ses fils prennent le contrôle de pans entiers de l'économie naissante, ses chefs se divisent autour de clivages inspirés par le contraste mondial alors manifeste entre la bonne santé des pays démocratiques et les difficultés des régimes communistes. En effet le rapport entre démocratie et communisme organise de plus en plus la polémique feutrée entre Hu Yaobang et ses partisans d'un côté, et de l'autre les anciens groupés autour des « immortels » (Deng Xiaoping, Chen Yun, Li Xiannian, Bo Yibo…).

Dans cette polémique, les conservateurs dominent largement grâce à l'engagement de leurs patrons : en janvier 1987, Hu Yaobang est contraint de démissionner. Mais ils ne sont pas encore assez unis : il est donc remplacé par Zhao Ziyang, un autre réformiste, mais plus prudent, qui abandonne son poste de Premier ministre à Li Peng, un fils de princes de la première génération à la fois compétent et plus acceptable pour les conservateurs. Cependant, le mécontentement social dû à l'inflation et la montée de la rébellion étudiante vont provoquer au printemps 1989 une grave crise politique dont la Chine ne sortira qu'après le massacre perpétré place Tian'anmen le 4 juin 1989. Le mouvement démocratique, dont Hu Yaobang puis Zhao Ziyang étaient devenus bien malgré eux les hérauts, ne se relèvera pas de son échec, et le communisme, au contraire, se remettra de ses difficultés au prix d'une politique économique intelligente et efficace.

L'un des paradoxes est que les fils de princes sont beaucoup cités et critiqués durant cette crise mais peu actifs : en un sens, l'histoire se fait « au-dessus d'eux ». Durant les années qui précédaient la tragédie de mai-juin 1989, ils avaient poursuivi leur ascension dans l'appareil du parti et du gouvernement, incitant le *Quotidien du Peuple* à lancer des appels à un contrôle politique de leurs promotions, et Hu Yaobang à lancer une campagne contre leurs excès supposés[94]. Ils n'avaient guère participé à l'agitation qui s'était propagée dans les campus durant l'hiver 1986-1987, en partie car les deux camps se rendaient mutuellement responsables de leurs malversations. Tout au plus Chen Haosu, fils du maréchal Chen Yi devenu vice-maire de Pékin avait-il prononcé avant le début de la crise un discours conciliant à l'intention des étudiants de l'université de Pékin[95].

En outre, quand à partir de la fin du mois d'avril 1989 le mouvement insurrectionnel prit son ampleur, les fils de princes devinrent une de ses cibles majeures, en grande partie parce que critiquer leur pouvoir était devenu un credo du peuple. On entendait dans la foule des slogans qui appelaient à « fusiller tous ces haut cadres corrompus », et l'on vit même le personnel de la CITIC défiler aux cris de « À bas l'affairisme officiel[96] ! ». Dans les tracts et les discours, on raillait les dépenses de Deng Pufang sur les champs de course ; des tracts fournissaient des chiffres des fortunes estimées ainsi que les noms des « coupables » et l'emplacement de leurs villas ; d'autres demandaient que les rémunérations des dirigeants soient rendues publiques ; et d'autres encore que soit publiée une liste des fils et autres parents et amis de dirigeants. Les bruits qui couraient sur les enfants de Zhao Ziyang étaient tellement embarrassants que celui-ci finit par commander en mai 1989 une enquête sur leur fortune et par présenter un projet contre la corruption des fils de princes. À Hu Qili, un dirigeant plutôt bien disposé qui promettait le 18 mai que le gouvernement allait lutter contre la corruption, un étudiant répliqua de commencer par corriger sa progéniture. Le 1er juin, Yuan Mu, le porte-parole du gouvernement, se crut obligé de soutenir qu'il n'avait aucun parent dans la haute administration[97].

Cependant, en privé souvent, les « fils de » se sont beaucoup plus opposés qu'on ne le croit. Certains ont pris parti pour les propositions des « centristes » modérés comme Li Tieying (lui-même très bien né…), ou pour le refus de l'usage de la force comme certains militaires de haut rang : Nie Rongzhen, Xu Xiangqian et le ministre de la Défense Qin Qiwei[98]. D'autres ressentaient une solidarité spontanée avec le mouvement de la jeunesse. Une minorité plus conséquente qu'on le dit aujourd'hui en Chine s'est donc engagée sinon dans les rangs du mouvement démocratique, du moins en faveur d'un compromis. On peut citer des personnalités fortes et appartenant à des familles très élevées : Luo Diandian et Tao Siliang, filles de Luo Ruiqing et Tao Zhu ; Chen Haosu et Chen Xiaolu, fils de Chen Yi que nous avons déjà rencontrés ; Hu Deping (fils de Hu Yaobang) et Zhao Dajun (fils de Zhao Ziyang) ; Li Yong (petit-fils de Li Fuchun) ; et même Li Yuan, l'inévitable fils de Liu Shaoqi[99]… Comme dix ans auparavant, soulignons le courage dont a fait preuve Dai Qing, fille adoptive de Ye Jianying, une journaliste très célèbre, qui a beaucoup œuvré pour éviter le massacre et demeure incarcérée dix mois à la prison de Qincheng[100].

Il n'en reste pas moins que la grande majorité des fils de princes a marqué un désaccord plus ou moins explicite avec le mouvement, considérant souvent l'argument que les excès commis compromettaient l'avenir de la démocratie dans le pays. Il y eut cependant peu de « héros » de la répression dans leurs rangs, excepté Ai Husheng, le chef du bataillon qui occupa la place Tian'anmen : il était le fils d'un haut gradé de la région militaire de Shenyang[101]. Les descendants des personnalités qui s'étaient illustrées dans la répression du mouvement furent même souvent maltraités par leurs condisciples : par exemple, une petite-fille de Wang Zhen, qui fut ou se crut obligée de quitter l'université normale de Pékin, et un fils de Jiang Zemin préparant sa thèse aux États-Unis auquel ses condisciples chinois rendirent la vie difficile[102].

Quoi qu'il en soit il apparaît évident aujourd'hui que, malgré les critiques qu'elles ont suscitées à leur encontre, la répression du mouvement du printemps 1989 et la défaite de l'aile réformiste ont plutôt servi les fils de princes. En effet, leur sort était globalement attaché au pouvoir de leurs parents, c'est-à-dire au pouvoir communiste en général, car le caractère dictatorial du régime favorisait les transitions nécessairement discrètes des pères aux enfants. Ils n'avaient donc pas intérêt à ce que le pouvoir se démocratise, ou simplement se « légalise », ce qui aurait signifié qu'une part plus grande de la population (et même du parti) bénéficie d'informations, voire d'une capacité de contrôle.

Il faut bien le reconnaître : la crise de 1989 a éliminé la possibilité d'une rivalité avec l'élite étudiante et intellectuelle libérale, qui a basculé dans la révolte puis en partie dans l'émigration. En outre, elle a accru l'importance du développement économique, et donc la valeur de la collaboration d'une caste à la fois politique et financière avec le pouvoir.

Encore fallait-il cependant que le pouvoir communiste, dont dépendaient les fils de princes, tienne compte des protestations populaires contre la tentation du retour en arrière qui obsédait l'équipe de Li Peng et leur réponde autrement que d'une façon répressive. Que donc il laisse survivre puis développe les compromis politiques et les flux commerciaux déjà élaborés avec l'Occident. Et que par exemple se généralisent les résistances que les fils de princes les mieux implantés orchestrèrent dans le sud de la Chine, par exemple Ye Xuanping au Guangdong, dans les années 1989-1991.

Et qu'une fois éliminées la tentation et la possibilité d'un virage démocratique, le pouvoir de Pékin se sente capable de fabriquer son propre capitalisme[103].

Les fils de princes eurent de la chance : c'est à peu près ce à quoi s'employèrent les dirigeants chinois dans les deux décennies qui suivirent le tragique mai chinois.

Chapitre VII

L'ascension vers le pouvoir
(1989-2012)

Quand l'histoire change de nature

Aussi sanglants ou immoraux qu'ils soient, certains événements tragiques peuvent changer le cours de l' histoire pour le renvoyer vers le moins pire voire le meilleur. Ce fut le cas du massacre de Tian'anmen. En effet, la catastrophe politique qu'il a provoquée ne pouvait être compensée ou dépassée que par une manœuvre stratégique capable d'arracher durablement la population et son élite aux attraits du modèle démocratique occidental, mais en répondant aux deux fléaux qui touchaient le pays depuis des décennies : celui de la pauvreté et celui de la servitude.

Telle est la stratégie que Deng Xiaoping a lancée et que ses successeurs ont en large partie menée à bien. De cette manœuvre, les fils de princes se sont révélés au fil des années des acteurs peut-être en partie inconscients mais efficaces, pour la simple raison que, désirant se faire voir et faire fortune, ils ont contribué à introduire une forme de capitalisme en Chine à la fois acceptable pour le pouvoir et crédible pour le peuple. Seule cette solution pouvait produire les résultats exigés par le parti – son maintien au pouvoir – et par la population – sa survie matérielle et davantage de liberté.

À cause de l'insuffisance des sources, il est impossible de savoir si les fils de prince avaient compris leur opportunité de jouer un rôle, et cette question est d'ailleurs probablement inutile. Tout se passe en effet comme si, à cause de leur situation et de leur ambition aristocratique, les membres de leurs deux générations centrales, ceux

qui avaient entre quarante et cinquante ans notamment, avaient été
comme aspirés par le rôle qui s'offrait à eux – comme si, après tant
d'infortunes, ils avaient eu la chance d'être au bon endroit au bon
moment. Ils ont donc fort peu écrit, heureusement pour eux d'ailleurs,
car ils sentaient plus les choses qu'ils ne les comprenaient et auraient
probablement sinon subi le même sort que nombre de dissidents.

S'ils ont été les hommes de la situation, c'est qu'ils se trouvaient au
carrefour de trois mémoires qu'eux seuls pouvaient écouter et utiliser
tout à la fois. D'abord, ils étaient conscients de l'évolution qui depuis
la Révolution culturelle avait transformé leurs parents, de nombreux
cadres qu'ils avaient fréquentés à la campagne, et plus récemment
leurs aînés de la « génération Li Peng » installés dans les organes
de pouvoir. De ces derniers, ils le savaient, les ambitions étaient de
conserver le pouvoir, de jouir de ses avantages, d'entretenir un minimum de respectabilité internationale pour l'État chinois et à cette fin
de freiner toute innovation. Pour les satisfaire, il fallait donc éviter les
grandes déclarations et simplement réussir. Ensuite, les fils de princes
avaient eu l'occasion durant leur exil dans les confins du pays de comprendre que la population chinoise était avant tout rurale et que ses
exigences étaient modestes : elle réclamait de l'ordre, de la sécurité, le
droit de vivre en famille et une amélioration régulière et prévisible de
leur conditions de vie. Il fallait lui enseigner la confiance dans l'avenir
et la patience en matière de salaires et de revenus, afin d'assurer l'isolement des mécontents. Enfin et surtout, grâce à leurs facilités pour
voyager à l'étranger et notamment leur fréquentation des pays capitalistes, ils avaient saisi que la contemporanéité entre la crise du monde
communiste et la mondialisation offrait à la Chine plus d'avantages
que d'inconvénients. Débarrassée de la menace soviétique, celle-ci
pourrait appliquer le projet seulement esquissé par Mao et Zhou Enlai
dans les années 1970-1973, à savoir de profiter de la mondialisation,
ou autrement dit de l'extension croissante au monde entier de la domination des ambitions économiques sur les clivages politiques. Et donc,
grâce aux avantages financiers et technologiques, à élever progressivement le niveau de vie de la population et à augmenter la puissance
de l'État chinois ainsi que la richesse de ses acteurs politiques, mais
sans payer aucun prix politique et même dans le but de renverser le
rapport des forces avec l'Occident.

Il devenait dès lors possible d'engager sans le dire un projet stratégique qui échapperait à la dispute du printemps 1989 car il n'imposait

ni l'écrasement total de la révolte, ni le renversement de ses massacreurs – solutions qui auraient divisé le parti et la population. Il requérait seulement la marginalisation des plus convaincus des deux côtés, mais aussi bien sûr la collaboration de la police de l'appareil du parti, des intellectuels et autres ingénieurs qui avaient d'abord penché du côté démocrate. Il serait alors possible de réussir une de ces opérations qui seules permettaient autrefois d'obtenir des victoires qui consiste avant les batailles finales, non pas de gagner du terrain mais d'affaiblir l'ennemi en réduisant le nombre et la qualité de ses combattants, et de déplacer ou supprimer l'affrontement. Deng Xiaoping eut le talent de le penser en s'inspirant probablement de ce principe de la guérilla maoïste, et les fils de princes, nourris des récits de leurs parents, de le comprendre. Sans doute Deng s'est-il aussi inspiré de la manœuvre qui lui avait permis de rassembler en 1979 la majorité du parti autour d'un programme de modernisation qui sortait de la problématique de l'affrontement entre Mao Zedong et Liu Shaoqi. Les différences étaient que cette fois, en 1989, la menace avait été plus radicale et que l'outil de cette manœuvre ne serait plus seulement le parti communiste : il incluerait une catégorie sociale peu populaire, certes, et minuscule par le nombre, mais bien mieux adaptée à la nature de l'ouvrage – les fils de princes et plus généralement tous ceux qui, formés au dogme et donc peu attirés par la démocratie, réaliseraient progressivement le mariage du communisme et du capitalisme, d'hier et de demain.

Leur rôle est désormais nécessaire car la politique est de plus en plus orientée à l'intérieur vers le développement économique et social, et à l'extérieur vers l'intégration de la Chine dans les circuits de la mondialisation. De plus, les fils de princes sont seuls capables de traduire de façon libérale la politique officielle auprès de partenaires qui vont désormais se multiplier : non plus seulement autour des cadres politiques mais aussi des parents et des amis, des financiers et des journalistes, des intermédiaires en tout genre et même des « amis étrangers » – *horresco referens…* La décision désormais plus complexe exige des qualités nouvelles qui dépassent les jeux principalement bureaucratiques qui se développaient sous Mao Zedong et Zhou Enlai.

Ces mutations progressivement révélées favorisent les fils de princes. En effet, leur ascendance, leur formation et leur histoire, les rendent capables de s'adapter à une pluralité de partenaires et à des arrangements de toutes sortes, y compris personnels, qui favorisent les décisions et rendent leur application plus souple. Même la diversité du milieu qu'ils composent est un avantage. Idéologiquement, professionnellement, psychologiquement, nous y reviendrons, la caste qu'ils forment désormais est connectée avec des milieux plus divers mais est elle-même nettement plus diverse que ne l'était celle de leurs parents (dont l'origine militaire était un facteur d'homogénéité essentiel). Elle est aussi beaucoup plus souple voire quelque peu éclectique politiquement – or souplesse et adaptation s'avèreront être de grands avantages. Cependant, diversité et flexibilité ne suppriment pas un sentiment d'unité : ils savent qui ils sont et ce qu'ils veulent : s'enrichir et sauver le régime.

Ajoutons qu'après le massacre de juin 1989, les fils de princes présentent l'avantage paradoxal d'avoir été honnis par les deux camps et d'avoir rencontré des sympathies des deux côtés : ils ne sont donc pas vraiment partie prenante d'un conflit qu'ils vont tout faire pour apaiser. De la même façon, avec des nuances quantitatives, on compte des fils de princes dans presque toutes les factions. Aussi peuvent-ils s'adapter à tous les changements politiques, et sans devenir pour autant populaires, se faire peu à peu accepter, et surtout se montrer utiles, donc nécessaires...

Mais l'ascension des fils de princes reste difficile à analyser en raison de ce que l'on pourrait appeler la privatisation – partielle au moins –, de l'expression politique et donc des sources d'information. Dans les années 1980, la politique chinoise avait déjà été quelque peu modifiée par l'importance des débats privés entre les dirigeants. Plusieurs de ces débats ont fait l'objet de publication et d'autres, souvent volontairement diffusés à partir de Pékin, ont alimenté des reportages voire des analyses d'observateurs sérieux[1]. Mais à partir de la décennie suivante, les cercles privés se multiplient, et avec eux les fuites et les rumeurs, à cause de l'activité mondaine des fils de princes et du plaisir quasi « moderne » que certains d'entre eux éprouvent à faire salon et à lancer de bons mots. La circulation des informations s'en trouve à la fois enrichie et affaiblie par les nouvelles vraies et fausses, et nombre de correspondants de presse cessent de lire des livres pour écouter les rumeurs dans les cocktails...

On peut imaginer que les sources à propos des fils de princes se révèleront dans l'avenir pléthoriques et variées en raison de la richesse de leurs personnalités, de la diversité de leurs trajectoires et de l'évidente qualité personnelle de nombre d'entre eux. Pour autant, elles ne circulent aujourd'hui que dans des milieux chinois et leur analyse appelle moult précautions. De toutes parts parviennent des informations et des bruits que seuls des Chinois bien introduits dans la haute société peuvent recueillir et interpréter, ce qui contraint à espérer que des mémoires voire des journaux personnels apporteront des compléments précis. En attendant, il faut s'habituer à ignorer et mésinterpréter nombre d'inforamtions.

De Deng Xiaoping à Jiang Zemin

On discerne, après la catastrophe du printemps 1989 et jusqu'au décès de Deng Xiaoping en 1997, trois temps politiques qui se succèdent.

Tout d'abord, il semble bien qu'au cours de l'été 1989 Deng Xiaoping ait fait échec à la pression exercée par une famille en ascension, celle de Yang Shangkun, un ancien adjoint de Liu Shaoqi formé à Moscou, qui comprenait deux des militaires les plus importants du moment : son fils, Yang Baibing, directeur du Département politique général de l'APL, et son gendre Chi Haotian, chef d'État-Major – deux fils de princes de niveau très élevé[2].

Ensuite, le Premier ministre Li Peng, persuadé que les événements du printemps 1989 étaient le fruit d'un complot international, s'efforce par tous les moyens de contrer toute évolution politique. Malgré le mépris ou la haine qu'il inspirait, il ne rencontre pas que des rebuffades chez les fils de princes : ceux-ci défendent moins une ligne politique que leur statut.

Ainsi, apparemment les membres d'un groupe dans lequel figuraient Chen Yuan et Deng Yingtao (deux fils de mentors de la gauche officielle : Chen Yun et Deng Liqun) et, fait plus étrange, Chen Haosu (fils de Chen Yi) semblent galvanisés par la tentative de coup d'État en URSS. Informés qu'un léger vent de panique s'est levé chez nombre de dirigeants, ils se sont convaincus que Chen Yun avait décidé de s'appuyer désormais sur les fils de princes. Durant l'été 1991, ils lancent, semble-t-il, un programme de « néo-conservatisme » prônant entre autres le renforcement du contrôle du PCC sur l'armée, l'administration et même l'économie, cela dans un esprit plus conservateur que réactionnaire : il s'agit moins de protéger le communisme que l'étatisme[3]. L'épisode, qui reste méconnu, révèle en tout cas la nécessité de fixer un objectif à un régime qui depuis 1989 avait su interdire sans proposer. Il met en avant également un fils de prince très brillant, qui se ferait ensuite connaître en réalisant des études et des colloques : Pan Yue, le descendant d'un ancien dirigeant du parti souterrain des grandes villes avant 1949 – une biographie fort peu maoïste, donc[4].

Une troisième évolution, en Chine mais aussi dans les relations entre la Chine et le reste du monde, devait compter à terme bien plus dans l'affirmation de l'influence des fils de princes. D'une part, les décisions prises au lendemain du massacre contre toutes les formes de commerce avec l'Occident n'était plus qu'un lointain souvenir pour les autorités provinciales chinoises, notamment dans les zones côtières qui avaient tout intérêt à l'ouverture commerciale. Ye Xuanping, le fils de Ye Jianying, était ainsi parvenu à conserver le contrôle du Guangdong et à maintenir un flux d'échanges plus ou moins légal avec Hong Kong et l'Occident, qui laissait espérer bien davantage pour l'avenir[5]. D'autre part, les autorités chinoises, Li Peng compris, avaient réussi à contourner puis à affaiblir le boycott décidé contre la Chine par les pays démocratiques. Un nombre croissant de responsables chinois se demandaient s'il ne serait pas utile de reprendre le contact avec l'hydre occidentale…

Dans le même temps, la société chinoise et le pouvoir communiste s'accordaient sans trop le dire sur la réduction de la répression à des faits et à des catégories de population secondaires (les jeunes, les intellectuels…), le progressif rétablissement d'une vie sociale pacifiée et la poursuite de la politique qui prévalait avant le printemps 1989. La politique de Li Peng était devenue trop obsolète pour assurer l'avenir. Par conséquent, la relation centrale que Deng Xiaoping entretenait avec Chen Yun lui laissait de plus en plus souvent l'avantage, ce qui lui permit de forcer l'évolution de la ligne politique en direction de l'ouverture et de réaliser en janvier 1992 un voyage très médiatisé vers les zones les plus ouvertes du Guangdong. Le congrès du parti réuni en septembre de la même année confirma le renversement de la politique chinoise : il était donc clair que des mutations économiques considérables suivraient. Au reste, de nouveaux fils de princes avaient été promus au Comité central et l'on racontait que Deng Xiaoping avait réitéré l'autorisation de « plonger dans la mer » – autrement dit dans les affaires[7]…

Un personnage qui ne cessait de gagner de l'importance s'appropriait progressivement les slogans de l'ouverture : Jiang Zemin, le secrétaire général du parti nommé en juin 1989 par Deng Xiaoping pour remplacer Zhao Ziyang. C'était un fils de princes de la première génération, car il était le filleul d'un « martyr » – mais un qui n'avait guère brillé avant d'être nommé ministre en 1983 puis, avec beaucoup de chance, patron de Shanghai en 1988. Sa carrière y avait alors pris son envol. Il ne disposait que d'une seule qualité réelle, devenue nécessaire et rarissime dans ce régime et à cette époque de terribles tensions : un bon sens remarquable qui lui faisait office d'habileté et lui donnait un goût prononcé pour les arrangements interpersonnels. Il l'avait démontré en 1989 : d'emblée plus ferme que les autorités de Pékin, il avait ensuite évité de frapper trop violemment la contestation, et avait finalement préservé de la tragédie la métropole de l'ouverture chinoise sans pour autant faire de réelle concession politique. Satisfait d'un homme aussi efficacement à son service, Deng Xiaoping le nomme secrétaire général par intérim du PCC, puis lui renouvelle sa confiance en l'intronisant à la tête de l'armée et à la présidence de la République. À partir de l'automne 1992, il devient le patron du régime, ce qui a pour premier effet d'éclipser Li Peng, dont la réputation sera entachée par des suspicions de corruption de plus en plus justifiées.

Cet homme aux allures de chef de chantier, qui séduira Jacques Chirac par son goût pour la chansonnette et le bal musette, aura probablement été pour la Chine une double chance. D'une part, la place croissante qu'il occupera mettra progressivement fin au débat entre Deng Xiaoping et Chen Yun qui avait plusieurs fois montré ses dangers. D'autre part, si par prudence il conservait Li Peng, il fut considérablement aidé par deux adjoints habilement choisis. L'un, Zhu Rongji, vice-Premier ministre chargé de l' « économie socialiste de marché », se sera montré capable de faire le lien entre le parti, le gouvernement et le monde des décideurs économiques, et cela sans faiblesse. À cet effet, il a besoin des fils de princes, il les fréquente, il en connaît les défauts et les avantages : il les soutiendra, mais sans jamais dépendre d'eux[8]. Devenu également en 1993 directeur de la Banque de Chine, il travaille avec deux adjoints de choix, Wang Qishan et Chen Yuan, le fils de Chen Yun, tous deux parmi les plus intelligents de leur génération de fils de princes, qui lanceront dès 1995 la China International Capital Corporation, une banque sino-étrangère (*horresco referens!*) issue d'un partenariat entre la China Construction Bank et Morgan Stanley[9] – nous en reparlerons plus loin. Zhu Rongji les place au service de son grand objectif, préparer l'économie chinoise à l'entrée dans le marché mondial, qu'il atteindra brillamment[10]. C'était un vrai et grand mandarin.

Le deuxième personnage, Zeng Qinghong, est à la fois l'ambassadeur et le chaperon des fils de princes : il possède toutes les qualités pour les représenter, les réprimander, et les aider à comprendre la politique de son patron. Il est le fils d'un couple de dirigeants très respectés car modestes et dévoués n'ayant jamais figuré parmi les proches de Mao Zedong malgré une carrière exemplaire : Zeng Shan et Deng Liujin. Sa biographie (il est né en 1939) est emblématique : une première enfance très rude chez des paysans, une deuxième dans la célèbre crèche de sa mère, puis une éducation dans les meilleures écoles pékinoises, des études dans un institut de technologie et, au milieu des années 1960, un recrutement précoce dans la bureaucratie d'État qui lui évite l'exil à la campagne. Après la Révolution culturelle, les relations de son père lui permettent d'entrer en politique : en 1979, comme quelques autres fils de princes bien conseillés tel Xi Jinping, il occupe un poste de secrétaire auprès de Yu Qiuli, un des patrons de l'économie, un démarrage que suivent des affectations qui seront autant de précieuses expériences. En 1984, une mutation décisive à Shanghai lui permet de rencontrer Jiang Zemin dont il devient en 1987 l'un des conseillers les plus proches et qu'il suit à Pékin comme directeur adjoint puis directeur en 1993 du fameux *Zhongban*, le bureau de gestion du Comité central[11]. Expérimenté, habile et totalement dévoué à son patron, ce fils de prince sera l'un des plus importants piliers du régime et du pouvoir de Jiang Zemin. Il assurera notamment le maintien de la paix sociale à l'intérieur de sa propre caste et gérera ses rapports avec le pouvoir.

Le choix de ces deux personnages brillants, autoritaires et complémentaires est remarquablement habile. Pour gouverner l'économie, où vont se multiplier des initiatives pas toujours conformes aux règles en vigueur, Jiang Zemin nomme un homme capable de s'affirmer. Lorsque lesdites initiatives poseront un problème politique, il sera fait appel au « super fils de prince » du bureau de gestion du Comité central...

Aidé de ces deux hommes talentueux et loyaux ainsi que d'une camarilla venue de Shanghai, Jiang Zemin consolide peu à peu sa place alors que les grands Anciens vieillissent, ce qui les incite à s'inquiéter et à défendre leurs intérêts présents et à venir. Bo Yibo, par exemple, se permet de rappeler en 1992 le droit à chaque famille de dirigeant de placer en bonne position un enfant – il obtient ainsi la mairie de Dalian, un grand port du Nord-Est, pour son fils Bo Xilai[12]. Quant à Chen Yun, après avoir poussé Chen Yuan, son aîné, au poste de numéro deux de la Banque de Chine, il soutient ses filles Weilan et Weili, l'une dans la direction de l'organisation du parti (où il avait lui-même travaillé soixante ans plus tôt…) et l'autre (ainsi que son dernier fils, dont la réputation sera rapidement entachée) dans le privé[13]. Les fils de princes ne détiennent pas encore les tout premiers postes, mais ils se répandent, dans l'appareil et au-delà, partout où il y a de l'argent et du pouvoir. D'après un historien de Hong Kong, les enfants de mille sept cents dirigeants possèdent vers le milieu de la décennie trois mille cent positions au-dessus du bureau et de la division militaire[14].

La politique officielle s'est donc remise en ordre de bataille, et l'avenir se prépare. Il ne reste plus aux grands Anciens qu'à mettre leurs affaires en ordre. En 1992 ou 1993, Wang Zhen, sentant sa fin imminente, passe avec Deng Xiaoping un contrat étonnant aux yeux d'un public occidental : Rong Yiren le remplacera après sa mort à la présidence de la République pour laisser le poste de président de la CITIC à son fils Wang Jun. Agnès Andresy ajoute que Wang Jun et Rong Zhijian, le fils de Rong Yiren, se partageront finalement les différents domaines : les contrats proprement commerciaux pour le premier, les contrats politiques pour le second… Quant à Deng Xiaoping, il obtient que Wang Jun transmette à son gendre He Ping la direction de la fameuse firme péri-militaire Baoli[15] !

Parce qu'il est devenu moins indispensable, Deng Xiaoping commence à gêner Jiang Zemin qui a désormais les moyens d'agir. Le « petit Timonier » protège en effet les activités de ses enfants : la fortune familiale excédait « seulement » les cent millions de yuans en 1984, mais le chiffre est désormais largement dépassé. En 1995, le président ordonne à Zeng Qinghong de sévir. En janvier, Deng Rong (qui vient de recevoir la charge du développement de Shenzhen), a en effet donné une interview au *New York Times* où elle précise que son père entend réévaluer de façon critique le massacre du 4 juin 1989 : il est alors intimé à Deng de se taire[16]. Comme le petit peuple s'agace des manœuvres financières des puissants, Jiang Zemin fait arrêter au printemps 1995 pour corruption le maire de Pékin, qui devait sa place à Deng, ce qui provoque un énorme scandale. Puis il fait purger le patron d'une immense entreprise que tous les Pékinois connaissent, « Les aciéries de la capitale », à la tête de laquelle Deng Xiaoping avait nommé à la fin des années 1980 Zhou Beifang, un vieux camarade, et dont le directeur exécutif était tout naturellement son fils Deng Zhifang[17]. Par la suite, une campagne « contre la corruption » frappera les gendres du « petit Timonier » et de quelques autres. Elle permettra à Jiang Zemin de laisser entendre qu'il a corrigé les excès les plus graves et qu'il n'est plus nécessaire de sévir contre ceux des grands Anciens[18]...

De fait, Bo Yibo, Deng Xiaoping et Peng Zhen seront bien inspirés de décéder successivement au début de l'année 1997. Le congrès du parti tenu en septembre peut dès lors supprimer la commission des conseillers et renforcer les prérogatives de Jiang Zemin en décidant de remplacer Li Peng par Zhu Rongji au poste de Premier ministre et d'éliminer plusieurs dirigeants, notamment militaires, qui n'avaient pas manifesté assez d'obéissance[19]. Zeng Qinghong tente alors de manœuvrer en faveur des fils de princes : il établit officieusement une liste des candidats au Comité central qui émanent de leurs rangs, mais laisse se développer l'exaspération du congrès : seuls deux d'entre eux sont admis, Deng Pufang et Xi Jingping, et encore, seulement comme suppléants. Or parmi les perdants, on compte des noms connus, notamment Deng Nan, Chen Yuan, He Pengfei, Liu Yuan et Bo Xilai[20]... Ils sont désormais avertis qu'il leur faudra dès lors obéir plus étroitement à Jiang Zemin.

Dans les années qui suivirent, Jiang Zemin, Zeng Qinghong et Zhu Rongji auront donc les mains plus libres que toutes les directions précédentes depuis 1979. Ils pourront poursuivre la purge de la direction de l'armée, réduire davantage l'influence de Li Peng, répondre par la force aux menaces à la sécurité intérieure de la secte du Falungong et surtout renforcer avec autorité leur politique extérieure tant à l'intention de Taiwan que des États-Unis. Mais leur tâche essentielle, celle qui permet la montée en puissance de l'économie et du commerce absolument décisive de la Chine sera la très habile négociation par laquelle elle pourra joindre l'OMC en 1999. Cette même négociation apportera aux fils de princes de lucratifs débouchés professionnels au sein d'un nouvel horizon politico-économique.

La nouvelle donne

En dépit des difficultés qu'entraîne la réforme de l'appareil de production, puis de la sévère crise asiatique de 1997, la Chine connaît dans ces années une croissance économique extraordinairement rapide – probablement près de 10 % par an. Elle pose aux dirigeants chinois deux problèmes majeurs. Le premier – quelle attitude adopter à l'égard de cette croissance et quelle part autoriser au secteur privé – fut résolu naturellement : soutenir ce développement, tout en le maintenant sous contrôle politique. L'engagement direct des fils de princes dans nombre des principales entreprises a largement facilité le succès de cette stratégie. Néanmoins, la pratique de ce contrôle pose un second problème à partir du moment où la nouvelle économie engendrait des profits considérables et où sa partie capitaliste devenait toujours plus prospère et puissante, donc difficile à surveiller : comment éviter que ceux qui sont censés la contrôler ne profitent de cette nouvelle manne, et que les fils de princes soient trop avides de pouvoir ?

Cette question est d'autant plus grave que d'emblée apparaissent des excès engendrés par les contrôles et les manœuvres qu'ils autorisent. L'habitude dès lors est rapidement prise par de nombreuses familles à tous les niveaux de la hiérarchie de se constituer des chasses gardées[21]. Li Peng spécialise la sienne dans les affaires générées par l'électricité : il fera du grand barrage de Sanmen sur le Yang Tse son œuvre et sa source de revenus personnelles. Mais il est loin d'être le seul. Le jeune Bo Xilai comprend très bien le changement et en tire les conséquences quand il prend pied dans le prospère port de Dalian, et doit s'imposer au « gang du Nord-Est » auparavant organisé par Li Tieying, un fils de princes de la génération précédente – et il se constitue une cagnotte considérable qui contribuera plus tard à faire de lui un prétendant au pouvoir suprême. D'autres maires de grandes villes ne pourront résister à la tentation, par exemple Chen Liangyu à Shanghai[22].

Jiang Zemin et Zeng Qinghong ferment les yeux chaque fois que possible, et que leurs proches sont intéressés par la manne que génère la prospérité des territoires les mieux adaptés à la nouvelle économie et aux échanges avec l'étranger. Mais les scandales sont inévitables. L'un fera grand bruit à Hong Kong : à Shenzhen, où règne un climat digne des grandes heures de Chicago, le fils aîné de Wang Zhen fait enlever un autre fils de princes qui lui doit de l'argent. Jiang Zemin est alors contraint de régler l'affaire en douceur en donnant des « conseils d'oncle[23] »... L'affaire la plus scandaleuse éclate en 2000 autour des pratiques de l'appareil du PCC à Xiamen, dans le Fujian, dans un des ports les plus ouverts de toute la Chine, où se mêlent commerce extérieur et échanges entre des mafias auxquelles participent le fils unique d'un ancien ministre des Affaires étrangères et la fille d'un célèbre général. Ce scandale choque un dirigeant provincial encore quadragénaire qui aura l'intelligence de se tenir à l'écart, et qui saura s'en souvenir plus tard : Xi Jinping[24], dans lequel personne ne perçoit le futur patron du pays.

Comme une grande partie des dirigeants du parti ou de l'État chargés en principe de contrôler et de réguler ces activités succombent à la tentation, il faut limiter les punitions effectives et publiques aux seuls cas impossibles à cacher ou aux coupables mal vus des dirigeants centraux. Par ailleurs, un climat de laisser-faire n'est pas sans avantages économiques. Aussi les autorités de Pékin se sont-elles résignées très tôt à ne pas rechercher de solution définitive. En revanche, elles semblent avoir décidé d'intervenir de deux façons. D'une part, à l'égard des capitalistes « normaux » qui fleurissent un peu partout, elles se saisissent de tous les moyens dont dispose un État moderne (menaces de contrôles, investissements, défiscalisation, conseils, aide à l'export). Elles admettent même, en 2003, l'entrée de certains capitalistes dans les rangs du PCC[25] ! D'autre part, en espérant développer leurs contrôles grâce à des informations rapportées par leurs agents, les autorités encouragent les fils de princes à s'engager dans les affaires, espérant ainsi les contrôler.

Ainsi s'explique en bonne partie la folie des affaires qui saisit la caste à partir des années 1990.

La caste en folie

Commençons tout d'abord par ce qui ne change pas, ou si peu. Alors que tant de bouleversements sont à l'œuvre, rien ne change dans les strates les plus anciennes de la caste historique. Pendant que les fils de princes s'agitent sur les scènes publiques, leurs parents n'abandonnent aucune des prérogatives qui concourent à la légitimation des activités de leurs descendants.

Les amis de longue date, certes, ont encore vieilli ou sont décédés et s'évertuent à organiser des banquets et des déplacements symboliques[26]. Pour les enfants des grands Anciens du communisme, l'heure tourne aussi. Déjà sexagénaires, Li Na, fille de Mao, Liu Aiqin, fille de Liu Shaoqi et Zhou Bingde, fille adoptive de Zhou Enlai, comparent leurs destinées comme de vieilles femmes qu'elles sont devenues[27]. Les associations d'anciens élèves des grands lycées et de l'institut de Harbin tiennent des assemblées régulières. Et certains fils de princes puissants n'hésitent pas devant des actes politiques symboliquement forts : Zeng Qinghong, par exemple, effectue une visite annuelle dans l'ancienne base rouge de Yanan et les anciens disciples de Hu Yaobang vont régulièrement se recueillir sur sa magnifique tombe lors de la fête des morts[28].

Dans les tréfonds de la caste, des conversations animées portent toujours sur les avantages réservés aux différents grades, par exemple pour le logement : pas plus de six à huit pièces pour les vice-ministres[29] ! De vieilles haines prospèrent. Ainsi, en 1997, Deng Pufang exclut des funérailles de Deng Xiaoping le fils de Deng Liqun car son père avait non seulement été secrétaire de Liu Shaoqi, mais en outre un chef de file des conservateurs au milieu des années 1980[30]... Enfin, quelques idéalistes n'ont pas renoncé à s'exprimer. À l'heure de la construction des grands barrages, Dai Qing continue sa guérilla écolo-politique : dans un livre publié en 1997, elle dénonce l'effondrement des barrages du Henan méridional qui, en 1975, avait noyé... 230 000 personnes ! Quant à Luo Diandian – la fille de l'ancien patron du système de répression chinois dans les années 1950 – elle lancera bientôt un site web pour défendre ceux qui veulent « mourir dans la dignité[31] ».

Mais l'essentiel pour la caste est désormais de contribuer au boom économique et d'en tirer profit. Les activités les plus rapidement rentables attirent son attention : l'immobilier, la finance, les mines, l'énergie et les nouvelles technologies – domaine du fils de Qiao Shi connu comme l'un des « quatre garnements », jeunes gens qui ne s'embarrassent guère de principes moraux[32]. Ces avancées soulèvent fréquemment des problèmes politiques. C'est pourquoi elles se développent, en premier lieu à Hong Kong (qui sert souvent de rampe de lancement pour les fils de princes les moins expérimentés et les plus jeunes « petits-fils de » quelqu'un), ou bien dans les zones économiques spéciales et sur les côtes[33].

Aucune opportunité n'est négligée, et il y a de la place pour tout le monde : la seule Armée de libération abritera 15 000 sociétés en 1998 car désormais, tous les postes de commandement sont doublés par des sociétés privées. De fait, l'armée est un bastion pour les fils de princes de la plus haute aristocratie : les gendres de Deng Xiaoping, les enfants de Ye Jianying, He Long, Liu Bocheng, Su Yu et bien d'autres… Et cette « colonisation commerciale » de l'armée ne se développe pas de façon aveugle : les secteurs de pointe, en particulier le nucléaire et surtout celui des missiles (que l'on appelle la « seconde artillerie ») sont particulièrement recherchés[34]. Le pouvoir central connaît les dangers de cette évolution, et demande en 1998 que l'armée mette un terme à l'activité du tiers de ses sociétés ; mais elle oppose à cette exigence une résistance résolue[35]. La conclusion de ce conflit larvé ne nous est pas connue…

L'argent coule à flots. Dès 1984, trois familles de dirigeants possédaient déjà plus de cent millions de yuan : celles de Deng Xiaoping, Wang Zhen et Rong Yiren[36]. C'est désormais l'ensemble de l'élite princière, à tous les niveaux, qui s'organise pour profiter de la manne qu'offre la prospérité économique. Chaque grande famille a nommé une sorte de responsable de sa jeune génération : Deng Rong chez Deng Xiaoping, Ye Xuanning chez Ye Jianying… Lorsqu'un père d'environ 50 ans est nommé à un poste important, il n'est pas rare qu'un de ses enfants le suive, en général celui qui n'a pas été à l'université et ne brille pas dans le monde : on l'aide alors à démarrer un commerce lucratif ou à profiter d'une sinécure[37]. Comme tous les autres, Jiang Zemin estime normal que ses enfants se lancent dans les affaires[38]. Il arrive aussi que les familles mettent à contribution les vieux amis : Zhou Xiaochuan recevra la direction de la Banque de Chine car son père avait bien connu Jiang Zemin[39]. Dans d'autres cas, une partie de la famille s'allie avec un partenaire extérieur voire étranger. On connaît par exemple le cas d'une société créée dès 1995 par une partie des héritiers de Ye Jianying et le ministère de l'Électronique pour… aider les sociétés japonaises de haute technologie à pénétrer le marché chinois de l'armement ! De fait, quantité de sociétés des pays proches ou des milieux de Chinois d'outre-mer (en premier lieu celles venues de Hong Kong et du Japon[40]) qui, bénéficiant de leur ancienne fréquentation chinoise, s'engagent dans ce maelstrom.

Que faire des fils de princes en politique ?

Les fils de princes ne sont pas seuls dans cet immense remue-ménage. À la même époque, en effet, se produit un renouvellement des élites politiques.

C'est la médiocrité des adjoints directs de Jiang Zemin, Wu Bangguo, Jia Qinglin ou encore Li Changchun, qui laisse de la place à la critique et à d'autres ambitions. Aussi la profession politique se renouvelle-t-elle quelque peu, l'arbre fatigué du parti ayant produit quelques surgeons. Ainsi arrivent au plus haut niveau des hommes d'origine sociale modeste venus de provinces lointaines et portés par les systèmes d'excellence officiels, tel Li Ruihuan, paysan de la banlieue de Tientsin devenu un « modèle de travail », puis formé par le système officiel[41]. Celui-ci repose largement sur les Jeunesses communistes : un réseau géographiquement et socialement très étendu, sans doute largement perverti par les faiblesses morales du communisme et de ses avatars capitalistes, mais qui se révèle capable de produire et de former des élites de qualité.

Hu Jintao, jeune dirigeant que Deng Xiaoping et Hu Yaobang avaient lancé en politique dès le début des années 1980, exerce une influence particulièrement importante au confluent de la Ligue des jeunesses communistes et du parti. Chargé depuis 1992 du secrétariat du parti, il est le plus jeune des membres du Comité permanent du Bureau politique, et Deng Xiaoping obtient même en 1992 qu'il soit désigné successeur de Jiang Zemin. En attendant, bien que Jiang Zemin le maintienne dans un rôle relativement discret, Hu Jintao se construit une image plus classique, moins affairiste et peut-être même plus humaniste de la politique – il n'hésitera pas à faire un pèlerinage remarqué sur la tombe de Hu Yaobang en 2005. En outre, il se montre intelligemment actif dans la formation et la promotion des meilleurs cadres issus des Jeunesses communistes et de l'École centrale du Parti, qui fournit un nombre croissant de dirigeants provinciaux de haute qualité. Parmi ceux-ci, figurent Li Keqiang, propulsé en 1998 à la direction de l'importante province du Henan frappée par la tragédie et le scandale du sang contaminé qu'il parvient à limiter avec brio, et Wang Yang, dont nous reparlerons. Comme eux, les autres dirigeants issus des Jeunesses communistes sont le plus souvent des hommes d'appareil, bardés de diplômes et experts dans l'administration des provinces[42].

Même s'ils sont très occupés par les affaires, les fils de princes ne se désintéressent pas pour autant de la politique. Il reste parmi eux quelques humanistes libéraux comme Hu Deping, le fils de Hu Yaobang, qui continuera longtemps à défendre la mémoire du mai chinois de 1989. Les plus intellectuels, comme Chen Yuan, forment alors ce que d'aucuns appellent la « faction de Qinghua », du nom de la célèbre université pékinoise[43]. En outre, tandis que Liu Yuan a renoncé à la politique pour la carrière militaire, de brillants camarades font des carrières provinciales dans les zones côtières du pays, où l'économie est plus florissante : Bo Xilai au Liaoning, Yu Zhensheng, un descendant du premier mari de Jiang Qing, à Qingdao, et Xi Jinping, l'héritier de Xi Zhongxun, au Fujian.

Entre ces pôles moins clairement définis que ceux des années 1980, Jiang Zemin et Zeng Qinghong manœuvrent habilement. Ancien dirigeant de Shanghai, Jiang Zemin s'applique à satisfaire ses collègues shanghaiens et à soutenir, dans le même temps la mouvance des fils de princes car ceux-ci partagent la même ligne politique globale : en l'occurrence, le maintien sans concession du pouvoir du parti, le développement maîtrisé d'un capitalisme sans normes et apolitique, l'ouverture économique (en l'occurrence l'entrée à l'OMC) et l'offensive commerciale chinoise dans le monde. Cette stratégie est néanmoins astucieusement conditionnée par le fait de ne pas dépendre d'eux et d'éviter de prendre parti dans leurs rivalités familiales. Au jour le jour, la tactique de Jiang Zemin consiste donc à se défendre des fils de princes dont il est pourtant le plus proche. Cette défiance organisée s'exprime dans les nominations politiques et dans une série de rappels à l'ordre que Zeng Qinghong est chargé de diffuser.

Au total, les années 1990 ont été extrêmement favorables aux fils de princes et à leurs intérêts. Il n'existe naturellement aucune statistique qui permette de mesurer leur emprise sur l'économie chinoise à l'orée du XXIe siècle, mais tout indique qu'elle est déjà très forte – entre un tiers et la moitié de l'ensemble de la production. Cette puissance est toutefois à nuancer : à l'issue du Congrès de 2002, le Comité central n'élira dans son Bureau politique que trois fils de princes – dont cette fois-ci Xi Jinping – en même temps que six Shanghaiens et trois partisans de Hu Jintao[44].

Lorsqu'il quitte juridiquement la direction du parti, Jiang Zemin se montre vigilant : la direction qu'il a fait élire par le XVIe Congrès de 2002 présente deux caractéristiques peu favorables aux fils de princes.

Si les organes de direction lui demeurent très fidèles ainsi qu'à la politique qu'il a conduit, le Congrès n'a pas oublié l'adoubement autrefois donné à Hu Jintao par Deng Xiaoping : c'est donc lui qui reçoit la charge de secrétaire général. Or il est à la tête d'une importante phalange de dirigeants provinciaux formés par la Ligue des jeunesses communistes, dont Li Keqiang et Hu Chunhua, des hommes de niveau intellectuel élevé, parfaitement à l'aise avec les questions économiques, expérimentés et pragmatiques[45]. Ce qui complique le tableau, c'est que le chef du gouvernement sera Wen Jiabao. Cet ancien directeur du Bureau général du PCC sous Zhao Ziyang possède un tempérament ouvert et plutôt généreux. Mais il est aussi solidement engagé avec sa femme et sa famille dans des trafics de toutes sortes – un homme de son époque, en somme[46] !

Hu Jintao, Jiang Zemin et les fils de princes (2002-2012)

La décennie suivante pose un problème d'interprétation pratiquement insoluble, en dépit de ou à cause du flot d'informations en provenance de Pékin, qui sont souvent floues ou contradictoires, et toujours peu fondées. Il est en particulier difficile d'analyser précisément le sens et la cohésion de la politique conduite par Hu Jintao et Wen Jiabao. En outre, le rôle exact encore joué par Jiang Zemin et les conflits internes entre les fils de princes sont mal connus.

La chronologie s'en trouve compliquée. Le premier mandat de Hu Jintao, de 2002 à 2007, est fortement influencé par le retard avec lequel Jiang Zemin abandonne ses positions de pouvoir et par la préparation des Jeux olympiques de Pékin. Le second, de 2007 à 2012, est marqué par l'influence croissante des fils de princes au sein du Bureau politique, mais aussi par les initiatives apparement humanistes, qui se révèleront sans lendemain, de Wen Jiabao.

Avec difficulté, Hu Jintao est parvenu à s'imposer en plaçant ses hommes dans les provinces périphériques et en profitant de nombreuses affaires de corruption pour affaiblir le camp de Jiang Zemin. Le maire de Shanghai en personne est purgé en septembre 2006[47]. Hu Jintao a également tenté de reprendre à son compte la postérité de la politique réformatrice de Hu Yaobang comme en 2009 où il s'est évertué à atténuer la répression des dissidents[48]. La démocratie étant de fait exclue, il se réfère plutôt à la morale publique et éventuellement à des souvenirs de Confucius pour défendre la réalisation progressive d'un système de sécurité sociale. À plusieurs reprises, il donne l'impression de vouloir s'attaquer aux privilèges des cadres, en leur demandant par exemple de déclarer leur fortune avant d'entrer en fonction – mais sans parvenir à des résultats convaincants. De même, il s'est souvent élevé contre la corruption des dirigeants, ce qui fait sourire dans les salons[49]. En effet, nombre de ses positions ne vont pas en ce sens, comme le fait qu'il ne soit d'aucune façon intervenu dans les innombrables conflits du travail qui éclataient à l'époque dans les grandes entreprises de la côte chinoise. Son action est par ailleurs brouillée par le style volontiers sensationnel que son Premier ministre Wen Jiabao donne à ses propres interventions, et même, à partir de 2010, par les déclarations de plus en plus favorables à la réforme politique du même Wen Jiabao[50]. Or les activités litigieuses de la famille Wen sont bien connues des milieux informés…

Pendant toute cette période, les fils de princes restent fort discrets en matière politique car ils sont investis dans les affaires. Cette discrétion est certainement préférable, compte tenu de la jalousie qu'ils suscitent, de leurs conflits internes et de l'absence de chef de file. Sans doute sont-ils en général satisfaits d'un régime qui maintient l'ordre, la prospérité économique et leurs avantages. Se sentant comme propriétaires du nouveau communisme, certains d'entre eux n'hésitent pas à traiter pour plaisanter les dirigeants les plus hauts de « mercenaires »[51].

Et pourtant, à compter du XVIIe Congrès de 2007, la scène politique commence à s'agiter. Cette agitation nouvelle est due à la stratégie de Jiang Zemin qui ne se contente plus d'équilibrer la primauté des jeunes militants qui ne dépassent pas le quart du Comité central[52]. Puisque ses partisans conservent leur majorité au comité permanent du Bureau politique, pourquoi ne pas s'en servir ? Une rencontre décisive a lieu entre Jiang Zemin et Xi Jinping probablement accompagné de son épouse que Jiang connaissait et appréciait depuis des années. Celui-ci est ainsi devenu « l'homme qui a le plus de relations »[53]. Subrepticement, sachant qu'il accomplit là une des dernières performances de sa magnifique carrière de grand vizir, Zeng Qinghong fait passer Xi Jinping avant Li Keqiang dans la liste de la succession à réaliser lors du Congrès de 2012 : une alliance a été nouée entre les Shanghaiens et la cohorte de fils de princes qui se range derrière Xi Jinping[54].

Dans les années suivantes, l'équipe Hu Jintao-Wen Jiabao ne parvient pas à refaire surface. Les scandales immobiliers révélés par le dramatique tremblement de terre du Sichuan en mai 2008 puis la dure répression infligée aux dissidents affaiblissent son crédit. Jiang Zemin, pour sa part, est de plus en plus actif. Il a clairement pris parti et commence à éduquer le futur leader, notamment en lui faisant rencontrer Lee Kuan Yew, le patron historique de Singapour qu'il rencontre ensuite régulièrement[55]. Et les mois qui s'écoulent ne modifient pas la hiérarchie entre les deux prétendants, d'autant qu'ils s'opposent moins qu'on pourrait le croire. Li Keqiang, une belle intelligence formée dans le tumulte du début des années 1980 mais d'une santé fragile (il souffre de tachycardie), est un produit typique de la faction des Jeunesses communistes et donc le candidat idéal de Hu Jintao. Cependant, il est marié à une fille de prince, et son brio professionnel compense son origine relativement modeste (son père avait fait une carrière très honorable jusqu'à accéder à un poste de chef de district, et ses frères et sœurs tiennent des positions locales) : il est donc également tout à fait acceptable pour le camp d'en face[56].

Xi Jinping est quant à lui un pur produit de la caste, mais il n'a pas beaucoup d'ennemis car sa carrière s'est déroulée surtout à échellon local. Le premier a exercé dans la Chine intérieure et le second presque exclusivement dans la Chine côtière ; les deux cohortes de soutiens qui s'affrontent ont donc des programmes politiques compatibles. Li Keqiang peut ménager ses relations avec les fils de princes grâce à sa formation, son talent d'économiste et son épouse. Xi Jinping, né pourtant dans la gloire, a souffert d'une carrière longue et semée d'embûches. Il a épousé une fille de général, elle-même gradée de l'armée, une chanteuse immensément plus connue que lui, et il est mieux considéré des grands Anciens du régime, Jiang Zemin, Li Peng, et Zhu Rongji[57]. S'il est également mieux perçu dans l'armée, il ne fait pas pour autant l'unanimité parmi les fils de princes…

La victoire de Xi Jinping

L'idée selon laquelle le pouvoir reviendrait nécessairement à un « fils de » s'est-elle imposée ? Probablement, même si les fils de princes se savent en concurrence. En effet, Bo Xilai, l'un des sept enfants de Bo Yibo, un grand Ancien de rang plus élevé que le père de Xi Jinping, se comporte depuis des années comme un candidat aux plus hautes fonctions – ce qui est nouveau en Chine. Il est brillant et n'en doute pas, mais s'agace que sa carrière ait été retardée par les jaloux : entré au Comité central seulement en 2002, il est membre du Bureau politique, mais non de son comité permanent et dirige non une province mais une grande ville, Chongqing [58]. Se sachant menacé par Xi Jinping, il tente une méthode qui consiste à s'imposer non par des manœuvres de couloir mais par la ligne qu'il applique : une politique hostile au règne des mafias, voire de l'argent, et donc très populaire dans toute la Chine[59]. Il y a donc quelque chose de très nouveau, voire de populiste dans la ligne politique aux relents parfois franchement maoïstes appliquée par ce fils de princes, si bien que ses camarades en sont troublés. Xi Jinping, Liu Yuan et d'autres se sentent obligés de faire des politesses au démagogue de Chongqing. Mais Wang Yang, le patron jeune et réformiste du Guangdong, conduit contre lui une polémique à fleurets mouchetés qui accorde une attention aux mouvements sociaux[60]. Et Jiang Zemin comme Hu Jintao ne se laissent pas berner : ils font mener une enquête sur Bo Xilai et lui découvrent sans difficulté des irrégularités financières et criminelles scandaleuses qui entraîneront sa condamnation en justice. Ils font alors élire un Bureau politique qui réserve au nouveau patron et à son allié Li Keqiang une confortable majorité de fils de princes et de ralliés – nous y reviendrons[61].

Ainsi apparaît une nouvelle facette atypique du « communisme » chinois. Son originalité se manifeste d'abord sous Mao Zedong par l'ambition et, il faut le dire, par l'horreur dont il a témoigné. Puis, à partir de 1979, sa singularité s'exprime par l'élaboration d'un compromis avec une forme de capitalisme et la mise à contribution des enfants des dirigeants historiques, chargés de mettre cette politique en œuvre. Désormais, leurs représentants reçoivent une mission plus ambitieuse encore : diriger ce compromis et même… le parti tout entier – mais sans jamais y avoir réfléchi de façon approfondie ni bien entendu publique !

Chapitre VIII

Xi Jingping et les siens

Il n'est pas aisé d'expliquer l'arrivée de Xi Jinping au poste suprême. Et, plus largement, de comprendre l'ascension d'une famille de fils de princes – émanation d'une caste où l'argent coule désormais à flot grâce notamment au monde capitaliste – à la tête d'un puissant parti communiste, héritier d'une des plus terribles tyrannies que le monde ait connues, un parti qui se doit de protéger les apparences, au moins, de la rigueur politique...

Explications

Cette question inspire la méfiance car une spécificité reconnue des régimes communistes est la distance qu'ils sont capables de maintenir – sauf cas extrêmes – entre leurs décisions, les aspirations populaires et leurs propres principes. Aussi faut-il d'emblée tenir pour très sérieuse, aussi peu convaincante soit-elle, l'explication que la plupart des correspondants de presse ont adoptée à l'issue du Congrès de 2012 : le choix du successeur – Xi Jingping – et la décision de lui réserver une majorité de partisans au comité permanent découlent d'une offensive puissante conduite par deux grands Anciens, Jiang Zemin et son adjoint Zeng Qinghong, favorisée par le contexte de crise qu'avaient engendré l'affaire Bo Xilai et les innovations polémiques de Wang Yang.

Il faut cependant se demander pourquoi Jiang Zemin et son clan ont agi de la sorte. Des arguments « locaux » ont probablement joué. Notamment, le fait que Jiang Zemin et ses principaux partisans sont des défenseurs inconditionnels de Shanghai : le premier en a été le chef avant de monter à Pékin à l'été 1989, les seconds y ont ensuite fait leur fortune et y conservent des intérêts considérables. Or Xi Jinping a lui aussi dirigé cette métropole en 2007 après avoir occupé plusieurs postes dans des provinces proches, peu avant d'être désigné candidat officiel au pouvoir suprême. On ne prend donc pas de grand risque à imaginer que sa gestion de la ville n'a pas déplu à Jiang Zemin, et qu'ils ont conclu une sorte d'accord, qui concernait la confirmation à venir de Xi Jinping... et le rôle conféré de Shanghai. Programme qui n'aurait pu être celui de Li Keqiang qui, comme la majorité des membres de la faction des Jeunesses communistes, a fait une large part de sa carrière dans la Chine de l'intérieur où l'on jalouse depuis des années les avantages consentis à la Chine côtière.

Un deuxième facteur relève de ce que l'on pourrait appeler la démographie politique de la Chine populaire. La carrière des dirigeants chinois est en principe limitée à soixante-dix ans, alors que les promotions sont généralement lentes. Cela rend la concurrence très aiguë entre les sexagénaires. Les membres les plus influents du Comité central dans les années 2000 ont été promus par l'équipe Jiang Zemin-Zeng Qinghong dans les années 1990. Or l'élite qui se prépare à leur succéder, nommée dans les années 2000 et donc plus jeune, est en majorité issue de la faction des Jeunesses communistes. Élire comme grand patron un membre de cette faction – après qu'un autre membre, Hu Jintao, ait accompli normalement deux mandats de vingt ans – aurait eu pour conséquence la mainmise des favoris des Jeunesses communistes sur l'immense pouvoir politique, économique et financier de la direction du PCC. Or les dirigeants chinois, à l'instar de ceux de beaucoup d'autres pays, estiment préférable de maintenir un minimum de rotation politique pour garantir aux différentes factions un accès aux avantages du pouvoir. Dans la forme de bipartisme qui s'est mise en place, il faut préparer la succession... Aussi la nomination/élection de Xi Jinping s'est-elle doublée de la promotion au Bureau politique du plus brillant des membres de la faction des Jeunesses communistes, Hu Chunhua, dont on entendra certainement parler à l'avenir...

D'autres facteurs ont également pu jouer, dont la santé fragile de Li Keqiang et son passé familial moins glorieux que celui de Xi Jinping. En outre, ce dernier possède le physique d'un chef (1,80 m) et son épouse, une chanteuse ravissante et célèbre, au surplus officier supérieur de l'Armée rouge, s'occupe volontiers de convaincre ceux qui doutent[1] ! Enfin, il n'est pas exclu que les délégués du Congrès aient plus ou moins perçu que le moment était venu de donner leur chance aux fils de princes en raison de leur compétence et de leur expérience en matière économique – et également pour couper court à leurs critiques… Tout le monde s'accorde à le penser depuis plus de deux décennies – les membres du Comité central en premier lieu : le nœud de la puissance du PCC en Chine et dans le monde réside dans le succès de sa politique économique.

Là réside probablement l'enjeu le plus « sérieux » de la bataille de factions qui s'est déroulée en 2012. À partir de 1979, le plus simple (qui était au début le plus difficile) a été réussi : le décollage économique, compte tenu de la taille du pays, lui permet de jouer un rôle majeur à l'international. Pourtant, une fois acquise la compétence des dirigeants en matière économique, ce succès remet en cause la loyauté de cadres dirigeants à l'égard du Parti et du pays depuis le départ à l'étranger de nombreux hauts fonctionnaires. Ce fléau tend même à s'étendre. Les dirigeants de grandes entreprises ont en effet secrètement préparé leur départ, au point que beaucoup d'entre eux possèdent déjà des visas de long séjour dans plusieurs pays. Il peut donc paraître nécessaire d'encadrer les responsables économiques par des dirigeants à la fois compétents et compréhensifs, mais par définition fidèles au régime – les fils de princes.

Par ailleurs, la croissance économique rapide et brutale a entraîné de graves problèmes sociaux : grèves, manifestations, revendications de toutes sortes, protestations contre les désastres écologiques… Il faut donc cautériser les plaies et en tout cas réduire leurs effets politiques. C'est en résumé la solution prudente qui a été choisie. La mission a été confiée à Hu Jintao qui l'a dans l'ensemble accomplie, mais désormais la situation se complique car la croissance diminue à l'heure où ses coûts s'alourdissent. Maintenant il faut à la fois conduire une croissance suffisante (c'est-à-dire tout de même rapide) et réduire les maux qu'elle a engendrés.

D'où la priorité donnée au choix de nouveaux responsables qui sauront raisonner à la fois en matière politique, sociale et économique, en combinant la réflexion et l'action sur le présent et l'avenir, sur la Chine et la mondialisation. Là encore, une équipe de fils de princes paraît préférable à celle des bons administrateurs provinciaux formés par la Ligue des jeunesses communistes. Cependant, dans cette optique, l'apport d'un Li Keqiang est indéniable car, outre son expérience provinciale, ses talents de conjoncturiste sont connus pour prendre en charge la gestion de l'économie.

Une fois acquis l'apport des personnels issus des Jeunesses communistes, l'argument en faveur du camp des fils de princes se résume donc à leur double aptitude à s'adapter au monde d'aujourd'hui tout en restant fidèles à leur pays et à leur parti. Ils connaissent le monde parce qu'ils s'y sont précipités dès que la frontière chinoise s'est assouplie et y multiplient les séjours grâce aux facilités qui leur sont généreusement dispensées. Ils ont expérimenté toutes les formes du maniement de l'argent, et dans presque toutes les monnaies. Mais leur origine et leur histoire continuent à accorder leur légitimité à leur pays et à leur régime.

La légende d'une famille

Parmi les fils de princes, l'homme auquel le pouvoir suprême est dévolu doit s'imposer parce qu'il est l'un de ceux qui offrent une légende brillante et une famille puissante.

De ce point de vue, il faut reconnaître que le choix de Xi Jinping était de loin le meilleur. Tout d'abord, parce que la concurrence était maigre. En effet, la solution d'un type de continuité dynastique avec les dirigeants de l'époque maoïste était difficilement acceptable. La réputation de la plupart des grands hommes du régime fondé en 1949 et refondé en 1979 avait été gravement entamée : celle de Mao, en raison de la catastrophe du Grand Bond et surtout des délires de la Révolution culturelle ; celle de Liu Shaoqi, parce qu'il n'avait pas osé trancher idéologiquement entre Mao et Moscou, ni manifester son désaccord avec le Grand Timonier ; celle de Deng Xiaoping (la moins atteinte certainement) à cause du massacre de 1989 et des jeux d'argent de sa famille. Les personnages du plus haut rang qui restaient historiquement « propres » étaient rares : Chen Yun, mais il avait dû manœuvrer pour survivre avant, pendant et après ses épisodes de résistance légitime à Mao Zedong, et n'avait pas la fibre populaire ; Zhu De, bien sûr, mais il n'était qu'un commandant de légende ; quant à Zhou Enlai, il n'avait justement pas laissé de famille... Il ne restait donc que les légendes latérales des auteurs d'exploits honorables, mais secondaires. Or Peng Dehuai n'avait pas de descendants ; et Li Xiannian s'était retranché politiquement pour survivre.

Un héros éponyme

En réalité, à l'exception de Peng Dehuai, qui avait été très tôt purgé, aucun des compagnons de Mao Zedong n'avait eu le courage ni la capacité de s'opposer aux tragiques erreurs du président, et cela sans pour autant prêter le flanc à l'accusation de trahison. Là réside ce que l'on pourrait appeler la fortune mémorielle du père de Xi Jinping, Xi Zhongxun. Il s'agit en effet d'un dirigeant historique important – pas majeur certes, mais ses deux supérieurs (Liu Zhidan et Gao Gang) sont décédés avant lui – d'une base rouge, située dans des zones désolées du nord-ouest, moins puissante que celle du Jiangxi dans les années 1930, mais tout de même indépendante et significative. Sa carrière s'est déroulée parallèlement à celle de Mao Zedong sans qu'il ait eu à dépendre de lui. Entré dans la guérilla sur les marges du Shanxi, du Gansu et du Ningxia en 1929, il a toujours fait preuve du pragmatisme d'un meneur d'hommes, conduisant une réforme agraire efficace et relativement modérée à partir de 1948. Devenu l'adjoint de Peng Dehuai pour tout le nord-ouest en 1949, il réduit à un minimum militaire la sanglante répression des premières années du régime et préserve notamment la capitale impériale de Xian de la destruction. En un mot, ce fut l'un des acteurs les plus efficaces et les moins cruels d'une victoire qui se paya aux prix d'effroyables massacres[2].

Parce qu'il était à la fois issu de la guérilla et pragmatique, Zhou Enlai le repéra vite et le fit venir à Pékin, d'abord pour prendre la tête du secrétariat du gouvernement, dont il devint un vice-Premier ministre et le véritable numéro deux en 1959[3]. C'est alors que sa position plutôt modérée et sa fidélité à Zhou Enlai provoquèrent sa chute : tandis que le président et ses fidèles, Deng Xiaoping le premier, feignaient encore de douter de la catastrophe, il dénonça les massacres et prit sur lui d'organiser les livraisons de grain que d'autres se contentaient d'approuver[4].

Désormais, son sort était jeté, d'autant qu'il prenait parti courageusement pour réduire l'exil de Peng Dehuai. Il est l'une des premières victimes de la vengeance du président que manipule déjà l'ignoble Kang Sheng : piégé dès 1962 dans une affaire historico-politique montée de toutes pièces, il perd tous ses postes et est exilé[5]. Discrètement protégé par Zhou Enlai et de nombreux collègues, il échappe ensuite au pire de la Révolution culturelle et revient d'exil au printemps 1978, soit suffisamment tard pour ne pas dépendre du nouvel homme fort,

Deng Xiaoping, qu'il ne cessera de critiquer, mais assez tôt pour être placé à un poste dont il comprend d'emblée le rôle stratégique : la direction du Guangdong, poste qui lui permet de poser les jalons de l'ouverture économique à l'étranger, accomplissant ainsi une œuvre historique[6]. Par la suite, Xi Zhongxun se rangera le plus souvent du côté d'une réforme économique et même politique raisonnée avant d'être écarté du pouvoir par Deng Xiaoping et Chen Yun.

Cette biographie originellement maoïste se prête bien à une présentation légendaire, mais elle cache la vérité. En réalité, Xi Zhongxun est issu d'une autre base rouge, et à la différence de celle de Mao, son histoire ne comprend ni grand massacre ni tromperies spectaculaires. Il a longtemps servi Mao Zedong, sans commettre ses erreurs, et a ensuite pris parti très tôt pour la réforme et l'ouverture, sans rechercher la publicité. Qui pouvait donc mieux que lui symboliser le meilleur de la révolution agraire, la persistance de la morale dans le camp de la révolution, puis après la Révolution culturelle un réformisme intelligent et ouvert sur le monde ?

Une famille modèle

L'histoire de la famille Xi, quoique mal connue, inspire la légende car elle mêle des images sympathiques de tradition et de modernité. Qu'on en juge. Xi Zhongxun, fils d'un petit propriétaire foncier, épousa en première noce une jeune femme issue d'une famille de l'élite progressiste chinoise, devenue par la suite cadre de la Fédération des femmes. De cette union naissent trois enfants. Seule une fille dont il s'est officiellement beaucoup occupé vit encore[7]. Son épouse suivante, connue pour ses tenues modestes, semble avoir toujours travaillé (ce qui est exceptionnel). Les témoignages convergent vers le fait qu'au début des années 1950, elle laissait toute la semaine la responsabilité des enfants à son mari (cas encore exceptionnel), pour ne rentrer à la maison que le samedi, ce qui provoquait des pleurs lors de son départ le dimanche soir[8]. Leurs quatre enfants furent scolarisés dans les bonnes écoles et les bons lycées avant de subir le sort commun durant la Révolution culturelle : l'éducation à la campagne. Mais Xi Zhongxun a été protégé par son ancien patron, Zhou Enlai, et, en 1972, ses enfants ont obtenu l'autorisation de faire soigner leur mère et d'organiser des réunions familiales[9].

Après le retour de Xi Zhongxun à Pékin en 1978, la famille se regroupe autour de son patriarche. Les sources officielles insistent sur le rôle important que sa fille aînée, Qiao Qiao, intelligente et volontaire, a toujours joué auprès du vieil homme – âgé de soixante-quinze ans en 1978. Elle l'accompagne notamment à Canton et le soutient après son éviction du pouvoir, sacrifiant ainsi, conformément à la tradition et aux mœurs de l'époque, de brillantes dispositions personnelles… Elle ne se lance dans des études de MBA à l'université Qinghua qu'après la mort du patriarche en 2002. Grâce à son remarquable réseau de relations, elle donne toute sa mesure dans des affaires très variées (immobilier, terres rares, haute technologie) qu'elle conduit avec son mari : la fortune familiale se serait élevée à 393 millions de dollars vers 2012[10].

Dans l'ensemble, Xi Zhongxun, le *pater familias*, se comportera en bon père de famille avec les enfants de ses deux épouses successives, dont deux occuperont des postes significatifs au niveau provincial[11]. Les tensions n'ont probablement pas manqué – une certaine jalousie aurait caractérisé les rapports entre les enfants du premier lit et ceux du second. Mais dans l'ensemble, la famille Xi donne un exemple de réussite et de relative unité qui est très bien venu dans la Chine actuelle…

Il se dit aujourd'hui que Xi Jinping entretient des relations suivies avec sa famille, n'hésitant pas à lui donner des ordres[12]. Sa sœur aînée et sa mère l'y aident. Cette dernière, Qi Xin, aurait convoqué ses enfants quelques années avant l'accession au pouvoir de Xi Jinping pour leur demander de faire preuve de précaution dans leurs affaires mais il n'est pas certain qu'un de ses gendres ait réellement renoncé à investir dans une société aux îles Vierges[13]. Conformément à une pratique généralisée au sein de l'aristocratie chinoise, la famille aurait organisé en 2013 une cérémonie pour le centenaire de la naissance de Xi Zhongxun[14]. Suivant la tradition également, Qi Xin maintient sa fidélité aux anciennes amitiés de son mari : par exemple, elle envoie une immense couronne de fleurs lors du décès de Zhao Ziyang, le secrétaire général du PCC déchu en 1989 ; et l'on sait par ailleurs qu'elle reçoit à son domicile des veuves de personnalités purgées sous Mao et après[15]. Une mère de famille vertueuse et fidèle, donc, dans une famille unie et brillante : ainsi le présente la légende et peut-être, jusqu'à un certain point, la réalité.

Un héritier travailleur, patient et chanceux

Dans un pays européen, l'aînée des enfants de Xi Zhongxun, Qiao Qiao aurait fait de la politique car elle était probablement la plus intelligente et certainement la plus douée pour les relations humaines. Mais en Chine cette solution était impensable, surtout si peu de temps après que la comète « Jiang Qing » eut traversé le ciel. L'aîné des deux garçons, Jinping (c'est-à-dire « entré à Pékin », car il était né en 1953, l'année du transfert de son père dans la capitale), hérita donc de la charge de représenter la famille dans la course au pouvoir.

L'homme est grand et fort, d'une amabilité manifeste mais très contrôlée, voire distante : il tranche avec l'exubérance d'un Hu Yaobang, la présence physique d'un Jiang Zemin ou la froide résolution d'un Li Xiannian[16]. Il se distingue d'un commissaire politique comme Hu Jintao, et s'apparente plutôt à un chef d'État du monde moderne, habile et maîtrisant la rhétorique politicienne. Il est capable de soutenir ses idées auprès de ses pairs ou d'intervenir devant une assemblée, mais également de morigéner des collaborateurs. Une anecdote célèbre raconte que Shi Zhihong, l'assistant que Zeng Qinghong lui avait donné en 2007, avait le défaut de vouloir défendre ses idées : il fut rapidement remplacé par un autre qui obéit sans discuter[17].

En tout cas, rien dans son succès ne laisse entrevoir la dure traversée du siècle qui fut la sienne. Il fut choyé dans son enfance même si sa mère était souvent absente ; l'enfance d'un fils de prince demeurait très privilégiée. Cependant, son adolescence fut difficile. Exilé en 1969, à l'âge de seize ans, dans la province où son père avait combattu, le Shenxi, il est mal accueilli. Les cadres locaux l'y traitent comme un fils de riches qui vient se servir dans la ration des pauvres. Certains lui reprochent les erreurs politiques supposées de son père. Aussi se sauve-t-il à Pékin où il est détenu six mois pour « vagabondage ». L'individu qui retourne à son exil a changé : il a compris qu'en Chine il faut plaire aux puissants pour s'en sortir. Dès lors, il collabore, il participe, il rallie ses connaissances et devient un « activiste » au service des petits chefs locaux – en profitant des disputes de clans de son village, ce qui constitue une première expérience politique. Il poursuit sa carrière comme membre et bientôt secrétaire du parti, puis devient le « médecin aux pieds nus », celui qui, dans le village, possède des connaissances sur le monde. Enfin, dit la légende, il parvient à améliorer le revenu en utilisant des manuels d'agronomie du village.

Avec tous ses camarades, il ne perd pour autant pas des yeux l'objectif : retourner à Pékin et se frayer un chemin dans l'enseignement supérieur. Ayant intégré l'université de Qinghua comme « ouvrier, paysan et soldat », c'est-à-dire grâce à l'appui du comité du parti du village, il en sort diplômé en avril 1975 et est affecté aux services du gouvernement[18]. Il s'est donc sorti d'affaire, et a beaucoup appris, et est maintenant prêt à organiser sa future carrière.

Sans doute aussi a-t-il collaboré par la suite à la grande affaire familiale que fut le retour du père, en 1978. En tout cas, c'est sur le conseil et grâce à l'intervention de ce dernier que Xi Jinping devient de 1979 à 1982 secrétaire d'un personnage reconnu qui avait joué un rôle dans le coup d'État contre la Bande des Quatre, Geng Biao, ministre de la Défense et secrétaire général de la toute puissante commission des affaires militaires du Comité central[19]. Il se familiarise alors avec le fonctionnement du pouvoir et comprend que rien d'essentiel ne se fait en Chine sans l'accord de l'armée.

Surtout, grâce encore aux conseils paternels, il prend une double décision. Contrairement à nombre de ses camarades, il refuse de partir étudier en Grande-Bretagne. Et, à la différence de ceux qui préfèrent rester dans les cabinets ou poursuivre leurs études universitaires (il passera une thèse on ne sait trop comment en 2002), il décide, comme Liu Yuan et quelques autres, de commencer sa carrière à la base, ce qui lui vaut d'être classé par le département de l'organisation du PCC comme « jeune dirigeant prometteur[20] ».

Est-ce l'aurore d'une brillante carrière ? Au contraire, s'enchaînent une série de manœuvres et de contre-manœuvres longtemps pénibles et incertaines dont il ne sortira vainqueur que grâce à la patience, au travail, à la prudence et à la chance. Sa première mauvaise expérience est liée à son affectation dans une province, le Hebei, que commande un cadre chevronné fort peu amical à l'égard des fils de princes. Il accueille mal le coup de téléphone que lui adresse immédiatement Xi Zhongxun. Xi Jinping s'aperçoit ainsi rapidement que, malgré ses efforts pour se faire apprécier par des initiatives légitimes de développement, il est coincé dans son poste de secrétaire de district par la malveillance de son patron provincial[21].

Heureusement, informé par son père, et avec probablement l'accord de Hu Yaobang, Qiao Shi, le patron du département de l'organisation, le transfère à la mairie de Xiamen, la célèbre Amoy, où il aura la chance de pouvoir juger des avantages et des dangers de l'ouverture. Mais encore une fois, il se heurte à la méfiance générale car il succède à une fille de prince qui avait abusé des fonds publics. Il échoue à s'imposer complètement[22]. S'il évite intelligemment de tremper dans plusieurs affaires, la purge du réformiste qui dirigeait la province, Xiang Nan, puis la défaite politique de Hu Yaobang le condamnent à un nouveau transfert en 1988 : il est appelé dans la partie reculée du Fujian, à la tête de la région administrative de Ningde, où il est chargé de la lutte contre la corruption. Une mission délicate. Il en ressort néanmoins indemne et, après le séisme du printemps 1989, ce succès lui est reconnu : il est nommé à la tête d'une ville ouverte, la fameuse Fuzhou qu'avait autrefois illustrée Paul Claudel, puis vice-secrétaire et gouverneur de la province qu'il quittera en 2002 – à quoi s'ajoute une élection essentielle au Comité central[23].

Cette période est peu connue et pourtant elle correspond vraisemblablement à l'étape décisive de la carrière de Xi Jinping. Il doit résister aux tentations de la corruption alors qu'il est chargé de la combattre, et que beaucoup s'y font piéger. Par ailleurs, il a perdu en 1988-1989 le soutien de son père qui dépendait beaucoup de Hu Yaobang et a été écarté par Deng Xiaoping : Xi Jinping doit désormais se défendre avec probablement l'appui de sa sœur aînée, mais surtout de ses propres forces.

Il semble avoir remarquablement relevé le défi sans scandale à son actif, en ayant gagné de surcroît la sympathie de Jia Qinglin, patron du Fujian jusqu'en 1996, et par son intermédiaire l'intérêt d'une constellation politique en pleine ascension – celle de Shanghai, liée à Jiang Zemin qui est alors avide de soutiens dans le milieu des fils de princes. En d'autres termes, jusqu'alors identifié au clan réformiste, et sans le quitter formellement, Xi Jinping se rapproche du clan de Jiang Zemin : ce geste lui vaudra la victoire finale.

Il est très probable que sa deuxième épouse l'y ait aidé. En effet, il a épousé en secondes noces, en 1987, Peng Liyuan, la fille d'un haut gradé et cantatrice de l'armée – elle-même « major général » – que sa gloire avait déjà conduite dans l'entourage de Jiang Zemin, un grand admirateur des femmes de talent et de renom… Le couple a eu en 1992 une fille qui a étudié par la suite à Harvard en toute discrétion.

Dix ans plus tard, en 2002 – dernière année du pouvoir de Jiang Zemin – s'opère le tournant essentiel de la carrière de Xi Jinping : il est nommé gouverneur puis secrétaire du parti du Zhejiang, l'une des provinces les plus puissantes et les plus importantes politiquement du pays, située en outre dans « l'arrière-cour » de Shanghai[24]. Il est également élu au Comité central et, grâce à ses anciens et nouveaux soutiens, il atteint soudain l'antichambre du Bureau politique du PCC… Il se lie à cette époque avec les entrepreneurs chinois les plus dynamiques dont Jack Ma, le fondateur d'Alibaba, et Zong Qinghou, le forban qui possède Wahaha[25].

Dans le même temps, il lance une campagne très médiatisée contre la corruption. Et surtout, il entretient son réseau. Il y a bien sûr les anciens camarades de son père qui sont désormais à la retraite, tels Song Ping et Qiao Shi, ainsi que ses anciens collaborateurs, et les amies de sa mère, comme l'épouse de Hu Yaobang[26]. Tout en conservant des rapports corrects avec les proches de Hu Jintao, lequel après tout est un ancien disciple du même Hu Yaobang, il se rapproche de Jiang Zemin et des siens car il sait qu'ils auront à désigner le nouveau patron. Il réussit donc à maintenir les liens avec l'ensemble des factions politiques tout en penchant vers celle dont dépendra la décision[27].

Une fois son statut consolidé entre 2007 et 2010, il développe sa stratégie à trois niveaux. Le plus original est le niveau militaire. En effet, il multiplie les déclarations ainsi que les visites aux popotes et s'appuie sur les fils de princes qui y occupent des positions importantes : Liu Yuan, bien sûr, son vieux camarade, capable de proférer des propos inattendus et parfois peu orthodoxes ; Liu Yazhou, le général qui écrit des récits de guerre, encore un atypique ; et Liu Xiaojiang, commissaire politique de la Marine et gendre de Hu Yaobang[28]. En outre, il construit une sorte de galaxie où se combinent les intérêts, les parentés et les amitiés. En effet, il a conservé des fidélités issues de tous les postes qu'il a exercés et prend garde par exemple à visiter régulièrement la famille maternelle de Zeng Qinghong. Son frère Yuanping, pour sa part, maintient le contact avec le clan Ye Jianying dans le sud du pays et sa sœur aînée se démultiplie à Pékin[29]. Lui-même a régulièrement entretenu d'anciennes relations avec quatre personnages qui constitueront sa majorité au comité permanent élu en 2012 par le congrès du parti : deux fils de princes réputés pour leurs compétences qui sont aussi de vieilles connaissances (Yu Zhensheng et Wang Qishan), ainsi que deux dirigeants provinciaux plus classiques (Zhang Dejiang et Zhang Gaoli).

Un empereur (2012-2016) ?

Une fois vainqueur du précongrès, c'est-à-dire des manœuvres de préparation, Xi Jinping a l'intelligence de révéler à ses protecteurs la vigueur de son caractère. En effet, sans doute parce qu'il n'obtient pas encore toutes les nominations qu'il souhaite, il les contraint à retarder l'ouverture du congrès, sans craindre d'engendrer des inquiétudes en Chine et à l'étranger. À son issue, il présentera en personne son équipe : qu'on se le dise, le nouveau patron du parti a du tempérament[30].

Très vite, il se met au travail en prenant soin de présider toutes les commissions qui impulseront sa politique. Alors que Jiang Zemin n'avait pu se débarrasser que très lentement de la tutelle de Deng Xiaoping et de l'influence de Li Peng, le nouveau patron du régime charge d'emblée de l'économie son Premier ministre Li Keqiang. Encadré par des hommes du président, celui-ci prendra en charge les deux évolutions économiques nécessaires : la réduction du taux de croissance jusqu'aux environs de 7 % et le déplacement de l'activité économique vers le marché intérieur[31]. L'histoire retiendra probablement les années 2010 comme celles de la transition fondamentale d'une économie d'exportation vers une économie de consommation, d'une société encore très rurale vers une société à majorité urbaine, de moins en moins jeune et de plus en plus ouverte sur le reste du monde. L'avenir seul dira quels fruits porteront ces efforts, mais leurs premiers résultats furent concluants.

Pendant que ces transformations fondamentales mais encore incertaines se déploient, Xi Jinping manifeste une ambition nouvelle dans un domaine très classique : celui de la grandeur et du rayonnement de la Chine. Dès la fin de l'année 2012, il lance en effet des appels à la « grande renaissance de la nation chinoise » et « à la réalisation du rêve » national[32]. Puis, dans une série de documents internes au PCC, il réaffirme en 2013 et en 2014 l'inspiration nationale de la révolution chinoise et l'opposition traditionnelle de son parti – voire de la culture nationaliste chinoise – aux valeurs prétendument universelles des démocraties occidentales : les droits de l'homme et du citoyen, la liberté des medias, l'indépendance de la justice[33]. En conséquence, il renforce le contrôle sur la presse et les journalistes étrangers, puis sur les départements de sciences humaines des universités.

Il se consacre avec ardeur à deux entreprises intimement liées et prioritaires : renforcer son contrôle sur l'ensemble des politiques et donner une allure quasi impériale à la politique étrangère du pays.

Tout d'abord, Xi Jinping affermit la main mise sur les rouages économiques et politiques. En se servant éventuellement de fonds dirigés par des fils de princes, il entreprend de limiter l'autonomie des véritables monstres économiques que sont devenues les grandes entreprises publiques – s'attaquant par exemple aux trois grandes firmes pétrolières dont il renouvelle les dirigeants[34]. Par ailleurs, il développe une offensive pour soumettre ces grandes entreprises à « l'État de droit », expression qui sonne bien dans les journaux étrangers mais qui désigne surtout le pouvoir central[35]… Plus généralement, il s'efforce (ou en tout cas déclare en avoir l'intention) de rétablir un marché dont l'État deviendrait l'arbitre, tout en conservant un pouvoir de dernière instance.

Par ailleurs, si la surveillance des intellectuels demeure étroite et si la propagande lance une campagne contre les idéologies occidentales qui frise parfois le ridicule, d'incontestables progrès sont faits pour que soient un peu mieux respectés les tribunaux, la justice et même parfois les droits de l'homme : suppression – au moins théorique – des camps d'éducation par le travail, rationalisation du système judiciaire, diminution des cas d'application de la peine de mort, protection de la propriété privée[36]… Xi Jinping va jusqu'à déclarer en janvier 2013 qu'il faut « faire entrer le pouvoir dans la cage de l'institution ». Mais l'intention de contrôle l'emporte sur les garanties institutionnelles comme le montre la création à l'automne 2013 d'une puissante Commission de sécurité nationale[37].

La cohérence de toutes ces mesures n'est pas toujours évidente, même si la propagande le revendique haut et fort avec un remarquable esprit de système. Les objectifs politiques et économiques se renferment réciproquement, comme en témoigne l'offensive menée par Xi Jinping depuis son avènement contre Zhou Yongkang, son plus puissant ennemi, lequel a été condamné à perpétuité en juin 2015 à l'issue d'un procès secret[38]. Zhou Yongkang n'était effectivement pas seulement le patron de la Sécurité et un membre du comité permanent du précédent Bureau politique, mais aussi un ancien patron de Petrochina, qui avait gardé de l'influence au Sichuan (où il avait probablement soutenu Bo Xilai)[39]. De même, Xi Jinping surveille de près et directement les relations du pouvoir avec les grandes entreprises privées qui, comme Alibaba par exemple, sont devenues des monstres surpuissants.

Plus largement, une purge est conduite dans les milieux politiques et militaires, pour affaiblir ou effrayer ceux qui ont refusé de lui faire allégeance publiquement. Un exemple emblématique est celui de Ling Jihua, l'un des plus anciens et importants collaborateurs de Hu Jintao, dont tous les proches sont visés. On rapporte également que Zeng Qinghong et ses amis seraient menacés[40]. Mais c'est dans l'armée que les excès de la corruption donnent les meilleurs prétextes à la répression, et Xi Jinping y possède des partisans déclarés qui sont également des fils de princes[41]. Aussi, avant de décéder en mars 2015, le général Xu Caihou, qui avait été vice-président de la commission militaire du Comité central de 2004 à 2013, a-t-il été mis sur la touche pour corruption[42].

La plupart de ces purges sont officiellement orchestrées dans un but bien précis : la chasse aux corrompus. En un sens, ce n'est pas nouveau. Comme tous les régimes communistes, celui de Pékin n'a jamais cessé de se déclarer en guerre contre la corruption – sans parvenir à ses fins, évidemment. Avec le lancement d'un « capitalisme communiste », elle est même devenue une maladie universelle parce qu'elle relève d'un mécanisme fondamental et probablement nécessaire de l'économie chinoise. Du moins espère-t-on la réfréner. Si l'offensive massive décrétée dès son arrivée par Xi Jinping était indispensable et urgente, l'éradication de ce fléau est pratiquement impossible : en revanche, elle permet au nouveau souverain de remplacer une large partie des cadres dirigeants du pays.

Xi Jinping agit en connaissance de cause puisque sa famille a goûté – beaucoup moins que d'autres, certes – aux fruits de la corruption. Mais qu'importe. Sa stratégie semble avoir été, comme au temps d'un communisme plus classique, de préserver les apparences. Si une économie dynamique sans corruption ne semble pas plus envisageable qu'une société communiste sans coercition, il reste néanmoins possible de « faire semblant » et de gagner du temps en frappant d'abord les rangs élevés, de façon à terroriser les autres niveaux, et en protégeant une situation où ce sont les « présumés vertueux » de la caste et plus généralement de la direction du parti qui dictent l'identité des « corrompus »…

En tout cas, la violence de cette nouvelle campagne est concentrée sur l'élite : elle n'est donc pas impopulaire – même si elle s'accompagne de ricanements et de silences amusés. Le nombre des cadres supérieurs qui subissent une enquête pour corruption est passé de 250 en 2012 à environ 600 au début 2015 – parmi lesquels 69 hauts fonctionnaires de niveau ministériel et plus de cent dirigeants d'entreprises d'État[43]. Un an auparavant 182 000 fonctionnaires de tous grades avaient déjà été sanctionnés pour corruption[44].

Des équipes d'enquêteurs parcourent le pays pour rechercher, orienter ou fabriquer des aveux prétendument crédibles qui les mettront sur la piste d'autres affaires, instaurant ainsi une véritable purge – l'héritage de la Révolution culturelle est flagrant. Comme on l'imagine, violences et tortures sont nombreuses, et pour les réfréner, le parti a dû promettre d'enquêter sur les « décès non naturels[45] »… La Commission de contrôle de la discipline, qui dépend en principe du Comité central, entérine en général les dossiers qui lui sont communiqués par les services d'enquête et, partout dans l'élite, les parties fines sont bruyamment annulées – la consommation d'alcool diminue. Pas de doute : le nouveau souverain frappe fort !

Quelle que soit l'originalité des moyens utilisés et la vigueur de leur déploiement, le renforcement du contrôle politique est un classique des premières années de tout nouveau dirigeant communiste. En revanche, la politique étrangère est d'ordinaire moins bousculée par l'avènement d'un chef : elle a été fort peu affectée par les passages de Deng Xiaoping à Jiang Zemin, puis de Jiang Zemin à Hu Jintao. Cette fois-ci, les changements sont considérables, au point que Xi Jinping a réuni en octobre 2013, pour la première fois depuis 2006, le groupe de direction des affaires internationales du Comité central[46].

Le style du nouveau leader, tout d'abord, est différent de celui de ses prédécesseurs. Comme nombre de souverains, Xi Jinping a décidé d'investir personnellement le champ de la politique étrangère. Il ne déteste pas les grands discours et ne craint pas de paraître prétentieux – par exemple, quand il se moque de Gorbatchev qui n'aurait pas été assez « viril[47] ». Il accorde beaucoup d'importance au contact entre les hommes d'État, et en particulier avec Poutine et surtout Obama, avec lequel il entretient un dialogue dont il se vante et qu'il estime décisif.

Sur le fond, la politique étrangère chinoise a en partie changé. Elle n'est pas seulement en train d'abandonner ses oripeaux idéologiques et ses derniers mensonges sur l'accueil des firmes étrangères en Chine – désormais on les critique parce que l'on a moins besoin d'elles[48]. Elle distingue plus que jamais les intentions commerciales et stratégiques et n'hésite pas à les exposer nettement. Xi Jinping adopte cette attitude parce qu'il tient pour acquis son rang mondial – y compris ses engagements en matière d'environnement et quelques-uns des devoirs qui en découlent, ce qui est nouveau. Deuxième puissance mondiale, la Chine se donne pour objectif de négocier avec la première, de tout faire pour lui ravir le leadership, et n'hésite plus à organiser à Pékin un sommet avec la Communauté des États d'Amérique latine et des Caraïbes[49] ! Qu'on se le dise : grâce à sa croissance économique et à son régime politique, la Chine de Xi Jinping entend jouer une partition digne de sa place dans l'orchestre mondial.

La politique chinoise est donc devenue impériale, et elle en a aussi acquis rapidement les défauts. Dans l'idée classique qu'une domination régionale est essentielle à une puissance mondiale, elle commet en effet l'erreur qu'ont commise beaucoup d'Empires, qui consiste à n'admettre aucune contestation sur ses marges immédiates – position qui agace les jaloux et les envieux. Elle s'entête, contre presque tous ses voisins y compris le puissant Japon, à s'arroger un droit sur l'espace de la mer de Chine et à le militariser[50]. Et elle se montre de plus en plus active en Asie centrale depuis la tournée de Xi Jinping en septembre 2013[51]. C'est donc probablement de son voisinage que surviendront les difficultés les plus graves, mais en attendant la Chine de Xi Jinping déploie ses ailes.

Le parti communiste a donc opté pour un leader très différent des précédents. Xi Jinping se distingue de Mao Zedong et de Deng Xiaoping, deux chefs militaires et politiques, ou de Jiang Zemin et Hu Jintao, des cadres, bien soutenus et choisis par leurs pairs. Cet homme chanceux mais également travailleur, est le pur produit d'une aristocratie. À tel point qu'il semble convaincu qu'en tant que chef des fils de princes de la puissante Chine d'aujourd'hui, et descendant d'un grand révolutionnaire, il est légitime à poursuivre de grands projets, voire une visée impériale… jusqu'à vouloir devenir lui-même un empereur ?

Chapitre IX

La caste

Avec l'expérience, les historiens ont fini par comprendre que les bouleversements politiques à l'intérieur des régimes communistes répondaient plus à des ambitions qu'à des projets et reposaient davantage sur des alliances de fortune et des complots dans les sphères dirigeantes que sur des mouvements sociaux et des regroupements intellectuels. Et c'est bien ainsi – globalement – que s'est développée la vie politique chinoise sous Mao Zedong. Néanmoins, les ruptures qui se sont produites plus tard en 1978 et en 2012 furent majeures : elles entraînèrent non seulement des changements de personnes, mais aussi des décisions substantielles. En outre, comme celui de 1978, le choix politique de 2012 a réservé au nouveau patron du parti une majorité solide au plus haut niveau de l'appareil politique : le Comité permanent du Bureau politique du PCC. Cette majorité possède une solidité réelle. En effet, alors que deux de ses membres sont de vieux amis de Xi Jinping, deux autres, Yu Zhensheng et Wang Qishan, lui sont liés par le fait qu'ils sont issus de la même caste : ils ont donc les moyens de peser sur les décisions de façon décisive.

Au-delà de son nationalisme, cette caste abrite des différences voire des divergences de tous ordres. Mais son intérêt consiste principalement à assurer la combinaison entre un communisme de principe et un mercantilisme mâtiné de capitalisme. Là réside la source de sa fortune, dans tous les sens du terme, et là aussi est sa nécessité historique.

La cohésion de la caste provient largement d'une histoire commune : une histoire d'abord caractérisée par les dangers et les souffrances pendant la conquête du pouvoir ; puis par les avantages et les espoirs également partagés dans les années 1949-1966 ; ensuite par la menace de tout perdre et la lutte pour la survie durant la Révolution culturelle ; et enfin par les épisodes d'une succession relativement rapide dans le cadre familial, aisée dans le domaine économique mais qui s'est avérée plus compliquée dans le cadre politique.

Tout en étant traversée de rivalités et de divisions, la caste des princes et des fils de princes a bénéficié d'une première opportunité paradoxale : puisque ses ennemis la traitaient comme un ensemble uni, elle ne pouvait résister et vaincre que de façon unitaire. Elle a profité aussi du fait que ses membres avaient intérêt à coopérer pour protéger ou faciliter leurs manœuvres et maximiser les prébendes offertes par leur nouveau statut. Leur force et leur fragilité s'entretiennent mutuellement : la caste fournit un appui décisif à ceux de ses membres que le sort et le talent ont amenés au plus haut niveau du pouvoir. Mais est-il suffisant et durable ?

Une première difficulté porte sur la définition du nombre de personnes constituant cette élite. Sur ce sujet il n'existe aucune statistique et même aucune source fiable, et ce pour une raison évidente : comme toutes les aristocraties, celle-ci se définit comme un ensemble de prétentions individuelles. Les familles les plus connues, quelques centaines, sont situées au niveau national. Des élites supposées s'y ajoutent dans les provinces, ainsi que les réseaux sociaux abrités par de grands corps comme l'armée. Tout chiffrage est bien sûr impensable, mais on peut considérer que trois mille à cinq mille familles constituent le cœur social de la caste[1].

Le nombre de ceux qui se considèrent et que d'autres considèrent comme des fils de princes est certainement plus élevé que la réalité. En effet, il n'y a aucune raison pour que cette noblesse d'origine communiste ne comporte pas d'usurpateurs, à l'instar des noblesses occidentales.

Mensonges et impostures sont révélateurs des bouleversements sociaux intervenus dans la Chine contemporaine. Ainsi, comme dans l'Europe post-industrielle, sont récemment entrés dans cette caste aristocratique quelques hommes qui avaient réussi comme Hu Jintao et Wen Jiabao. En outre, comme par le passé sur notre vieux continent, il existe ce que l'on pourrait appeler des « zones sociales de contact » entre l'élite nationale proprement dite et les élites locales. Que dire par exemple du père du Premier ministre Li Keqiang, qui était un dirigeant de district, c'est-à-dire un cadre très moyen qui parvint malgré tout à envoyer son fils à l'université ? En principe, il ne faisait pas partie de l'élite des princes, mais aucun règlement ne le confirme. L'actuel Premier ministre n'en a pas moins épousé une véritable fille de princes[2]. À l'inverse, nombre de « petits généraux » (*shaojiang*), eux-mêmes fils d'autres « petits généraux » fort peu connus, affectés dans des bases militaires ou des villes lointaines, ne possèdent guère de rayonnement social jusqu'au moment où l'un de leurs descendants, doué pour la politique ou la finance et diplômé d'une grande université, active le réseau potentiel des relations familiales.

Il paraît donc impossible de définir numériquement l'aristocratie chinoise. Peut-être la moins mauvaise définition est-elle celle d'une élite de plus en plus poreuse à mesure que s'opère la descente vers des niveaux moins favorisés, dans laquelle peuvent se réaliser des ascensions sociales grâce à une réussite universitaire, une montée en grade rapide ou (ce n'est pas le plus fréquent…) un mariage miraculeux.

Les marges

En tout cas, cette élite est admirée et jalousée. Un signe de son succès est la vitalité des métiers situés dans ses marges. Ainsi, les professions d'assistance aux dirigeants et tout particulièrement aux familles princières sont activement recherchées. Les médecins, par exemple, se réjouissent de leur rôle dans une petite société où, depuis le début des années 1950, rien n'est plus important que la survie des générations âgées : ils représentent en un sens l'aristocratie des serviteurs, et tous les grands dirigeants chinois (comme leurs congénères des pays communistes) réservent une place spécifique à leur médecin.

Ce métier est même si considérablement revalorisé qu'il peut constituer une voie d'entrée dans la caste princière. Ling Jihua, le fils d'un médecin que Bo Yibo appréciait tout particulièrement à Yanan, est devenu à la fin de l'ère Hu Jintao patron du fameux *Zhongban*, le bureau d'administration du Comité central. Par ailleurs, un fils de Wang Shiying, un communiste de haute lignée, n'a pas jugé dégradant d'être nommé chef de la division « santé » du Comité central.

Une autre catégorie, disparate, s'impose : celle des anciens secrétaires et de leurs descendants. Son ampleur numérique – la Chine pourrait aisément être définie comme le « pays aux milliards de secrétaires » – s'explique par la nature bureaucratique de sa politique[3]. À l'époque de Mao Zedong, les secrétaires de qualité étaient presque des membres à part entière de l'aristocratie – sans jamais s'y apparenter tout à fait. Certains vivaient aux Murs rouges, leurs enfants fréquentaient les mêmes écoles et jouaient avec les fils des patrons[4]. Ils faisaient partie de la famille, comme Liu Zhende chez les Liu Shaoqi, ou Zhang Zhigong, le secrétaire de Xi Zhongxun que Xi Jingping continua de fréquenter[5].

Dans la période suivante, la tradition fut maintenue, et l'on estimait par exemple que le vrai pouvoir dans l'armée – notamment le pouvoir de nomination ! – était entre les mains de Wang Ruilin, le secrétaire favori de Deng Xiaoping[6]. Mais celui-ci se contenta de servir son maître. Beaucoup d'autres surent profiter de leur stage. Ainsi, un secrétaire politique de Chen Yun devint ministre de la Sécurité d'État, et l'ancien secrétaire d'un ministre de la Défense fut nommé vice-chef d'État-Major. En 2012, les trois quarts des gouverneurs de provinces et quinze des vingt-cinq membres du Bureau politique avaient par le passé exercé le métier de secrétaires[7]...

Les succès remportés par d'anciens secrétaires n'ont pas échappé aux parents de la caste qui ont cherché à dénicher pour leurs adolescents ces fameux postes de *mishu* qui ouvraient tant de portes. Certains des plus brillants, on l'a dit, ont débuté leur carrière ainsi, tels Kong Dan, Zeng Qinghong et même Xi Jinping[8]. Le compte était tenu, à l'intérieur de la caste, des meilleurs « patrons »[9]. Tel était le cas de Zhou Yongkang qui, avant son désaveu récent, avait déjà placé deux de ses anciens secrétaires comme vice-gouverneurs[10].

Les personnels de maison et les gardes ont malheureusement plus attiré l'attention des gazetiers que celle des historiens. Aux Murs rouges, les enfants des officiers de la garde avaient le droit de jouer dans le parc, mais un chroniqueur remarque qu'ils s'aventuraient rarement loin des bureaux de leurs parents[11]. Seuls ceux des rangs supérieurs ou bien les gardes préférés de leur famille sont mentionnés dans les témoignages des fils de princes. Il est probable que, comme tous les enfants gâtés du monde, les fils de princes se sont peu préoccupés des personnels de service, excepté quand ils en tiraient un avantage.

En général, ceux-ci étaient solidement maintenus dans leur position ancillaire par les maîtresses de maison sauf dans au moins deux cas. D'une part, les cuisiniers qui avaient servi dans l'aristocratie nationaliste ont été recherchés et parfois choyés, surtout dans les premières années. D'autre part, lorsque la maîtresse de maison était délaissée par son mari elle pouvait se confier à ses femmes de chambre. Chez Lin Biao, Ye Qun sollicitait leur aide pour cacher ses frivolités, mais certaines préféraient soutenir sa fille Lin Doudou avec laquelle elle s'entendait mal[12].

Une autre marge importante de la caste est constituée par les enfants, les parents et les partisans des victimes des différentes « affaires » politiques, dont le sort appellerait de nombreux développements. La caste s'en est tenue prudemment à l'écart pendant l'ère Mao Zedong. Elle est rarement intervenue pour réduire les purges – le cas de Peng Dehuai est exemplaire. Pendant la Révolution culturelle, hormis quelques exceptions, la solidarité n'a progressé dans la caste que lorsque Mao s'est montré plus indulgent ou plus inconstant – à partir de 1970-1971. Auparavant, Zhou Enlai s'était senti contraint de laisser mourir son vieux camarade le maréchal He Long.

Après la disparition de Mao, les punis furent mieux traités, et particulièrement leurs enfants. Ainsi, les descendants des lieutenants de Lin Biao ayant été autorisés à suivre des études universitaires, purent trouver des métiers en ville. Cependant, ils ne font plus vraiment partie de la caste, même s'ils y conservent quelques contacts. Les descendants des autres réprouvés ont obtenu des sortes de « permis de survie » après que leurs cas aient été étudiés par les départements de l'organisation[13]… Il n'en reste pas moins que la caste n'a pas fait preuve d'héroïsme pour soutenir ses membres déchus.

Une ultime catégorie de marginaux comprend « les ratés » : tous ceux qui n'ont pu atteindre de bons niveaux universitaires ni occuper des postes de direction – car la caste chinoise se montre résolument élitiste. Sauf exception, il est impossible d'en connaître les noms dans la mesure où ils cachent leurs échecs qu'ils compensent avec l'aide des parents, protégeant ainsi leur « face ». La descendance de Bo Yibo est un bon exemple. Quatre enfants, dont le fameux Bo Xilai, et Bo Xicheng, qui n'a pas suivi d'études supérieures, ont exercé des fonctions importantes. Trois autres sont restés dans l'anonymat sans avoir pour autant glissé dans la pauvreté[14]. La prospérité de la plupart des familles masque les échecs relatifs. On ne sait par exemple presque rien du fils de Li Na (le petit-fils de Mao Zedong !)

qui, seulement diplômé d'un lycée technique, a travaillé dans le tourisme[15]... Un autre chapitre est celui, fort peu développé par les sources, des scandales de mœurs qui ont entrainé certains divorces évoqués à demi-mots.

La légende

Les faiblesses individuelles de certains descendants sont largement compensées par la prégnance des légendes familiales. Celles-ci auréolent l'image des parents – les pères, d'abord, et aussi désormais les mères dont les enfants ont mesuré le courage dans les épreuves. La force de la caste tient à ce que sa légende fondatrice enrichie par les légendes familiales, participe de celle du parti. Elle intègre Mao Zedong et se sert de sa gloire sans aucun triomphalisme, ce qui la met à l'abri des révélations désagréables qui se multiplient à l'étranger et circulent dans le pays. Sont reprises également des légendes des grandes familles de héros (les révoltes paysannes, les bases rouges, les différentes armées...) et de leurs dirigeant les plus connus – en écartant ceux qui ont commis des « erreurs » trop manifestes, mais en réintégrant ceux qui comme Peng Dehuai ont été maltraités à tort par Mao. La légende évite aussi de doter les héros de qualités excessives, probablement pour ne pas écraser la génération des fils de princes. Ceux-ci veillent : un nombre conséquent de descendants (au moins un par famille) se chargent d'entretenir la légende familiale en échangeant régulièrement avec des biographes, voire avec des centres de recherche officiels et des grands quotidiens : par exemple Hu Dehua, fils de Hu Yaobang, Ji Humin, fils de Ji Dengkui et Ye Xuanji, neveu de Ye Jianying[16].

L'attitude positive mais relativement mesurée des fils de princes à l'égard de leur légende familiale s'explique de plusieurs façons. Ayant vu leurs parents commettre des erreurs politiques, puis faiblir durant l'épreuve de la Révolution culturelle, ils se sont libérés peu à peu de leurs complexes d'infériorité. En outre, souvent parvenus à des positions flatteuses, ils ont construit leur propre légende sans trop de modestie : celle des premiers mois enthousiastes de la Révolution culturelle, mais surtout celle de la résistance à l'exil et aux brimades, puis celle de la longue épreuve du retour, et de la bataille difficile pour le pouvoir.

Enfin, ils ont acquis dans les universités, lors des voyages ou par leur activité économique, les qualités nécessaires au commandement dans un monde nouveau. Parce qu'ils ont toujours eu devant les yeux les défauts voire les crimes du communisme ainsi que les erreurs de leurs parents, nombre d'entre eux donnent l'impression de se croire supérieurs… Quelques-uns se prétendent même capables d'orienter la Chine dans l'unique voie qui leur paraisse possible aujourd'hui : celle d'un capitalisme effréné servant un pouvoir efficacement communiste… Et, conscients de la patience que les masses chinoises ont montrée à leurs aînés, ils imaginent qu'elles leur seront gré de ce qu'ils font et feront.

Il est étonnant qu'un tel optimisme survive plus de vingt ans après la crise politique de 1989 qui avait menacé le régime. Cela n'est pourtant pas exceptionnel si l'on pense à la prétention qu'affichèrent successivement la bourgeoisie puis certains porte-paroles du prolétariat dans l'Europe du XIXe siècle. En Chine aussi, cet optimisme s'inspire de la conviction qu'ont les fils de princes d'être portés par le cours de l'histoire. En effet, ne se sont-ils pas immensément enrichis ? De fait, le développement fulgurant de l'économie multiplie les ressources disponibles, et l'ascension politique de la caste augmente sans cesse les opportunités d'accroître ses richesses[17].

La hiérarchie des familles

Si la caste s'enrichit, ce sont ses familles qui en profitent. Dès lors, leur hiérarchie change en partie de nature. Autrefois dictée par le sort des combats et par la faveur du prince, elle dépend aujourd'hui de l'influence politique masi aussi de la réussite économique. La part de légende de chaque famille continue à jouer un rôle, mais elle compte moins que la part de pouvoir lié à l'enrichissement matériel.

Ainsi, figurent en haut de la hiérarchie les familles princières les mieux cotées, les plus riches et les mieux représentées dans l'exercice du pouvoir : celles qui se sont adaptées aux temps nouveaux. À l'inverse, les familles les plus célèbres ne sont pas toutes restées au plus haut de l'échelle. C'est le cas des familles de Liu Shaoqi et de Li Xiannian en raison de leur quasi-absence du champ économique[18]. Néanmoins la plupart des grandes familles se sont lancées dans les affaires, même les descendants du soudard qu'était à l'origine le général Wang Zhen…

Dans cette époque de mutation économique accélérée, l'importance des fonctions de commandement est désormais si grande qu'elles entraînent souvent l'ascension d'une famille jusqu'alors discrète dans le cercle extrêmement étroit de l'élite la plus fortunée : ce fut le cas successivement des familles de Li Peng, de Zhu Rongji, de Hu Jintao, de Wen Jiabao et désormais de Xi Jinping[19]. Ces familles se sont agrégées à celles de Deng Xiaoping, de Chen Yun et de Bo Yibo pour former une sorte de constellation à la fois politique, économique et mondaine.

De même, les familles de « démocrates » progressistes, qui avaient pratiquement disparu de la scène dans les derniers temps de Mao Zedong, y reviennent, quand leurs membres – tel Rong Yiren, ou Feng Yuxiang, un ancien seigneur de guerre devenu sur le tard « progressiste[20] » – possèdent les relations et la compétence nécessaires. En revanche, on dispose de très peu d'informations concernant les descendants de cadres moyens, souvent locaux, qui se sont frayés un chemin dans l'élite, voire parmi les fils de princes. On connaît ainsi le cas du général Ma Xiaotian, fils d'un « petit intellectuel », qui a été commandant de région militaire et a été membre du Comité central[21].

Les enfants de héros et martyrs

Curieusement, l'évolution la plus spectaculaire, presque jamais mentionnée par les observateurs, concerne une catégorie spécifique de fils de princes, celle des enfants de héros et de martyrs. On s'en souvient, quand le PCC s'installa à Yanan, il s'évertua à rechercher ses enfants et à leur fournir des conditions d'éducation favorisée – parfois jusqu'à Moscou. Plus tard, certains furent admis dans les meilleurs lycées puis dans les grandes universités. D'autres, plus âgés, furent placés à des postes honorifiques ou devinrent des chercheurs brillants, tel un fils de Peng Pai, l'un des premiers communistes décidés à soulever les campagnes, qui fut parmi les inventeurs de la bombe atomique chinoise. Cependant, ils vécurent dans des conditions plutôt moins favorisées que les autres fils de princes et, à de rares exceptions près, n'attirèrent guère l'attention avant et pendant la Révolution culturelle.

Or dès la fin des années 1970, les mieux introduits – Jiang Zemin, Li Peng, Zou Jiahua – entamèrent une carrière politique. Après avoir reçu des postes de vice-ministre ou de secrétaires provinciaux du Parti, ils atteignirent des niveaux réellement importants à partir de 1987, quand Li Peng devint Premier ministre, Jiang Zemin premier secrétaire du parti à Shanghai et Zou Jiahua, ministre de plein exercice.

Cependant, cette catégorie se distingue des fils de princes classiques. On trouve parmi ses membres un grand nombre de techniciens – Li Peng était une sorte de conservateur « par défaut » et Jiang Zemin s'est longtemps interdit de prendre des initiatives politiques. À la différence des fils de princes de pure obédience, ils ne prétendent pas jouer les premiers rôles – l'un d'entre eux, Qin Jiwei, ministre de la Défense, refusa de commander le « nettoyage » de la place Tian'anmen le 4 juin 1989[22]... Les sources nous les montrent souvent dans des domaines très techniques, ou dans des administrations locales (par exemple dans la province où leur père militait à l'origine) et quelques-uns aussi dans des sinécures, en particulier à Macao ou Hong Kong[23]. En effet – comment s'en étonner ? – certains postes leur ont été offerts en récompense, un frère de Zou Jiahua a par exemple reçu la direction du Bureau central de la météorologie, un autre la vice-présidence de l'Académie des sciences sociales[24]. Il faut noter, cependant, que depuis la retraite de Li Peng et de Zou Jiahua au début des années 2000, cette génération historique des fils de princes dépasse rarement le niveau ministériel, et quelques descendants de célébrités comme des petites-filles de Chen Duxiu stagnent dans des postes modestes.

La famille survit...

Les générations d'enfants de princes passent, mais la cellule familiale demeure l'unité de base de la caste. La disparition de la plupart des fondateurs légendaires puis de leurs épouses – les plus résistantes ont disparu au début des années 2000 – a cependant modifié ses activités et sa structure.

Il subsiste des cérémonies, le plus souvent consacrées au souvenir des parents, par exemple lors des anniversaires : le cent-dixième anniversaire de la naissance de Zeng Shan a ainsi été célébré[25]. Les funérailles officielles à Babaoshan puis l'éventuel transfert des cendres (cas de Hu Yaobang, Xi Zhongxun et Yang Shangkun) occupent autant qu'auparavant les familles[26]. La question de l'héritage est également

abordée, mais discrètement, et la propagande insiste sur les cas probablement minoritaires où il est très réduit[27]. Des discussions tendues
se déroulent avec les autorités sur l'application des règles officielles
en principe draconiennes concernant la transmission de la maison
familiale[28]. Pour entretenir le souvenir, mais aussi maintenir en vie
l'héritage politique, les familles organisent souvent par la suite des
voyages sur les pas du père fondateur[29].

La cellule familiale est également le lieu où l'on discute – mais
d'une façon apparemment plus simple et moins traditionnelle que
lors des fameuses « réunions de famille » du passé – de l'actualité
de la caste, des actes publics de ses représentants et de l'activité
des principaux leaders du parti – sur un ton qui peut devenir assez
familier voire léger. La famille détermine alors sa « politique » à
l'intérieur de la caste, notamment sa présence aux funérailles des
grands dirigeants ou aux anniversaires officiels et sa participation
aux activités des associations d'anciens des grands lycées. Certaines
de ces réunions attirent l'attention, par exemple celle qui, en 2011,
est organisée par les descendants de Ye Jianying pour discuter des
moyens de réduire l'isolement social du Parti : en bon fils de Hu
Yaobang, Hu Deping préconise la réduction de son autoritarisme
mais les organisateurs s'y opposent... En janvier 2012, une autre
assemblée de princes rouges célèbre le vingtième anniversaire du
voyage dans le sud lors duquel Deng Xiaoping relança la politique
d'ouverture du pays[30].

On parle apparemment beaucoup des familles amies et ennemies.
Aussi les héritiers de Deng Xiaoping et ceux de Wang Zhen sont-ils
restés proches, de même ceux des généraux Chen Yi et Su Yu, surtout
depuis que Chen Xiaolu a épousé une fille du second. Mais subsiste
une forme de rivalité entre l'aîné de Su Yu et He Ping, le gendre de
Deng Xiaoping, ainsi qu'entre Deng Pufang et Chen Xiaolu[31]. Sont
évoquées également les études des enfants (surtout le choix des universités et des études à l'étranger) et les décès et mariages des parents
et amis.

En effet, comme dans toutes les aristocraties, l'alliance matrimoniale demeure un rouage essentiel de la caste, et le divorce est
apparemment toujours autant déprécié que par le passé, ainsi que le
montre la mauvaise réputation d'une fille divorcée de Peng Zhen – on
pardonne plus facilement aux hommes leurs erreurs[32]. La conclusion
d'un mariage reste une mesure précise du standing de la famille et

rares sont ceux qui ne se marient pas dans la caste – le « mauvais »
exemple donné par quatre des cinq enfants de Chen Yun qui y ont
dérogé a été peu suivi[33]. Dans certains cas, et notamment dans les
familles de haut rang, les unions avec des fils d'entrepreneurs richis-
simes sont cependant tolérées. Tel est le risque qu'ont pris des filles
de Zhu Rongji, de Hu Jintao et de Wen Jiabao – peut-être parce que
leur noblesse avait été acquise en raison de la fonction et non du rôle
historique du père[34].

…et change

Mais la grande nouveauté est que les intérêts économiques de
la famille et de chacun de ses membres priment sur le reste. Tout
indique que la cellule familiale – une cellule « politique » à la
recherche de postes prestigieux – est devenue aussi une cellule économique. Jusqu'à quel point les informations mutuelles, la consultation
et la coopération laissent-elles place à des opérations conjointes ? On
l'ignore, et il n'est pas sûr que les solutions adoptées soient partout
les mêmes. En tout cas, certaines familles comme celle de Xi Jinping
paraissent fonctionner presque comme des sociétés où chacun détient
des actions.

Ces évolutions impliquent des changements au sein des familles. Le
premier concerne la domiciliation des fils de princes. Avant le décès
de leurs parents, tous résidaient en principe dans la vaste demeure
familiale, même si les fils et filles ont peu à peu obtenu des logements de fonction. Après le décès des parents, les familles ont souvent
conservé un logement commun, comprenant parfois un appartement par ménage, mais il semble que désormais la plupart de leurs
membres ait déménagé. Les logements sont à présent soit achetés par
les hommes d'affaires, soit fournis par les administrations suivant des
normes en principe rigoureuses : 250 m² maximum en principe pour
les dirigeants provinciaux ou ministériels, pas plus de 300 m² pour les
membres du Bureau politique[35]…

Le deuxième changement concerne la hiérarchisation de la famille.
C'est toujours un héritier mâle qui commande, mais pas forcément
l'aîné : plutôt le plus haut placé, le plus riche ou le plus autoritaire, par
exemple Deng Pufang dans la famille de Deng Xiaoping, Chen Yuan
dans celle de Chen Yun, Ye Xuanping puis récemment Ye Xuanning,
dans le clan fondé par Ye Jianying et bien sûr Xi Jinping dans celle

de Xi Zhongxun. Il est souvent assisté, pour les questions familiales, organisationnelles ou financières, par une de ses sœurs, qui peut disposer d'un réel pouvoir d'influence – Deng Rong dans le premier cas, Qiao Qiao dans le troisième.

Par ailleurs, est apparue à partir des années 1990 une nouvelle génération, celle des enfants des fils de princes, dont les études universitaires attirent l'attention générale. Les grandes universités, en Chine et à l'étranger, sont privilégiées. Les informations à disposition laissent à penser que beaucoup d'héritiers du plus haut rang ont été admis dans d'excellentes universités américaines – par exemple Xi Mingze, fille de Xi Jinping, Bo Guagua, fils de Bo Xilai, et Chen Xiaodan, fils de Chen Yuan. Tous trois diffèrent par le tempérament : la première et la troisième se sont montrées d'une remarquable discrétion et le second, au contraire, d'abord connu pour ses excès nocturnes, n'a pas hésité à prendre publiquement la défense de son père, déclarant notamment avec courage au moment de son jugement : « Le père que je connais est droit dans ses convictions et dévoué dans son devoir[36]. » D'autres, assez nombreux semble-t-il, détiennent déjà des commandements militaires tel un petit-fils de Ren Bishi, des postes honorifiques tel un descendant de Li Dazhao, des postes importants dans les affaires, comme des descendants de Wang Zhen et de Ye Jianying, ou dans le patinage artistique comme une petite-fille de… Li Peng !

Un changement de taille concerne le statut des filles, qui a évolué de façon assez paradoxale. On s'en souvient, elles avaient joué pendant la Révolution culturelle un rôle décisif dans le cadre familial. Durant la période qui a suivi, quantité d'entre elles ont réussi, dans des conditions très difficiles, le fameux examen d'entrée à l'université et d'autres ont tenu le rôle de secrétaire ou d'accompagnatrice de leur père (par exemple Chen Yun et Xi Zhongxun), preuve de confiance certes, mais aussi de maintien dans l'univers domestique[37]. Ensuite, il semble qu'elles ont souvent été victimes d'une sorte de loi tacite qui les destinait au service de leur mari et plus généralement du clan familial. Alors que des dirigeantes avaient émergé du mouvement social du printemps 1989, aucune fille de princes n'est parvenue à jouer un rôle de premier rang, à un moment où la direction du Parti comprenait moins de femmes encore que durant les dernières années de Mao Zedong.

La seule qui ait atteint un niveau relativement élevé est Nie Li, la fille unique du maréchal Nie Rongzhen, qui succéda à son père en devenant l'une des responsables de la recherche scientifique de défense[38]. Les autres femmes (ou plutôt épouses car il n'existe pas d'issue pour une femme célibataire) qui se démarquèrent atteignirent des niveaux notables mais durent se contenter de positions d'adjointes secondaires, que ce soit dans l'armée ou dans la sécurité, des gouvernements provinciaux ou de l'appareil d'État (celui du Parti leur étant pratiquement fermé dans ses plus hauts échelons)[39]. Certaines recevaient des fonctions de représentation secondaires, par exemple au comité des expositions internationales[40]. Elles accédaient tout aussi rarement à des positions en vue dans les affaires : il y eut quelques exceptions dues au rang de leur père (par exemple des filles de Li Peng et de Wen Jiabao) mais jamais, à notre connaissance, dans des postes de direction.

Finalement, il apparaît – comme dans d'autres sociétés – que les femmes ne trouvent de place aisément que dans les domaines de la médecine – ce qui implique un titre universitaire – ou de l'enseignement (professeure de lycée ou plus rarement d'université). La profession de médecin est véritablement plébiscitée par la caste : on y trouve par exemple des filles de Chen Geng, de Liu Bocheng, de Wang Jiaxiang et de Wang Shusheng. Les métiers de professeurs, de journalistes et les fonctions de représentation sont moins répandus[41]. La caste admet que certaines de ses héritières occupent des professions artistiques : chanteuse, comme l'épouse de Xi Jinping, ou actrice comme la belle-fille de Zhao Ziyang et une fille de Ye Jianying[42].

Au moment où les filles entrent dans le rang, les gendres gagnent souvent en importance. En effet, surtout quand ils pénètrent dans une famille de très haut niveau, ils s'emploient à tirer avantage du mariage et participent de plus en plus aux affaires familiales. Tel a été le cas des trois gendres de Deng Xiaoping, dès le début des années 1980, dont He Ping, le mari de Deng Rong. Une forme d'échange de services s'est constituée : nombre de familles utilisent leurs gendres, lesquels se satisfont d'améliorer ainsi leur position.

Il y eut de brillants gendres dans les familles de Hu Yaobang, de Li Xiannian, de feu Luo Ruiqing, de Wang Shoudao, de Wen Jiabao, de Wu Bangguo, de Liu Huaqing (qui plaça plus d'espérance dans son gendre Pan Yue que dans ses propres enfants) et surtout de Ye Jianying : Zou Jiahua fut vice-Premier ministre et membre du Bureau politique dans les années 1980… Et en 2006, le gendre de

Wu Bangguo aurait négocié une affaire très importante pour une grande banque chinoise[43].

Les trois exemples les plus spectaculaires de cette ascension des gendres concernent les familles de Nie Rongzhen, de Huang Zhen et de Yao Yilin. Dans le premier cas, le vieux maréchal a remercié ainsi son gendre Ding Henggao d'avoir aidé la carrière de son épouse dans l'armée et le Parti[44]. Huang Zhen, diplomate de haut rang – il fut ambassadeur à Paris – a aidé son gendre Dai Bingguo, lui aussi diplomate de carrière, à devenir vice-ministre des Affaires étrangères, membre du Comité central et conseiller d'État. Mais le cas le plus spectaculaire est celui de Wang Qishan, qui est aujourd'hui membre du Comité permanent du Bureau politique du PCC, en charge de la campagne contre la corruption, et donc l'un des dirigeants les plus importants du pays. Issu d'une famille « bourgeoise », il doit le début de sa carrière à l'aide de son beau-père Yao Yilin dont le fils, dit-on, venait de décéder. Celui-ci le fit entrer dans l'appareil d'État comme secrétaire dès 1982, puis protégea, quelque temps au moins, son ascension que la confiance de Zhu Rongji accéléra dans les années 1990[45].

Succéder

La combinaison entre la succession et l'innovation est remarquable dans la stratégie professionnelle des familles et de leurs membres. Les fils de princes tiennent compte des parcours professionnels de leurs parents et leur succèdent souvent, en tâchant d'évoluer encore et sans hésiter à innover, en particulier en se lançant dans les affaires, en Chine et à l'étranger.

Le réflexe initial a donc été fréquemment celui de la succession. Dès les années 1980, nombre de jeunes fils de princes ont recherché des postes de responsabilité politique, dans les traces de leurs parents. Dans le domaine militaire, les pratiques de succession se sont multipliées, et restent même spectaculaires aujourd'hui[46]. La plupart des gradés de haut niveau ont placé au moins un enfant dans l'armée, mais parfois le nombre est beaucoup plus élevé : les six enfants du général Chen Shiqu, les cinq petits-enfants du maréchal Zhu De, les quatre enfants de Su Yu – filles comprises ! Par ailleurs, beaucoup de ces successeurs sont attirés vers les zones et les troupes que leurs pères avaient commandées et où ils avaient servi : la même escadre pour les uns, les mêmes régions ou districts militaires pour les autres. Par exemple, le fils d'un commandant de la flotte du Beihai en devient commissaire politique plus de trente ans après et, il y a quelques années, You Haitao a été nommé dans la direction de la région militaire de Canton que son père avait commandée[47]. Certaines familles de haut gradés sont devenues de véritables annexes de l'État-Major général, par exemple celle de Zhang Zhen, un « grand général » centenaire en 2014 : trois enfants « petits généraux » dont l'un a eu pour beau-père un des vainqueurs de 1949, une fille mariée à un « petit général » et un neveu disposant également de ce grade[48]…

Décidément, l'armée continue à faire recette dans les familles de ceux qui l'ont déjà servie – du moins, quand leur patron n'a pas commis d' « erreur ». Ainsi, Wu Faxian, un ancien compagnon déchu de Lin Biao, n'a réussi à faire accepter dans l'armée que l'un de ses quatre enfants[49]. Incontestablement, l'armée ouvre généreusement les bras à la postérité de ses officiers supérieurs, lesquels reçoivent assez facilement des promotions au rang de « petit général », les grades suivants étant beaucoup moins accessibles. Pour autant, bien qu'accueillis par faveur, nombre de fils de princes ont fait preuve de réelles qualités. Plusieurs d'entre eux ont assuré des commandements compliqués, par exemple dans les fusées – qui sont, avec les missiles, la « seconde artillerie » – ou dans le nucléaire[50]. Il semblerait également que la Marine attire toujours plus de candidats car, après avoir été un point faible, elle est devenue une priorité de la politique de défense chinoise.

La force des traditions familiales et les promotions faciles suffisent-elles à expliquer la fidélité des familles de princes au domaine militaire ? Sans doute pas. Selon l'hypothèse qui nous paraît la plus vraisemblable, à partir d'un certain grade (et certainement celui de « petit général ») les officiers supérieurs sont entièrement ou partiellement détachés dans une entreprise qui communique directement avec leur unité de commandement, et touchent ainsi par la suite des revenus beaucoup plus élevés. On sait seulement que le pouvoir politique a plusieurs fois tenté de réduire l'investissement de l'armée dans les affaires – en 1998 par exemple[51].

Autant les phénomènes de succession jouent un rôle essentiel dans le fonctionnement de l'armée, autant ils paraissent plus latéraux dans les « systèmes » civils. Le « fils de » est rarement mis à l'écart, encore que cela puisse se produire, mais tant dans le Parti que dans l'administration, la succession ne suffit pas. On peut penser que les écoles du Parti et le travail de formation de la Ligue des jeunesses communistes aux différents niveaux ont maintenu un certain degré de renouvellement, en particulier dans les administrations provinciales.

Il y a cependant des exceptions, surtout dans les zones éloignées de Pékin. Ainsi, Ye Fei, qui a presque continuellement dirigé la province du Fujian de 1949 à 1966, est parvenu plus tard à placer sa fille au rang de maire-adjointe de Xiamen. En Mongolie intérieure et au Xinjiang, deux aristocrates que la Révolution culturelle avait affaiblis, Wulanfu et Ngapo Ngawang Jigme, ont réussi tout de même à installer certains parents à des postes très rentables[52]... Et récemment un fils de Li Peng qui a beaucoup travaillé dans le privé, Li Xiaopeng, serait devenu gouverneur du Shanxi[53].

Enfin, la diplomatie présente quelques cas brillants de succession. Dai Bingguo, déjà cité, et Wang Guangya, marié à une fille de feu le maréchal Chen Yi, tous deux donc gendres de grandes personnalités, se sont élevés dans la hiérarchie, apparemment favorisés par leur situation familiale[54]. En revanche, le fils de Qiao Guanhua, un ancien chef de la diplomatie chinoise, qui fut quelque temps vice-ministre des Affaires étrangères et membre suppléant du Comité central n'est pas parvenu à s'imposer (ou son origine familiale a paru douteuse).

« Plonger dans la mer »

Ces évolutions très classiques tranchent avec l'innovation portée par le Parti des princes, qui donne à comprendre l'autorité nouvelle de ses élites et permet d'appréhender sa ligne politique : la pratique du capitalisme est désormais intégrée plus ou moins officiellement dans les familles qui contrôlent un système de pouvoir communiste.

Des parents des sept membres actuels du comité permanent du Bureau politique sont engagés dans les affaires[55]. Parmi les cent-trois descendants des huit « immortels » des années 1980, dont beaucoup occupent des postes ou des commandements officiels, quarante-trois possèdent une compagnie ou des actions et vingt-six jouent un rôle dans des entreprises chinoises dites publiques[56]. Dans les fratries de fils de princes, excepté dans les familles vouées au domaine militaire, il arrive que les « commerciaux » dominent : ainsi, parmi les trois fils de Bo Yibo, Bo Xilai a été le seul à s'être consacré à la politique (mais sans négliger les revenus annexes) ; Bo Xiyong et Bo Xicheng sont dans les affaires, l'un à Hong Kong, l'autre dans les restaurants de Pékin[57]. C'est donc pour travailler dans le négoce que de nombreux fils de princes ont délaissé les fonctions administratives auxquelles ils avaient commencé par s'intéresser dans les années 1980.

Ils évoluent dans tous les domaines de l'économie chinoise, et les grandes entreprises veillent à en employer au cas où cela leur servirait[58]. En cas de difficultés, ils pourront alors alerter un frère, un cousin, un ami. En effet, tous les fils de princes qui ont « plongé dans la mer » sont organisés en réseaux familiaux et amicaux plus ou moins formels qui fournissent aide ou protection. Les mêmes réseaux possèdent très souvent une antenne ou une connexion dans le système de la Sécurité, si bien que les poursuites sont rares : d'après Pei Minxin, un observateur reconnu de la scène chinoise, un officiel corrompu n'a que 3 % de chances de faire de la prison[59] – on peut imaginer que le pourcentage est encore inférieur pour ceux qui sont également des fils de princes.

Ces réseaux permettent de contourner les règlements officiels qui, depuis les années 1980, interdisent obstinément aux fils de dirigeants de faire des affaires. Ces règlements sont désormais si massivement transgressés que personne n'ose plus les évoquer. Le résultat est extraordinaire : les fils de princes sont partout où il y a de l'argent à gagner. On trouve ainsi un fils de Kong Yuan dans l'aviation, un fils de Chen Zhengren dans les assurances et Chen Yuan lui-même à la tête de l'importante Banque du développement après avoir longtemps figuré parmi les plus hauts responsables de la Banque de Chine – mais la liste pourrait être plus longue. Quant à Zeng Wei, fils de Zeng Qinghong, il se distingue par le fait qu'il refuse toute affaire inférieure à 200 millions de yuans[60].

Les réseaux d'affaires fonctionnent en général sur une base familiale – parents, frères, belles-familles... Ainsi Lilly Chang, fille de Wen Jiabao, a fondé une société de conseil bancaire et, dans un second temps, son mari est entré sans difficulté... à l'agence publique chinoise de surveillance des marchés ! Ces réseaux s'étendent aux liens amicaux, par exemple aux familles des anciens collègues du père fondateur, ou aux associations d'anciens de l'université[61] : les réseaux familiaux et amicaux assurent des protections les plus vastes possibles

Ces réseaux tendent à se spécialiser en fonction des affaires que le fondateur a choisies : par exemple, la famille de Li Peng « travaille » surtout dans l'électricité et la famille de Wen Jiabao dans la joaillerie. Pour autant, il arrive fréquemment qu'un fils de famille fonde sa propre affaire qui sera ensuite protégée par l'ensemble du réseau familial : par exemple une firme de technologie de l'information pour le fils de l'ancien Premier ministre et une firme de scanners d'aéroport pour le fils de Hu Jintao[62]. D'autres secteurs en expansion comme les nouvelles technologies et la finance ont attiré jusqu'à présent certains des plus brillants fils de princes : par exemple les fils de Jiang Zemin et de Li Ruihuan et la petite-fille de Li Kenong[63].

De vrais riches

Au final, les fils de princes n'ont pas travaillé pour rien ! En quelques décennies ils ont amassé une fortune que Kerry Brown, citant l'Académie des sciences sociales, évalue à deux trillions de dollars[64]. Sans doute ne sont-ils pas les seuls « très riches » de cette Chine d'aujourd'hui, qui restera dans l'histoire comme l'une des plus extraordinaires fabriques de milliardaires. Mais ils représenteraient plus de la moitié de ceux-ci[65] – un chiffre peut-être exagéré.

L'homme qui incarne la plus grande réussite de la caste et qui serait le plus riche de Chine se nomme Wang Jianlin. Cet ancien soldat de la Longue Marche transféré sur le tard dans l'administration immobilière de Dalian a inventé avec Bo Xilai la corruption immobilière à la chinoise, puis prospéré grâce aux investissements des familles de très hauts dirigeants dont celles de Xi Jinping, Hu Jintao et Wen Jiabao. Il posséderait actuellement trente-cinq milliards de dollars[66].

Pour autant, les fils de princes ne figurent pas tous en haut de l'échelle de la richesse. Nombre d'entre eux sont membres du Sénat chinois, par exemple, mais on ne compte dans ledit Sénat qu'une petite dizaine des mille Chinois les plus riches[67]. D'autres occupent des positions qui impliquent une certaine prudence dans les affaires car leurs familles accaparent l'attention de la presse et des jaloux : il y a tout de même quelques inconvénients à être fils de princes...

D'un autre côté, certains fonctionnaires parmi eux – vraisemblablement pas les mieux lotis ni les plus influents – ont largement profité de la clémence du pouvoir. Les membres de la Cour constitutionnelle, où ils sont nombreux, ont vu leur fortune augmenter de 81 % entre 2007 et 2012. Quant aux responsables de directions de Shanghai et Canton – généralement bien-nés eux aussi – ils possédaient en 2010 deux millions d'euros par famille[68].

Les fils de princes, parce qu'ils sont souvent les moins menacés par des enquêtes, sont nombreux parmi les plus riches. Alors que le célèbre gendre de Hu Jintao disposerait d'une fortune de trente-cinq à soixante millions d'euros, montant encore « raisonnable », les proches de Wen Jiabao auraient été à la tête de… plus de deux milliards de dollars[69] ! Et – cela ne semble guère vraisemblable – la famille de Bo Xilai aurait transféré à l'étranger au fil des années, l'équivalent de six milliards de dollars[70].

L'enrichissement des familles de dirigeants scandalise les chinois, si bien que les journaux peuvent l'exagérer[71], et il les scandalise bien plus encore que l'enrichissement des grands capitaines d'industrie qui se sont faits tout seuls. En effet, les princes et leurs familles ont ignoré les règles qu'ils devaient faire appliquer par tout un chacun et de surcroît celles qui s'appliquaient à eux-mêmes : combien de fois a-t-il été enjoint aux cadres dirigeants de déclarer leur fortune avant leur arrivée à un nouveau poste[72] ?

Mais quel fonctionnaire oserait s'en prendre à la caste ? Elle compte de hauts gradés dans la Sécurité ! Par conséquent, les fils de princes jouissent d'une quasi-impunité[73]… Seuls ont été punis pour l'exemple quelques individus obscurs dont les noms ont été livrés à la propagande officielle, par exemple Chen Tonghai, fils de Chen Weida, un ancien dirigeant du Zhejiang, condamné à mort avec sursis pour avoir « volé » environ soixante millions de dollars[74]. Mais personne ne doute, dans les grandes villes, que l'élite du pays soit particulièrement corrompue. Des anecdotes courent les rues, qui confirment une moralité légère… Par exemple, lors d'un voyage au Japon, l'épouse de Li Peng se serait plainte du vol d'un de ses colliers et en aurait exigé le remboursement. Or les Japonais auraient retrouvé le collier et prouvé que ses diamants étaient faux[75]…

De plus, si elle comprend que l'on honore les grands du régime[76] et les riches qui se sont faits tout seuls, la population est révoltée par les dépenses luxueuses que s'autorisent les enfants de la caste

– par exemple le vêtement « Emilio Pucci » de la fille de Li Peng, les Ferrari dans lesquelles circulent les animateurs de la vie nocturne et les « Audi » qui conduisent les chefs de bureau[77]. Les fils de princes ne disposent pas seulement de biens luxueux, ils vivent dans des lieux privilégiés : une maison superbe dans une banlieue tranquille et surveillée ; fréquentant des bars, des clubs privés, des lieux de loisir divers, dont des golfs privés ; pendant les vacances à la mer ils ont des bateaux bien sûr – et même pour les plus fortunés des appartements aux États-Unis, à Londres ou à Paris[78]. En outre, depuis que l'air de Pékin est devenu irrespirable à cause de la pollution, un nouvel équipement marque la différence fondamentale entre le petit peuple et les riches de la caste : leurs bureaux et leurs domiciles possèdent tous des filtres d'air[79]…

Un autre sujet qui révolte les quartiers populaires de Pékin porte sur le comportement sexuel débridé de nombreux dirigeants et de leurs enfants[80]. La propagande leur a souvent livré des informations sur les débordements de ceux que le pouvoir démet – par exemple, les dix-huit maîtresses d'un ministre des chemins de fer purgé en février 2011[81]. Un fils de Song Renqiong a publiquement dénoncé ces mœurs orgiaques dont, pourtant, l'extension n'est pas précisément établie[82].

…Jusqu'au bout du monde

Les fils de princes les plus riches ont investi l'espace urbain, mais aussi l'espace chinois tout entier – il suffit d'un trajet en TGV pour aller à Shanghai et un saut en avion permet de se baigner à Hainan. Et ils ont désormais un accès régulier à l'espace mondial, alors que les classes moyennes commencent seulement à acheter des billets de groupes pour l'étranger.

Dès la fin des années 1970, nombre d'entre eux avaient deviné que les relations avec le monde capitaliste allaient s'améliorer, et qu'il fallait s'y préparer. C'est pourquoi les voyages vers l'étranger se sont rapidement multipliés et la frontière avec une destination proche, Hong Kong, s'est très tôt assouplie. Les Chinois s'y trouvaient presque chez eux et les Britanniques savaient fermer les yeux. Le territoire est devenu à la fois un lieu d'apprentissage du monde capitaliste et un sas de communication. Les fils de princes ont été parmi les premiers à comprendre qu'il y avait des affaires à entreprendre à Hong Kong, et qu'elles pourraient servir le pays et la caste. Dès 1978, par exemple, Wang Jun, fils de Wang Zhen et l'un des futurs fondateurs du nouveau capitalisme chinois, s'est procuré une carte d'identité de Hong Kong, tandis que de nombreux fils de princes se faisaient affecter dans les provinces proches pour mieux organiser et ponctionner les trafics qui se développaient d'emblée[83]. Si les fils de princes semblent avoir évité de jouer un rôle public dans le dossier délicat des relations politiques avec les pouvoirs successifs et la société civile de Hong Kong, ils ne s'en sont jamais désintéressés et, depuis 2012, c'est l'un d'entre eux qui s'en occupe quotidiennement à Pékin, Wang Guangya[84].

Ils ont conçu Hong Kong comme un lieu d'apprentissage des méthodes capitalistes et du commerce international. Ils s'y sont rendus pour travailler et pour comprendre ce que la Chine serait plus tard (en particulier un frère de Xi Jinping[85]). Pour s'y implanter, ils n'ont pas hésité à s'inscrire dans la haute société locale qui est originaire de Shanghai, et même à s'y marier – tel est le cas d'un fils du général Zhang Zhen et d'une fille de Liu Yandong, membre du Bureau politique et seule femme de l'élite politique chinoise[86]. Nombre d'entre eux ont été affectés aux branches hongkongaises de banques ou d'agences chinoises. Certains y ont trouvé d'agréables sinécures – et plus encore à Macao où des postes semblent avoir été réservés à des descendants de héros ou de martyrs[87]. Ceux-là ont surtout senti la brise de l'Occident et de la liberté, voire de la licence. Mais bien d'autres ont également effectué de juteuses affaires en profitant du statut particulier de Hong Kong et du leur. Ainsi, durant les années 1990, ils détournaient de l'argent d'une province ou d'une municipalité pour le transférer à Hong Kong d'où il revenait en Chine sous forme d'investissement étranger, bénéficiant de nombreux avantages : on comprend ainsi pourquoi Hong Kong comptait entre 1992 et 1999 pour la moitié des investissements étrangers en Chine[88]…

Les fils de princes ont également profité d'un autre port capitaliste pour apprendre la nouvelle économie : Singapour, où quantité de jeunes cadres chinois dont Wang Yang ont reçu une formation économique à la mondialisation et où plusieurs familles ont amarré une partie de leurs affaires – notamment celle de Li Peng[89]. Lee Kuan Yew, l'inventeur de Singapour, a joué un rôle important de conseiller auprès de Jiang Zemin, lequel lui a demandé de donner de véritables leçons à Xi Jinping[90]. Un grand pays voisin, l'Australie, attire également de plus en plus d'hommes d'affaires chinois de bonne origine, par exemple un fils de Zeng Qinghong[91].

Mais les évolutions de loin les plus importantes et les plus discutées en Chine concernent désormais les relations entre les élites chinoises, dont les fils de princes, avec les États-Unis et ce que l'on pourrait appeler le capitalisme international. On se souvient que dès le début des années 1980 les fils de princes s'étaient empressés de se rendre aux États-Unis ou en Europe, soit comme étudiants, soit en mission professionnelle. Depuis, ces liens n'ont fait que s'intensifier. Alors que la majorité des étudiants se déploient sur tout le dispositif universitaire du monde développé, les fils de princes visent exclusivement les meilleures universités américaines et n'acceptent que quelques écoles européennes : par exemple, une institution d'élite comme Sciences Po à Paris ne reçoit, sauf rares exceptions précisément motivées, que des étudiants chinois de seconde catégorie.

Ont ainsi étudié à Harvard dans les années 2011-2014 une fille de Xi Jinping et des fils de Bo Xilai et de Chen Yuan, et c'est dans cette université fort courue que la fille de Wen Jiabao avait auparavant trouvé son mari chinois. D'autres descendants de célébrités ont fait escale dans d'autres établissements très réputés. Ainsi, un fils de Li Yuanchao, vice-président de la République, a été longtemps vu à Yale[92]. Les autorités américaines se comportent en général de façon discrètement habile, en fonction du rang des fils de princes concernés, au point qu'une fille de Li Xiannian qui étudiait aux États-Unis a été plusieurs fois invitée dans le ranch du « vieux Bush » durant les années 1980[93].

Les relations entre les élites chinoises et américaines se sont donc considérablement développées sans provoquer les difficultés que l'on aurait pu imaginer. À notre connaissance, un seul espion chinois de haut rang a été « retourné » au milieu des années 1980 – un frère de Yu Zhensheng, actuellement membre du Comité permanent du Bureau politique… Ce que l'on pourrait appeler le « mouvement américain » dans l'élite chinoise a été d'une ampleur extraordinaire. Parmi les cent trois descendants des huit dirigeants « immortels » des années 1980, vingt-trois ont étudié aux États-Unis, dix-huit ont travaillé dans des entreprises américaines et douze y possèdent des propriétés[94]. Ainsi y ont par exemple vécu un fils de Qiao Shi – un homme qui commanda tout l'appareil de sécurité chinois ; une fille du maréchal Xu Xiangqian qui, dans les années 2000, travaillait dans une fondation en Californie ; une fille de Wang Li, le gauchiste le plus important de la Révolution culturelle ; et surtout une petite-fille de Mao Zedong, Kong Dongmei, qui est allée faire un doctorat sur les médias à l'université de Pennsylvanie, pour apprendre à vendre l'histoire de son grand-père...

La plupart de ces jeunes Chinois se fondent sans problème dans la société américaine. Ils l'aiment et elle le leur rend bien : ils en conserveront de bons souvenirs en même temps que, bien souvent, un prénom américain : Winston, Larry, Simon[95]... Certains ne voudront pas quitter l'Amérique : on dit par exemple qu'une fille de Hu Jintao et son mari y vivent encore. D'autres, à force d'y aller, en conservent le goût : la compagnie Lucent a dû récemment s'expliquer sur 315 voyages offerts à des officiels chinois à Las Vegas, Disneyland et Hollywood[96]. Et de nombreuses Chinoises viennent accoucher aux États-Unis pour que l'enfant devienne citoyen américain (ainsi que ses parents dans un second temps)[97].

Patriotes intéressés ou financiers apatrides ?

Cette passion de l'élite chinoise pour les États-Unis et les séjours répétés qu'elle y fait pose question. En effet, l'espionnage, aussi remarquablement efficace qu'il ait été, ne l'explique pas. Pas plus que l'espoir de faire fortune (argument plus convaincant) dans un pays riche et accueillant. On ne peut que constater la séduction extrême des États-Unis auprès des enfants de la caste dirigeante, d'autant qu'elle ne cesse pas quand ils grandissent. L'importance que Xi Jinping reconnaît à ses rencontres avec le président Obama et la minutie voire la concentration avec laquelle il les prépare, comme ses efforts (plus fructueux apparemment que ceux autrefois fournis par Mao Zedong...) pour apprendre l'anglais, relèvent d'une relation singulière. Un phénomène qu'il serait passionnant d'étudier...

Mais au-delà de la séduction qu'exercent les États-Unis, la découverte du monde offre de nouvelles perspectives à la caste, et les fils de prince tendent à devenir des financiers apatrides. Une première illustration en est le mouvement qui s'opère en direction de que l'on appelle les « zones offshores », peu gouvernées et très protégées... Les noms et les chiffres restent souvent secrets, et seules sont diffusées des informations peu fiables mais qui donnent à réfléchir : des fils de

Peng Zhen et Wen Jiabao et un beau-frère de Xi Jinping mèneraient par exemple des activités financières dans les îles Vierges et Cook, et d'autres fils de princes dans les îles Caïmans et les Bermudes[98].

À cette tentation du grand large s'en ajoute une autre mieux connue et plus critiquée en Chine : celle de l'engagement dans une société étrangère. Les secteurs privilégiés sont ceux où les fils de princes sont puissants voire indispensables en Chine : le commerce d'armes mais bien plus encore les banques d'affaires. La plupart du temps, ce sont des filles de princes qui s'y sont engagées, et il semble que certaines n'aient pas démérité. Ainsi, une fille de Wang Yang, l'une des étoiles de la prochaine génération de dirigeants, aurait permis à la Deutsche Bank d'arracher une importante affaire à la Banque JP Morgan. Une fille de Wen Jiabao s'est également rendue célèbre pour avoir su vendre ses services à différentes banques occidentales. Mais la figure éponyme de la génération de banquières chinoises est une belle-fille de Zhao Ziyang qui est passée par quatre grandes banques internationales avant de revenir chez Merryl Lynch[99]. Encore ne sont-ce là que les exemples les plus saillants d'un mouvement plus large qui conduit nombre de jeunes Chinois, et parmi eux de fils de princes à vendre leurs services à des firmes américaines, voire à essayer de s'installer outre-Atlantique.

Le problème des fils de princes, est que, figurant parmi les riches Chinois les plus connus, ils encourent les reproches les plus vifs même lorsqu'ils ne sont pas coupables. Un bon exemple est le départ pour l'étranger. Dix-huit mille officiels ou employés de sociétés d'État ont quitté la Chine depuis 1995. Dans les villes chinoises, nombreux sont ceux qui quitteraient la Chine (ou en tout cas le disent) si s'offrait à eux une possibilité financièrement intéressante : 64 % des Chinois émigreraient s'ils le pouvaient et 60 % des détenteurs de deux millions d'euros confirment y penser[100]. Évidemment la plupart des Chinois qui disent le souhaiter n'ont pas émigré car ils n'en ont pas encore les moyens ou restent simplement prudents. Ils sont donc jaloux des fils de princes qu'ils accusent d'avoir déjà émigré grâce aux facilités dont ils disposent et à la fortune qu'ils possèdent, et d'être ainsi devenus ce qu'eux-mêmes n'ont pas pu devenir, c'est-à-dire de riches apatrides...

Là se situe l'un des nœuds de la relation d'ores et déjà délicate et qui pourrait devenir difficile entre les fils de princes et la société urbaine chinoise. Les riches Chinois sont souvent considérés comme des exploiteurs et des égoïstes, y compris les fils de princes. Mais à ces derniers on reproche en plus d'être des instruments du régime, ce qui est souvent vrai, et d'être des traîtres, ce qui l'est moins...

Les fils de princes sont donc arrivés sur le devant de la scène et constituent depuis 2012 un renfort majeur pour le pouvoir parce qu'ils remplissent désormais des rôles utiles à des dirigeants qui sortent de plus en plus souvent de leurs rangs et qui connaissent à la fois le monde et le capitalisme. Ils détiennent beaucoup des qualités utiles à un grand Empire qui s'épuise de sa bureaucratie et de sa corruption et entend profiter des potentialités de la mondialisation économique. Mais ils possèdent aussi les défauts de toutes les aristocraties au pouvoir, auxquels s'ajoutent ceux qui proviennent d'un pouvoir d'origine communiste bien décidé à refuser tout changement et d'une société à la fois trop disciplinée et trop rétive : des défauts qui se contredisent sans s'annuler...

Conclusions

Essayons, pour terminer, de résumer les conclusions que ce livre propose. Le destin des enfants des dirigeants chinois a été extraordinairement lié à celui de la caste que leurs parents avaient fondée au début des années 1950. Lorsque celle-ci était bien en cour, ils furent très bien traités, puis préparés à des métiers privilégiés. Ils n'ont pu se douter de l'orage qui se préparait et dont ils ont été parmi les premiers acteurs puis, très vite, les victimes désignées. Poursuivis et punis, contraints souvent à une sorte d'esclavage de masse, ils se sont redressés et se sont sentis solidaires de parents qu'ils avaient commencé par critiquer. La manœuvre de Mao et Jiang Qing qui visait à diviser et écraser parents et enfants de la caste, compromise également par les divisions et les turbulences au sommet du pouvoir, a donc abouti à un résultat contraire à celui qui était recherché : durant les années 1970, la caste s'est reconstruite de l'autorité des parents. Puis, après le retour d'exil, ceux-ci ont tout fait pour soutenir la fin des études et le démarrage professionnel de leurs enfants devenus adultes.

Après la mort de Mao Zedong et l'effondrement du maoïsme, le vieillissement des fondateurs a entraîné la mise en place de formes variées de succession politique dès les années 1980. Les fils de princes ont alors obtenu toutes sortes de facilités pour succéder à leurs parents et progresser dans le système, et ils eurent l'intelligence de s'engager dans les nouveaux métiers liés à l'économie, tout en rencontrant des résistances nombreuses dans le parti et la population. Les seuls fils de princes qui s'imposèrent sans discussion furent ceux de la première génération, les Li Peng, Li Tieying ou Zou Jiahua, qui avaient déjà une expérience professionnelle très classique derrière eux.

Au cours des années 1989-1992, cette évolution a d'abord été bloquée par la tragédie du massacre de Tian'anmen, puis accélérée par l'échec de la « contre-réforme » tentée par Li Peng et l'ultime engagement de Deng Xiaoping en faveur de l'ouverture du pays. Dans les années suivantes, les progrès du commerce chinois et l'habile politique de Jiang Zemin ont permis une relance de l'ouverture sur l'Occident et l'engagement massif des fils de princes dans une économie de plus en plus ouverte aux mécanismes du marché et des relations politiques. Le principat de Hu Jintao dans les années 2000 ne les a pas empêchés de trouver leur leader – Xi Jinping – et d'investir la sphère politique avant d'emporter le pouvoir suprême en 2012, en partie grâce à l'influence de Jiang Zemin.

Cette trajectoire repose sur trois facteurs. D'une part, quelles qu'aient été les fréquentes querelles entre les uns et les autres, Jiang Zemin et son adjoint Zeng Qinghong ont globalement soutenu la montée économique, puis politique des fils de princes. D'autre part, leurs plus importants rivaux, qui émanaient de la Ligue des jeunesses communistes, ont été incapables de présenter des personnalités suffisamment fortes et surtout de proposer un programme à la fois original et tenant compte des grandes évolutions mondiales, qui favorisaient les pays capitalistes. Alors qu'eux probablement grâce à leur excellente éducation de base, aux souffrances subies durant la Révolution culturelle et à leurs facilités pour voyager à l'étranger, comptaient des personnalités de grande qualité et parfaitement à l'aise avec le capitalisme mondialisé, comme Bo Xilai, Xi Jingping et Wang Qishan.

Enfin, le facteur décisif de la progression des fils de princes fut leur engagement pionnier dans la nouvelle économie crypto-capitaliste, dès les années 1980. Cet engagement a probablement inspiré à Deng Xiaoping la relance économique de 1992 et la collusion croissante avec le capitalisme qui a suivi. Ils sont ensuite devenus le fer de lance de l'économie chinoise, préparant ainsi la voie à un dirigeant politique issu de leurs rangs.

On peut donc développer une hypothèse optimiste pour les fils de princes et peut-être pour la Chine : il existerait une adéquation quasi parfaite entre la politique actuelle des autorités chinoises, qui est une combinaison entre la protection des pouvoirs du parti, le développement d'un capitalisme contrôlé et une politique d'exportation massive dans un univers mondialisé, et la nature hybride d'une élite d'origine communiste totalement acquise (à son profit aussi, bien sûr) à une pratique en partie capitaliste. Ainsi, la Chine a gagné le temps, l'argent et les hommes nécessaires aux transitions indispensables à une véritable modernisation : urbanisation et formation de nouvelles couches sociales modernes, développement de la consommation, mutation du statut de la femme…

Toutefois, rien n'est sûr. D'abord, en raison du manque de sources. Sans aucune base statistique, j'ai privilégié l'observation des fils de princes les plus connus, c'est-à-dire, en quelque sorte, des « plus grands princes » qui vivent à Pékin, voire Shanghai et Canton et qui ont les moyens de s'adapter au pouvoir du parti et à la mondialisation. Si l'on pouvait étudier les descendants des élites provinciales, voire locales, ou les nombreux fils de princes qui ont choisi des métiers militaires, on aurait peut-être des surprises…

Ensuite, telle qu'elle apparaît « vue d'en haut », la caste des fils de princes possède au moins deux grandes faiblesses qui pourraient devenir catastrophiques. La première est qu'elle est fondée sur une sorte d'abstraction du politique et d'exaltation du profit. Le seul objectif sur lequel tous s'accordent consiste en effet à gagner de l'argent, pour eux et pour leur pays. Ainsi peuvent être occultés provisoirement les désaccords à peu près inévitables sur nombre de grands problèmes contemporains.

Mais on ne peut gouverner sans utiliser des leviers politiques. Xi Jinping en fait l'expérience puisque sa direction de plus en plus « impériale » – tout en étant par ailleurs très « moderne » – engendre également une purge de type stalino-maoïste de la corruption et à une reprise en mains des universités… Le brio incontestable des premières années pourrait donc laisser place à un méli-mélo de modernisme, de stalino-maoïsme et d'impérialisme à la petite semaine sur les marges de l'empire.

Par ailleurs, contraint de faire respecter les décisions de l'État, Xi Jinping se heurte déjà, et ce n'est que le début, à la fragilité de sa propre caste : les divisions entre les différents réseaux et les jalousies entre les familles. Tant que les fils de princes n'étaient pas au pouvoir, les divisions étaient un facteur de dynamisme : ce temps est révolu… Le gouvernement des fils de princes semble en fait de plus en plus menacé par un mélange de prétention grandiloquente et de disputes pour l'argent sale.

Ces difficultés pourront être résolues tant que la menace apparue durant l'été 2015 lors d'une crise boursière, et la réduction du rythme de la croissance ne se transformeront pas en un cataclysme économique. Si ce cataclysme explose et demeure incontrôlé, la légitimité « capitaliste » des fils de princes s'affaissera d'un coup en même temps que leur apparente unité. Rien ne s'opposera alors à un immense « sauve qui peut »…

Finalement, l'invention des fils de princes demeurera probablement dans l'histoire comme une astucieuse manœuvre qui aura permis à un régime communiste de passer au capitalisme par temps calme, sans le dire et sans le faire complètement. Mais il reste à voir ce que deviendra cette manœuvre lorsque la Chine devra naviguer par mauvais temps…

Notes

Abréviations

BNC : Bainianchao (*La vague du siècle*)

BJQNB : Beijing qingnianbao (Journal de la jeunesse de Pékin)

DDWX : Dangde wenxian (*Documents du Parti*)

DSBL : Dangshi Bolan (*Lectures d'hisoire du Parti*)

FT : Financial Times

IHT : International Herald Tribune

LZP : Lao Zhaopian (*Vieilles photos*)

INYT : International New York Times

SMCP : *South China Morning Post*

YHCQ : Yanhuang Chunqiu (*Chronique des descendants des empereurs Yan et Huang*)

ZQZS : Zhiqingzhe shuo (*Ceux qui savent parlent*)

ZGDSZL : Zhonggong Dangshi Ziliao (*Matériaux pour l'histoire du PCC*)

Avant-propos

1. Jean-Luc Domenach, *Mao, sa cour et ses complots. Derrière les Murs rouges*, Paris, Fayard, 2012.

2. Luo Yu, *Gaobie zong can mou bu* (Au revoir à un département de l'État-Major général), Hong Kong, Open Books, 2015.

3. Agnès Andrésy, *Princes rouges : les nouveaux puissants de Chine*, Paris, L'Harmattan, 2004 ; *Who's Hu ? : Le Président chinois Hu Jintao, sa politique et ses réseaux*, Paris, L'Harmattan, 2008 ; *Xi Jinping. La Chine rouge, nouvelle générarion*, Paris, L'Harmattan, 2013

Les enfants de la guerre (1921-1949)

1. Voir notamment : Nora Wang, *Mao Zedong. Enfance et adolescence*, Paris, Autrement, 1999, p. 39 ; Jing Fuzi, *Mao Zedong he tade nürenmen* [Mao Zedong et ses femmes], Taibei, Lianjing chubanshe (éditions Lianjin), 2004, p. 3.

2. Gu Baozi, *Hongqiang miwen* [Informations secrètes sur les Murs rouges], Canton, Guangzhou huacheng chubanshe (Éditions de la ville chinoise de Canton), 2004, p. 419 ; Wang Zhenyu, *Zai Mao Zedongde shenbian* [Aux côtés de Mao Zedong], Pékin, Renmin chubanshe

(Éditions du peuple), 2009, p. 134 ; SCMP, 24 mars 2003 ; *Renwu Zhoukan* (Hebdomadaire des personnalités), 14 septembre 2009.

3. Li Yinqiao et Han Guisheng, *Mao Zedong he tade weishizhang* [Mao Zedong et son chef des gardes], Pékin, Jiefangjun chubanshe (Éditions de l'armée de libération), 2002, p. 207 ; Zhang Wenqiu, *Zhang Wenqiu huiyilu* [*Mémoires de Zhang Wenqiu*], Canton, Guangdong jiaoyu chubanshe (Éditions éducatives du Guangdong), 2002, p. 215 *sqq*; Shi Xiang, *Zhongguo Gaogan zian Wanzihe,* Jilin renmin chubanshe (Éditions populaires du Jilin), 1994, p. 3.

4. *Hongqiang mishi* [Histoire secrète des Murs rouges], Pékin, Zuojia wenxue chubanshe (Éditions littéraires des écrivains), 2004, p. 36 ; et Shi Xiang, *op.cit.*, p. 3. Mais ils manquèrent de ne pas dépasser Marseille où ils perdirent leurs contacts et furent retrouvés par Kang Sheng, le futur Béria chinois qui commençait ainsi une carrière de favori de Mao Zedong. À noter aussi que, de passage à Paris, ils se bagarrèrent avec les adolescents de leur immeuble. Voir pour cela : Shan Feng *Hongqiang neide zinümen* [Les Enfants aux Murs rouges], Yanji, Yanbian daxue chubanshe (Presses de l'université de Yanbian), 1998, p. 6.

5. BNC, 2006, n° 1, p. 16 ; Zhang Wenqiu, *op.cit.*, p. 220 ; Du Weihua, *Zai sulian zhang-dade hongse houdai* [La Postérité rouge qui a grandi en URSS], Pékin, Shijie zhishi chubanshe (Éditions connaissance du monde), 2000, p. 71 ; Shi Xiang, *op.cit.*, p. 4.

6. Shan Feng, *op.cit.*, p. 18.

7. Geremie R. Barmé, *The Forbidden City*, Londres, Profile Books, 2009, p. 54.

8. BNC, 2002, n° 6, p. 11 ; Ma Shexiang, *Yige nügemingzhede lishijianzheng* [Le Témoignage historique d'une révolutionnaire], Pékin, Zhonggong dangshi chubanshe (Éditions de l'histoire du PCC), 2004, p. 139.

9. Kang Sheng devient alors le Beria chinois. Après une éclipse dans les années 1950, il donnera toute sa mesure durant la révolution culturelle.

10. Yu Guangyuan dans BNC, 2012, n° 5, p. 12, produit un document qui illustre la sépara-tion de Mao Anying avec Kang Sheng. Voir aussi Wang Hebin, *Zai weiren shenbiande rizi* [Les Jours passés aux côtés des grands hommes], Pékin, Zhongguo qingnian chubanshe (Éditions de la jeunesse chinoise), 2003 ; Wang Li, *Wang Li fansilu* [Les Méditations de Wang Li], Hong Kong, Xianggang beixing chubanshe (Les éditions de l'étoile polaire à Hong Kong), 2001, p. 227 ; YHCQ, février 2009, p. 39.

11. Mao lui offre alors son grand manteau noir. Voir : Chen Jin, *Wenqing Mao Zedong* [Un Mao affectueux], Shenyang, Liaoning renmin chubanshe (Editions populaires du Liaoning), 2005, p. 29 ; He Husheng *Mao Zedong chujin Zhongnanhai* [Quand Mao Zedong entra dans Zhongnanhai], Pékin, Zhonggong dangshi chubanshe (Éditions de l'histoire du PCC), 2008, p. 400-401 ; Li Yinqiao et Han Guisheng, *op.cit.*, p. 217 *sqq*.

12. Dong Bian, Tan Deshan, Zeng Zi, *Mao Zedong he tade mishu Tian Jiaying* [Mao Zedong et son secrétaire Tian Jiaying], Pékin, Zhongyang wenxian chubanshe (Éditions documentaires du Comité central), 1996, p. 31 ; Ma Shexiang, *op.cit.*, p. 146 ; Ye Yonglie, n° 10, *Wang Hongwen chuan* [Biographie de Wang Hongwen], Wulumuqi, Xinjiang renmin chubanshe (Éditions popu-laires du Xinjiang), 2000, p. 452. Marie Holzman et Bernard Debord, rapportent que Mao Anying prenait alors des leçons « avec déférence et politesse » auprès du père de Wei Jingsheng, un gradé issu d'une guérilla peu maoïste, celle de l'Est de la Chine, dans *Wei Jingsheng, un Chinois inflexible*, Paris, Bleu de Chine, 2005, p. 21.

13. *Beijing Wanbao* (Pékin soir), 6 juillet 2008 ; Zhang Wenqiu, *op.cit.*, p. 235.

14. En effet, il ne peut alors guère compter sur Lin Biao, lequel, furieux que la Chine engage une guerre qu'il avait déconseillée, s'est retiré sous sa tente. Mao Anqing aurait été l'un des deux collaborateurs les plus directs de Peng Dehuai. Voir Zhang Xiao, *Hongse fengyun* [Dans le rouge], Pékin, Zhonggong dangshi chubanshe (Éditions d'histoire du PCC), 2004, p. 59 *sqq*.

15. Shi Zhe, *Wode yisheng* [Ma vie], Pékin, Renmin chubanshe (Éditions populaires), 2001, p. 386 ; Yang Shangkun, *Yang Shangkun riji* [Le Journal de Yang Shangkun], Pékin, Éditions

documentaires du Comité central, 2001, p. 338. Il semble bien que les Américains avaient repéré et visé Mao Anying, voir *Gushibao*, n° 870.

16. Voir entre autres Wang Hebin, *Zai weiren shenbiande rizi* [Les Jours passés aux côtés des grands hommes], Pékin, Zhongguo qingnian chubanshe (Éditions de la jeunesse chinoise), 2003, p. 433 *sqq.* ; Wang Xingduan, (2000) p. 327-328. Leur fils, lui-même physiquement affaibli (il est obèse) a fondé une véritable industrie du souvenir maoïste. Ce personnage difforme et niais est en principe l'héritier de la dynastie des Mao : quel symbole ! Voir Ma Shexiang, *op.cit.*, p. 203.

17. He Pin, Gao Xin, *Zhonggong « Taizi dang »* [Le « Parti des princes » en Chine communiste], Hong Kong, Mingjing chubanshe (Éditions du miroir brillant), 1999, p. 357.

18. Zeng Zhi, *Yige gemingde xingcunzhe* [Une survivante de la révolution], Canton, Guangdong renmin chubanshe (Éditions populaires du Guangdong), 2000, p. 487.

19. Roger Faligot, Remi Kauffer, *Kang Sheng, le maître espion de Mao*, Paris, Tempus, 2014, p. 87 *sqq.*

20. Pour quelques exemples, voir BNC, 2014, n° 7, p. 30, Hunan dianshitai (Télévision du Hunan) (2009), p. 113.

21. Guo Simin, Tian Yu, *Wo Yanzhongde Liu Shaoqi* [Mes souvenirs de Liu Shaoqi], Shijiazhuang, Hebei renmin chubanshe (Éditions populaires du Hebei), 1992, p. 307 ; voir aussi BNC, 2014, n° 7, p. 30.

22. BNC, 2014, n° 7, p. 30. Les enfants de Lin Feng et sa femme, un couple totalement « politique », ne pardonnèrent jamais à leurs père et mère de les avoir confiés à autrui ; voir Zhang Liming, *Wode fubei* [La Génération de mon père], Shanghai, Shanghai renmin chubanshe (Éditions populaires de Shanghai), 2009, p. 224.

23. Shi Xiang, *op.cit.*, p. 184.

24. Wang Fan, Dong Ping (2012), p. 226.

25. Par exemple Liu Aiqin, l'une des filles de Liu Shaoqi ; voir Yu Jundao, *Shenghuozhongde Liu Shaoqi* [Comment vivait Liu Shaoqi], Pékin, Jiefangjun chubanshe (Éditions de l'armée de libération), 1999, p. 51. Pour un cas de garçon maltraité, voir Wu Jiang, *Hongxing zhaoyao de jiating, Gongheguo kaizhuangzhe jiashi* [Des familles éclairées par l'étoile rouge, Souvenirs sur les affaires domestiques des fondateurs du régime], Pékin, Zhonggong dangshi chubanshe (Éditions d'histoire du PCC), 2008, p. 185.

26. Yang Jun *Gongheguo buzhang dangan* [Les Dossiers des ministres de la république], Wulumuqi, Xinjiang qingshaonian chubanshe (Éditions des jeunes et des enfants du Xinjiang), 1998, p. 593.

27. Yu Jundao, *op.cit.*, p. 50.

28. Yu Shiping, *Xin taizijun* [La nouvelle armée des princes], Hong Kong, *Mingjing chubanshe* (Éditions du miroir brillant), 2010, p. 344.

29. Shi Xiang, *op.cit.*, p. 135.

30. Sur leur retour tragique d'URSS, voir le chapitre III. Les sources sont relativement nombreuses sur ces tragédies : Du Weihua, *op.cit.*, p. 117 *sqq* ; Liu Aiqin, *Wode fuqin Liu Shaoqi* [Mon père Liu Shaoqi], Shenyang, Liaoning renmin chubanshe (Éditions populaires du Liaoning), 2001 ; He Pin, Gao Xin, *op.cit.*, p. 476-478 ;Wang Guangmei, *Wang Guangmei fangtan lu* [Interview de Wang Guangmei], Pékin, Zhongyang wenxian chubanshe (Éditions documentaires du Comité central), 2006, p. 114 ; Yu Jundao, *op.cit.*, p. 106 et 124.

31. Zhuo Lin etc…, *Yongyuan de Deng Xiaoping* (L'éternel Deng xiaoping), Sichuan renmin chubanshe (Éditions populaire du Sichuan), 2004, p. 105.

32. Voir par exemple Zhang Liming, *op.cit.*, p. 268 *sqq.*

33. Voir par exemple Ye Yonglie, *Mao Zedong mishumen* [Les Secrétaires de Mao Zedong], Wulumuqi, Xinjiangrenmin chubanshe (Éditions populaires du Xinjiang), 2005, p. 253.

34. Du Weihua, *op.cit.*, p. 52.

35. Sur Sun Weishi, dont le destin sera tragique, voir notamment Lin Li, *Wangshi suoji* [Notes du passé], Pékin, Zhongyang wenxian chubanshe (Éditions documentaires du Comité central), 2006 ; sur Li Peng, voir Shi Xiang, *op.cit.*, p. 105.

36. Chen Shouxin, *Zhongnanhaide jishi* [Histoires de Zhongnanhai] Pékin, Xiwande chubanshe (Éditions du Parc de l'Ouest), 2002, p. 269.

37. BNC, 2009, n° 8, p. 63-66.

38. Zhu Heping, *Yongjiude jiyi* [Des souvenirs pour toujours], Pékin, Dangdai zhongguo chubanshe (Éditions de la Chine actuelle), 2004 ; Tong Danning, *Xihuating haizimende huainian* [En souvenir des enfants de Xihuating], Pékin, Dangdai zhongguo chubanshe (Éditions de la Chine du présent), 2008, p. 211. Voir aussi un récit très complet dans BNC 2015/6 p. 34.

39. Yu Shiping, *op.cit.*, p. 24 ; Liu Hongqing, *op.cit.*, p. 203 *sqq.* ; He Pin, Gao Xin, *op.cit.*, p. 21. Lorsqu'il sera sexagénaire, Zeng Qinghong, fils de Zeng Shan devenu le principal collaborateur de Jiang Zemin, se vantera d'avoir « rencontré » dans l'orphelinat de sa mère sa collègue plus jeune du Bureau politique, Liu Yandong, alors recueillie comme fille de « martyrs révolutionnaires ». Voir Kerry Brown (2014), p. 64.

40. Sur les écoles de Yanan, voir en particulier Shi Xiang, *op.cit.*, p. 338 ; Gao Xiao (2010), p. 532, *Hunan dianshetai* (Télévision du Hunan), *op.cit.*, p. 226.

41. Parmi bien d'autres, une photo nous fait voir ainsi Deng Xiaoping et Liu Bocheng fiers de montrer leurs nouveaux-nés... Wang Pei, Leng Xinyu, Zhu Jianbang, Liu Yanbing, *Hongsezhi lian* [Des amours de couleur rouge], Pékin, Huawen chubanshe (Éditions de la culture chinoise), 2006, p. 82.

42. Yang Wenyu, Ma Susu, *Hongse hunyin dangan* [Le Dossier des mariages rouges], Pékin, Kunlun chubanshe (Les éditions des Kunlun), 2005, p. 64.

43. Du Weihua, *op.cit.*, p. 152. Cette source est d'une qualité rare par son sérieux et son degré de franchise.

44. *Hongtan mishi, op.cit.*, p. 378.

45. En 1940, Zhou Enlai ira à Moscou pour négocier à l'intention des enfants de ses collègues des protections juridiques que la guerre avec l'Allemagne nazie rendra très fragiles. *Ibid.*, p. 304.

46. Luo Diandian, *Hongse jiazu dangan* [Le Dossier d'une famille rouge], Haikou, Nanhai chubanshe (Éditions des mers du sud), 1999, p. 86.

47. Du Weihua, *op.cit.*, p. 258. Sur l'histoire de ces deux institutions, voir BNC, 2006, n° 1, p. 16.

48. Elle a laissé des souvenirs assez substantiels ; voir Zhu Min, *Wode fuqin Zhu De* (Mon père Zhu De), Pékin, Renmin chubanshe (Éditions populaires), 2009, p. 337.

49. Luo Dongjin, *Wode fuqin Luo Ronghuan* [Mon père Luo Ronghuan], Shenyang, Liaoning renmin chubanshe (Éditions populaires du Liaoning), 2003, p. 235.

50. Du Weihua, *op.cit.*, p. 55.

51. L'un sera Premier ministre, l'autre vice-Premier ministre. *Ibid.*, p. 423, 644 *sqq.* ; YHCQ, 2009, n° 5, p. 43.

52. Zhang Liming, *op.cit.*, *passim*.

53. Du Weihua, *op.cit.*, p. 59 et p. 157.

54. *Xiangchao* (la vague du fleuve Xiang), n° 211, p. 14-17 ; Luo Diandian, *op.cit.*, p. 86.

55. Wang Guangmei, *op.cit.*, p. 104-105 ; voir aussi Du Weihua, *op.cit.*, p. 607.

56. *Ibid.*, p. 79 et 159.

57. Néanmoins Chen Yi, ministre des Affaires étrangères, attendra l'année suivante pour retenir en Chine son propre fils... et aussi le maréchal Nie Rongzhen. Tous deux voulaient en effet que leurs enfants profitent le plus longtemps des enseignements soviétiques. Voir Yang Jun, *op.cit.*, p. 595.

58. Pour quelques exemples, voir John Byron et Robert Pack, *The Claws of the Dragon : Kang Sheng – The Evil Genius Behind Mao – And His Legacy of Terror in People's China*, Simon

& Schuster, 1992, p. 71. Les sources chinoises, relativement discrètes en général sur ce sujet, le sont fort peu sur les exigences en la matière d'Otto Braun, l'envoyé allemand du Komintern, durant la Longue Marche.

59. Su Duoshan, Liu Mianyu, *Zeng Shan zhuan*, Nanchang, Jiangxi renmin chubanshe (Éditions populaires du Jiangxi), 2003, p. 398. Elles étaient célèbres pour leur caractère très affirmé, voir Lin Li, *op.cit.*, p. 46.

60. Informations orales et écrites, Pékin, 2006.

61. Chen Danzhun, Ye Weiwei, *Sange Xinsijun nüling de duocai rensheng* (Trois servantes de la quatrième armée nouvelle dotées de nombreux talents), Pékin, Renmin chubanshe, 2011, p. 322. Un autre cas de retrouvailles s'était mieux terminé à Yanan : celui de la fameuse Lin Yueqin, épouse du futur maréchal Luo Ronghuan, qui apprit soudain que, contrairement à ce qu'elle croyait, son précédent mari était encore vivant : il a fallu que Mao Zedong intervienne pour qu'elle choisisse librement malgré les plaintes du précédent époux qui clamait que les officiers de la première armée monopolisaient les jolies filles. Cf : Xiao Weili, *Shuaifu jiafeng* [Chez les dirigeants], Pékin, Zhonggong dangshi chubanshe (Éditions d'histoire du PCC), 2007, p. 232. Un autre cas qui s'est bien terminé est celui du père de Xiang Nan, un dirigeant particulièrement brillant des Jeunesses communistes des années 1950 qui, ayant perdu de vue son épouse, s'est remarié. Sa première épouse l'a ensuite retrouvé, en même temps que son fils, mais elle se désista et toute la famille vécut par la suite en bonne intelligence. Voir : Hu Shaoan, *Jingbei renmin* [Respecter le peuple], Hong Kong, Tiandi chubanshe (Éditions de l'univers), 2004, p. 101 et *passim* ; et, pour un autre cas analogue, Liu Xiaonong, *Hongse aiqing, Zhongguo geming qianbeide hunlian gushi* [Amours rouges, les histoires d'amour de la première généra-tion révolutionnaire], Nanchang, Jiangxi renmin chubanshe (Éditions populaires du Jiangxi), 2009, p. 77. On peut imaginer que dans d'autres cas l'issue ne fut pas aussi heureuse, mais bien entendu les sources n'insistent pas sur ces derniers. En effet, il faudrait reconnaître que dans ces années il était difficile pour une femme de survivre physiquement (avant 1949) et socialement (après 1949) sans être mariée...

62. Et qui traitèrent les enfants nés de ces unions avec une générosité variable mais apparem-ment un peu meilleure. Du côté des généreux, il faut compter Zhang Wentian, et du côté des méchants (ou des prudents), Teng Daiyuan qui en 1950 refusa de faire donner un métier en ville à l'enfant qu'il avait eu d'un mariage arrangé. Voir BNC, 2010, n° 10, p. 75-76. Pour Zhao Ziyang, voir notamment Liu Shousen (2006). Cette source montre bien, en outre, que devenu par la suite un parti intéressant à cause de son rang dans la guerilla, Zhao n'eut que l'embarras du choix...

63. Hua Chang-ming, *La Condition féminine et les communistes chinois en action*, Paris, Éditions de l'EHESS, 1981, p. 80.

64. Voir par exemple Yang Wenyu, Ma Xiaoxiao, *op.cit.*, p. 97.

65. Lin Li, *op.cit.*, p. 57. Dans le même temps, les épouses d'Otto Braun et de Ye Jianying se retiraient fort à propos. Voir : Hua Chang-ming, *op.cit.*, p. 109.

66. Certaines de ces « grandes dames » ne manquaient pas de personnalité. Voir par exemple Zhu Hongzhao, *Yanan richang shenghuo de lishi, 1937-1947* (Histoire de la vie quotidienne à Yanan), Guilin, Guangxi shifan daxue chubanshe (Éditions de l'université normale du Guangxi), 2007, p. 256 *sqq.*

67. Yang Wenyu, Ma Xiaoxiao, *op.cit.*, p. 17 *sqq.* ; Wu Zhifei, Yu Wei, *Hongse zhi lian* (Un amour rouge), Pékin, Zhonggong danshi chubanshe (Éditions d'histoire du parti), 2006, pp. 33 *sqq.* Un autre cas intéressant est celui de l'épouse de Peng Zhen, également issue d'une famille riche, avec cependant une composante intellectuelle plus marquée ; voir He Pin, Gao Xin, *op.cit.*, p. 345.

68. Quand elle exige qu'il lui écrive lorsqu'il sera en opération, il promet d'en charger son secrétaire... Gu Baozi, *op.cit.*, p. 134 et p. 137. Voir aussi Deng Xiaoping, *Deng Xiaoping zishu*

[Deng Xiaoping par lui-même], Pékin, Jiefangjun chubanshe (Éditions de l'armée de libération), 2005, p. 101 ; Yu Jundao, *op.cit.*, p. 48 ; et Zhuo Lin, *op.cit.*, p. 22.

69. Ye Yonglie (2005), p. 253.

70. Dai Maolin, Zhao Xiaoguang, *Gao Gang zhuan* [Biographie de Gao Gang], Xian, Shânxi renmin chubanshe (Éditions populaires du Shânxi), 2011, p. 95.

71. LZP, n° 30, p. 138 *sqq.* Voir également BNC, 2010, n° 3, p. 35.

72. Hua Chang-ming, *op.cit.*, p. 101 ; Kang Keqing, *Kang Keqing huiyilu* [Mémoires de Kang Keqing], Pékin, Jiefangjun chubanshe (Éditions de l'armée populaire de libération), 1993, p. 340-341 ; Liu Hongqing, *op.cit.*, p. 186 *sqq.*

73. Voir par exemple Zhang Mingyuan, *Wode Ruiyi* (Mes souvenirs), Pékin, Zhongong dan-shi chubanshe (Éditions d'histoire du PCC), 2004, p. 277.

74. Cela, avant de se mettre dans une situation de dépendance à son égard dans les années 1980, quand sa condamnation fut muée en une sorte de résidence surveillée. Par ailleurs, on pourra notamment consulter sur Li Min son livre cité dans la bibliographie ; le récit de Wang Hebin, *op. cit.* ; et le témoignage de Li Zhisui, *La Vie privée du président Mao*, Paris, Plon, 1994.

75. Wang Fan, Dong Ping, *Wo jia zhu zai zhongnanhai, Hongqiang tonghua* [Ma famille habite Zhongnanhai, Paroles d'enfants des Murs rouges], Pékin, Zuojia chubanshe (Éditions des écrivains), 2003, p 317.

76. D'après les souvenirs du chef des gardes de Mao ; Li Zhisui, *op.cit.*, p. 200.

77. Wang Hongbin, *op.cit.*, p. 440.

78. Voir Li Min, *Wode fuqin Mao Zedong* [Mon père Mao Zedong], Pékin, Renmin chu-banshe (Éditions populaires), 2009, p. 213 ;Wang Xingduan (2000), p. 355 ; Li Yinqiao et Han Guisheng, *op.cit.*, p. 243 ; *Renwu Zhoukan* (Hebdomadaire « Les *people* »), 14 septembre 2009.

79. Di Yansheng, Di Jiangnan, *Mao Zedong yu tade ernümen* (Mao Zedong et ses enfants), Pékin, Renmin chubanshe (Éditions populaires), 2011, p. 200 ; Ma Shexiang, *op.cit.*, p. 240.

80. Yan Changgui, Wang Guangyu, *Wenshi laixinji* [Recueil de lettres adressées à l'his-toire], Pékin, Hongqi chubanshe (Éditions du drapeau rouge), 2009, p. 303. Qincheng est la principale prison où sont expédiés les ennemis supposés de la révolution culturelle et les prisonniers les plus célèbres. Voir Jean-Luc Domenach, *Chine, l'archipel oublié*, Paris, Fayard, 1992, *passim*.

81. Wang Fan, Dong Ping, *Wo zai buxunchang niandaide tebie jingli* [Ce que j'ai vécu de particulier dans une période peu ordinaire], Pékin, Zhonggong dangshi chubanshe (Éditions de l'histoire du PCC), 2006, p. 288 ; Ye Yonglie, n° 1, *Jiang Qing zhuan* [Biographie de Jiang Qing], Wulumuqi, Xinjiang renmin chubanshe (Éditions populaires du Xinjiang), 2000, p. 920.

82. Lu Hong « *Hong taiyang* » *de yingzi* [Les Ombres du « soleil rouge »], Hong Kong, Qixing shushe (Éditions La pléiade), 2010, p. 192 ; *Renwu zhoukan*, art.cit.

83. *Libération*, 9 septembre 2006.

Les enfants de la caste (1949-1957)

1. Yu Shiping, *op.cit.*, p. 345 ; Jean-Luc Domenach, *Mao, sa cour et ses complots*, Paris, Fayard, 2012, p. 80.

2. Dans Luo Diandian, *op.cit.*, p. 10 est décrit précisément l'emménagement de sa famille en 1949. À Shenyang, Li Fuchun reçoit d'emblée une maison de plus de dix pièces. Voir égale-ment BNC, 2008, n° 11, p. 20-21, et p. 35. *Er shi yi shiji* (Vingt-et-unième siècle), n° 90, p. 7 *sqq.* et Wang Fan, Dong Ping, (2009), p. 80.

3. Jean-Luc Domenach, *Mao, sa cour...*, *op.cit.*, p. 12-18. Yang Xiguang, Susan Mac Fadden, *Captive spirits. Prisoners of the Cultural Revolution*, Oxford University Press, 1997, *passim*, décrit la grande maison d'une famille de dirigeants du Hunan.

4. Jean-Luc Domenach, *Mao sa cour...*, *op.cit.*, p. 99 *sqq.*

5. Qiu Huizuo fait venir à Canton ses parents qui vivaient auparavant au fond de la province montagneuse du Jiangxi. Chen Yi fait venir ses parents et sa sœur à Shanghai. Voir Chen Danzhun, Ye Weiwei, *op.cit.*, p. 59.

6. Ershiyi shiji (Vingt-et-unième siècle), n° 90, p. 6 ; Li Jiaji, Yang Qingwang, *Lingxiu shenbian shisannian* [Treize ans aux côtés des dirigeants], Pékin, Zhongyang wenxian chubanshe (Éditions documentaires du Comité central), 2007, p. 483 ; Deng Xiaoping, *op.cit.*, p. 133.

7. Zhang Yun, *Pan Hannian zhuan* [Biographie de Pan Hannian], Shanghai, Shanghai renmin chubanshe (Éditions populaires de Shanghai), 2006, p. 308. Liu Shaoqi fait de même avec sa sœur. Voir Guo Simin, Tian Yu, *op.cit.*, p. 306.

8. Yu Wei, Wu Zhifu, *op.cit.*, p. 131 et p. 187 ; *Hunan dianshetai, op.cit.* À Shanghai, Ke Qingshi abritera à partir de 1955 dix enfants issus de sa parentèle dont neuf entreront plus tard à l'université ou dans un autre institut post-scolaire, voir Wu Jiang, *op.cit.*, p. 68. Zhu De et Luo Ronghuan hébergent une véritable colonie, voir Xiao Weili, *op.cit.*, p. 30 et 238 ; et ZGDSZL, n° 44, p. 86 *sqq.*

9. Zhou Bingde, *Wode bofu Zhou Enlai* [Mon oncle Zhou Enlai], Shenyang, Liaoning renmin chubanshe (Éditions populaires du Liaoning) 2001, p. 59 ; Nie Li, *Shan Gao, Shui Chang, Huiyi Fuqin Nie Rongzhen* [La montagne est haute, les eaux vont loin, Souvenirs sur mon père Nie Rongzhen], Shanghai, Shanghai wenyi chubanshe (Éditions culturelles et artistiques de Shanghai), 2006, p. 321.

10. Kang Keqing, *op.cit.*, p. 380 ; Zhu Min, *op.cit.*, p. 288 ; Wang Fan, Dong Ping (2001), p. 67.

11. Deux autres enfants seront longtemps abrités par le maréchal He Long durant leurs études à Pékin. Voir Zhang Liming, *op.cit.*, p. 91 ; He Pin, Gao Xin, *op.cit.*, p. 313 ; Dong Baocun, *Zoujin Huairentang* [L'Entrée au Huairentang], Zhonggong dangshi chubanshe (Éditions historiques du Comité central du PCC), 2005, p. 277.

12. Yin Jiamin, *Hongqiang jianzhenglu* [Témoignages des Murs rouges], Pékin, Dangdai Zhongguo chubanshe (Éditions de la Chine actuelle), 2009, p. 776. Et rien n'interdit non plus à Peng Dehuai, dépourvu d'enfants, lui, de profiter d'un passage dans le Nord-Est en 1953 pour rencontrer Zhang Xiushan, le numéro deux de la région, et lui déclarer : « Tu as beaucoup trop d'enfants, donne m'en un » – ni d'ailleurs à la belle-mère de Zhang Xiushan de bloquer l'opération.

13. Chen Renkang, *Yisheng jinsui Mao Zedong, Huiyi wode fuqin kaiguo jiangjun Chen Shiqu* [Une vie en suivant de près Mao Zedong, souvenirs sur mon père Chen Shiqu, l'un des généraux fondateurs du régime], Pékin, Renmin chubanshe (Éditions populaires), 2007, p. 271 *sqq.* Lorsque l'affaire se conclut et que l'enfant tombe malade, des complications surviennent. Voir He Pin, Gao Xin, *op.cit.*, p. 102.

14. Zhang Liming, *op.cit.*, p. 169. La maison de Hu Yaobang, le futur secrétaire-général du PCC des années 1980, est particulièrement ouverte, voir LZP, n° 42, p. 5.

15. À noter pourtant l'envoi en août 1951 d'une délégation dans l'ancienne zone de guérilla du Hubei-Hunan, voir Zhang Wenqiu, *op.cit.*, p. 24.

16. BNC, octobre 2014, p. 56. Il a attendu 1958 et 1960 pour recevoir dans son bureau des délégations de son district natal et leur communiquer les identités des autres natifs de ce district dans l'élite communiste, voir Zhou Bingde, *op.cit.*, p. 88. Le dialogue à distance entre le Premier ministre et les dangereux représentants de l'aristocratie locale du Jiangsu commence en 1953 et ne cessera pas par la suite, surveillé de près par son épouse Deng Yingchao ; voir Zhang Wenhe, *Shenghuozhongde Zhou Enlai* [Comment vivait Zhou Enlai], Pékin, Jiefangjun chubanshe (Éditions de l'armée populaire de libération), 2000, p. 82 *sqq.* D'après une source relativement sûre, Zhou Enlai aurait dépensé au total la somme rondelette pour l'époque de 36 645 yuans

pour aider des parents entre 1949 et 1976, soit 1 065 yuans par an en moyenne...Mais il semble que la grande majorité ait été dépensée à partir de la fin des années 1950.

17. Le Premier ministre hésitera moins à aider financièrement nombre de ses parents. Il deviendra également possible pour certains dirigeants fidèles à leurs familles ou à leurs souvenirs de guérilla de faire considérer comme « arriérées » certaines régions comme le Jiangxi, le Hunan oriental et la Shanxi septentrional qui avaient beaucoup donné à la cause révolutionnaire, et donc d'aider aussi leurs proches.

18. Wang Hao, Wang Jiyi, *Kaiguo shangjiang Ye Fei* [Un général fondateur du régime, Ye Fei], Pékin, Zhongyang wenxian chubanshe (Éditions documentaires du Comité central), 2004, p. 421.

19. Di Yansheng, *Lishide zhen yan, Li Yinqiao zai Mao Zedong shenbian gongzuo jishi* (Paroles de vérité sur l'histoire, les souvenirs de Li Yinqiao sur son travail au côté de Mao Zedong), Xinhua chubanshe (Editions de la nouvelle Chine), 2000, p. 525 *sqq.* ; Di Yansheng, Di Jiangnan, *op.cit.*, p. 183-184.

20. Hunan wenshi (Culture et histoire du Hunan), n° 116, YHCQ, 2002/1, p. 44.

21. Wang Guangmei, *op.cit.*, p. 146.

22. Wang Fan, Dong Ping, (2011), p. 38

23. Zhang Yuwen, *Siwang lianmeng, Gao Rao shijian shimo* [Une alliance mortelle, l'affaire Gao-Rao tout au long], Pékin, Beijing chubanshe (Éditions de Pékin), 2004, p. 432.

24. Zhang Liming, *op.cit.*, p. 26 ; Chen Xiaonong, *Chen Boda zuihou koushu huiyi* [Les Ultimes mémoires orales de Chen Boda], Hong Kong, Yangguang huanqiu chuban youxian gongsi (Compagnie d'édition de la planète), 2005, p. 121 ; Wang Fan, Dong Ping, *Hong Qiang Whangshi, Ji yidai hongdan hexin de nüshumen* [Histoire des Murs rouges, les secrétaires importants de la première génération de dirigeants], Pékin, Zhongguo qingnian chubanshe (Éditions de la jeunesse de Chine), 2012, p. 93.

25. Yang Shangkun, *op.cit.*, p. 99.

26. *Ibid.*, p. 204 ; Zhang Yaoci, *Zhongyang jingweituan tuanzhang huiyi Mao Zedong* [Le Commandant de la garde du Comité central se souvient de Mao Zedong], Pékin, Qunzhong chubanshe (Éditions des masses), 2001, p. 87.

27. *Ibid.*, p. 74 et 95 ; Wang Zhenyu, *op.cit.*, p. 218 *sqq.*

28. Dès le premier été 1949, Lin Yueqin avait emmené à Beidaihe les écoliers de la petite école de fils de dirigeants qu'elle avait créée ; voir Luo Dongjin, *op.cit.*, p. 303.

29. Jean-Luc Domenach, *Mao, sa cour...*, *op.cit.*, p. 96.

30. Paul Thorez, *Les enfants modèles*, Paris, Folio, 1983.

31. Les sources sont nombreuses sur ces vacances. On citera d'abord les mémoires remplies d'humour de Luo Diandian, *op.cit.*

32. Su Duoshan, Liu Mianyu, *op.cit.*, p. 398 sqq ; Luo Dongjin *op.cit.*, *passim.*

33. Précisons que ladite école est alors dirigée par... l'épouse du chef des gardes de Mao Zedong ; voir He Pin, Gao Xin, *op.cit.*, p. 322. Pour une école « d'enfants de cadres », voir Zhang Liming, *op.cit.*, p. 46.

34. Wang Fan, Dong Ping, *Hong Qiang Wangshi...*, *op.cit.*, p. 81.

35. *Ibid.*, p 210 ; Gao Xiao, *op.cit.*, p. 53 ; Xiao Weili, *op.cit.*, p. 299.

36. Information orale, Pékin, décembre 2005 ; He Pin, Gao Xin, *op.cit.*, p. 286.

37. Shan Feng, *op.cit.*, p. 255 ; Wang Fan, Dong Ping (2007), *op.cit.*, p. 56.

38. Wang Fan, Dong Ping, *Wo jia zhu zai zhongnanhai, Hongqiang tonghua* [Ma famille habite Zhongnanhai, Paroles d'enfants des Murs rouges], Pékin, Zuojia chubanshe (Éditions des écrivains), 2003, p. 112 ; Chen Renkang, *op.cit.*, p. 351.

39. Du Weihua, *op.cit.*, p. 54 ; Ma Shexiang, *op.cit.*, p. 242 ; et Xiao Weili, *op.cit.*, p. 299. Voir aussi les précisions données par Wang Fan, Dong Ping, *Wo jia zhu... op.cit.*, p. 65-67 et (2011) *op.cit.*, p. 314 ; Wu Zhifei, Yu Wei, *op.cit.*, p. 45 ; Zhang Liming, *op.cit.*, p. 403 ; Xiao Weili, *op.cit.*,

p. 295 ; Zhuo Lin etc ..., *op.cit.*, p. 67 ; et BNC, 2010, n° 10, p. 77. On trouvera dans Zhang Liming, *op.cit.*, p. 404 un tableau émouvant des difficultés rencontrées par l'aîné des enfants de Teng Daiyuan, qui, après de longues années dans des zones rurales, arrive à Pékin en 1950 et découvre à la fois ses parents, la ville et l'école...

40. Marie Holzman et Bernard Debord, *op.cit.*, p. 31.

41. L'épouse du général Wang Zhen, le grand homme des années 1980, aurait également dirigé le lycée n° 1 ; voir Li Yantang, Xiao Sike, *Nanlou wangshi* [Jours passés au pavillon du sud], Zhonggong dangshi chubanshe (Éditions de l'histoire du PCC), 2008, p. 118.

42. Wang Fan, Dong Ping, *Hongjiang jiyi... op.cit.*, p. 141 ; (2011) *op.cit.*, p. 319 ; et *Hong Qiang Whangshi ..., op.cit.*, p. 122.

43. Une vingtaine d'anciens du lycée n° 4 se réunissent encore chaque année dans les années 2000 lors des « deux sessions » (ANP et CCPPC) ; voir Yu Shiping, *op.cit.*, p. 424 et, pour les noms des principaux « anciens », p. 349.

44. Un grand Ancien de l'Armée rouge a dû pousser pendant des années un fils autrefois maltraité par sa famille d'accueil qui n'acheva le cursus primaire qu'à seize ans, mais qui parvint néanmoins douze ans plus tard à entrer à l'université ; voir Wu Jiang, *op.cit.*, p. 18 ; Wang Fan, Dong Ping, *Wo jia zhu... op.cit.*, p. 323 ; (2011) *op.cit.*, p. 322.

45. Wang Fan, Dong Ping, *Hong Qiang Whangshi..., op.cit.*, p. 127.

46. Agnès Andresy, *op.cit.*, p. 29 ; informations orales, Pékin, 2005 et 2006.

47. Et cela, en nous gardant des incertitudes causées par les enfants de mariages précédents, les neveux, petits-fils, filleuls et autres que les sources présentent comme des descendants. Ainsi, le grand dirigeant provincial que sera Jiang Hua ne fera jamais la différence, dans ses récits ultérieurs, entre l'enfant d'un premier mariage et les trois enfants de son mariage définitif. Voir *Jianghuachuan bianshen weihuanhui*, (2007), p. 326.

48. Teng Xuyan, *Fengyu Pengmen : Peng Dehuai jiafeng jiashi* [Une famille dans la tempête : la vie et le quotidien en famille de Peng Dehuai], Pékin, Wenhua yishu chubanshe (Éditions culturelles et artistiques), 2006, p. 115 ; Xiao Weili, *op.cit.*, p. 86-87 ; Zhang Xiushan, *Wode bashiwunian cong xibei dao dongbei* [Mes quatre-vingt-cinq ans, du Nord-Ouest au Nord-Est], Pékin, Zhonggong dangshi chubanshe (Éditions d'histoire du PCC), 2007, p. 336.

49. He Pin, Gao Xin, *op.cit.*, p. 706 ; Yu Jundao, Zou Yang, *Deng Xiaoping jiaowanglu* [Propos de Deng Xiaoping], Pékin, Zhongyang wenxian chubanshe (Éditions du Service documentaire du Comité central), 2004, p. 42.

50. Zeng Zhi (*op.cit.*, p. 487) n'hésitera pas à déclarer dans ses mémoires qu'en tout état de cause elle ne s'est jamais occupée elle-même d'un de ses nouveaux-nés.

51. Son seul enfant reconnu aura été le fils d'un premier mariage traditionnel dont il s'est apparemment peu occupé avant de le pousser en vain à la tête de la révolution culturelle dans le port de Qingdao. Voir Xi Xuan, Jin Chunming, *Wenhua dageming jianshi* [Brève histoire de la révolution culturelle], Pékin, Zhonggongdangshi chubanshe (Éditions d'histoire du PCC), 1996, p. 139. Par ailleurs, nous connaissons à Chen Boda plusieurs épouses et maîtresses mais seulement un fils.

52. Dong Bian, Cai Asong, Tan Deshan, *Women haodajie Cai Chang* [Cai Chang, la dame que nous aimons], Pékin, Zhongyang wenxian chubanshe (Éditions documentaires du Comité central), 1992, p. 195.

53. He Pin, Gao Xin, *op.cit.*, p. 273.

54. Dont trois autres enfants moururent et trois autres encore ne furent pas retrouvés ; voir Shan Feng, *op.cit.*, p. 235.

55. Agnès Andresy, *Princes rouges... op.cit.*, p. 143.

56. Luo Diandian, *op.cit., passim* ; Yang Jun, *op.cit.*, p. 702.

57. Nous choisissons ici de considérer comme « hors concours » Jiang Qing qui paraît avoir imposé assez tôt, en tout cas au début des années 1950, sa quasi liberté à son époux Mao Zedong.

Sur Ji Xin, la mère de Xi Jinping, voir http :/book.sina.com.cn, consulté le 19/04/06 (grâce à l'amabilité de madame Xiaohong Xiao-Planes).

58. Nous nous inspirons ici d'une distinction établie par Ross Terrill, pour une fois bien inspiré, entre les épouses de type « impératrices » et les autres de type « amahs », en apparence soumises et douces, voir Ross Terrill, *Madame Mao, The white-boned demon*, Stanford, Stanford University Press, 1999, p. 184.

59. Par exemple le général Chen Shiqu, que cela n'empêcha pas par la suite de lui préférer une femme qui avait un métier : son infirmière... Un de ses fils fait la chronique calme et cruelle de l'histoire d'une famille de général, voir Chen Renkang, *op.cit.*, p. 357.

60. Yang Jun, *op.cit.*, p. 484 et Man Mei, *Huiyi Fuqin Hu Yaobang* [Souvenirs sur mon père Hu Yaobang], Pékin, Beijing chubanshe (Éditions de Pékin), 2005, p. 124. Voir également, sur Li Baizhao, l'épouse de Yang Shangkun, Di Yansheng, *op.cit.*, p. 530 ; ainsi que le Journal personnel de son mari, *op.cit.*

61. L'épouse de Lu Dingyi, dont nous reparlerons plus loin, aurait par exemple fait l'objet d'enquêtes très dures au cours des années 1950 d'après les souvenirs de Wang Guangmei, *op.cit.*, p. 393. Les sources officielles d'aujourd'hui attribuent aux séquelles de ces enquêtes et à la volonté de se venger les lettres anonymes qu'elle envoya ensuite à Lin Biao.

62. En 1956, il n'y aura qu'une femme dans la délégation du Jiangxi au VIIIᵉ Congrès du PCC – l'épouse d'un dirigeant provincial... BNC, 2009, nᵒ 9, p. 42 ; Dong Bian, Tan Deshan, Zeng Zi, *Women haodajie Cai Chang* [Cai Chang, la dame que nous aimons], Pékin, Zhongyang wenxian chubanshe (Éditions documentaires du Comité central), 1992, p. 80.

63. Wu Faxian, *Wu Faxian huiyilu* [Mémoires de Wu Faxian], Hong Kong, beixing chubanshe (Éditions de l'étoile polaire), 2007, p. 957. Dans plusieurs familles de gradés comme celle du général Xiao Hua, l'épouse doit abandonner la profession qu'elle avait adoptée lors les temps héroïques.

64. Luo Dongjin, *op.cit.*, p. 333.

65. Yu Wei, Wu Zhifei, *op.cit.*, p. 181. Un autre exemple de carrière à la fois nourrie et soumise est celui de l'épouse de Jiang Hua, le patron du Zhejiang, qui additionna les postes secondaires dans l'appareil provincial. D'autres femmes eurent des maris encore moins libéraux ; voir LZP, nᵒ 22, p. 16 *sqq.*

66. Stephanie Balme, *Entre soi, L'élite du pouvoir dans la Chine contemporaine*, Paris, Fayard, 2004, p. 123 ; Wang Fan, Dong Ping, (2011), *op.cit.*, p. 266.

67. Wang Pei, Leng Xinyu, Zhu Jianbang, Liu Yanbing, *op.cit.*, p. 20. Quand Wang Dongxing quitte son poste de commandement dans les gardes du Comité central pour un poste de direction au Jiangxi, sa femme le suit comme responsable du Bureau provincial des gardes ; voir Wang Fan, Dong Ping, *Wo jia zhu... op.cit.*, p 178.

68. Shi Lan, *Wo yu Shu Tong sishinian* [Mes quarante ans avec Shu Tong], Xian, Shânxi renmin chubanshe (Éditions populaires du Shânxi), 1997, p. 148.

69. Zhuo Lin, *op.cit.*, p. 31.

70. ZGDSZL, nᵒ 44, p. 84

71. ZQZS, III, 4, p. 183.

72. Comme l'épouse de Shu Tong. Voir : Wu Jiang, *op.cit.*, p. 128,143 ; Shi Lan, *op.cit.*, p. 252 ; Teng Shuyan, *Feng Yu Pengmen. Peng Dehua jiafey* [Les Peng dans le vent et la pluie. Peng Dehua en famille), Pékin, Wenhua yishu chubanshe (Éditions culturelles et artistiques), 2006, p. 369.

73. Les épouses s'échangeaient des combines pour éviter les naissances imprévues mais sans toujours réussir. Le maréchal Luo Ronghuan, mari d'une femme-médecin, croyait s'être prémuni mais le couple dut se résigner à une naissance inattendue ; voir ZGDSZL, nᵒ 44, p. 83 *sqq.*

74. La famille de Jin Cheng, l'un des responsables du Département du front uni commence à faire ses propres repas en 1956. Voir Wu Jiang, *op.cit.*, p. 33.

75. Pour des réunions convoquées en mars 1959 et juillet 1960, voir Zhonggong zhongyang wenxian yanjiushi (Centre de recherches documentaires du PCC), Éditions 1 Chongqing, 2004, p. 209.

76. Celui-ci brocarde « l'épouse typique d'un haut cadre chinois : hautaine, soupçonneuse, mesquine » ; voir Marie Holzman et Bernard Debord, *op.cit.*, p. 31, 111.

77. Wu Ming, *Xi Jinping zhuan* [Biographie de Xi Jinping], Xianggang wenhua yishu chubanshe (Éditions littéraires et culturelles de Hong Kong), 2008, p. 25 ; ZGDSL, n° 44, p. 93 ; Chen Danzhun, *op.cit.*, p. 43 ; Shui Jing, *Tezhu jiaowang* [Des relations particulières], Pékin, Zhongyang wenxian chubanshe (Éditions documentaires du Comité central), 2005, p. 5, 175, 220.

78. Sur ce sujet, voir « The Ye Family in New China », in Joseph Esherick in Jeremy Brown et Paul G. Pickowicz, *Dilemmas of Victory. The Early Years of the* PRC, Harvard University Press, 2007, p. 326 *sqq.*

79. Dong Bian, Cai Asong, Tan Deshan, *op.cit.*, p. 236-238 ; Lin Li, *op.cit.*, p. 111,161 ; Nie Li, *op.cit.*, p. 191.

80. Jing Yuchuan, *Rao Shushi*, Hong Kong, Shidai guoji chuban youxian gongsi (Société d'édition internationale de l'époque), 2010, p. 158.

81. Zhang Liming, *op.cit.*, p. 12.

82. Wang Fan, Dong Ping, (2012) *op.cit.*, p. 266.

83. *Hunan dianshetai, op.cit.*, p. 36.

84. Nie Li, *op.cit.*, p. 153. Lin Biao se reposera un an et demi. Parmi les civils, Chen Yun et Hu Qiaomu sont alors les plus fatigués. Voir : Zhang Yuwen, *op.cit.*, p. 222 ; Li Mengwen, *Shenghuozhongde Chen* [Comment vivait Chen Yun], Pékin, Jiefangjun chubanshe (Éditions de l'armée populaire), 1999, p. 109 ; Ye Yonglie, n° 10, *op.cit.*, p. 142.

85. Dai Maolin, Zhao Xiaoguang, *op.cit.*, p. 326 *sqq.* ; Wang Guangmei, *op.cit.*, p. 124.

86. Yu Shiping, *op.cit.*, p. 389.

87. Li Mengwen, *op.cit.*, p. 109.

88. Il doit pourtant y avoir des trous dans la muraille car, un jour de mars 1952, Liu Aiqin, une fille de Liu Shaoqi revenue depuis peu de Moscou, téléphone à une ancienne copine de Moscou, la fille d'un dirigeant chinois exilé et encore coincé à Moscou, pour l'informer que Mao et Liu Shaoqi se sont mis d'accord sur le retour de son père... *Wode fuqin* (Mon père), Shenyang, Laoming renmin chubanshe, 2001, p. 111.

89. D'après les mémoires d'un de ses secrétaires, Liu Zhende, *Wo wei Liu Shaoqi dang mishu* [J'ai été secrétaire de Liu Shaoqi], Pékin, Zhongyang wenxian chubanshe (Éditions documentaires du Comité central), 2003, p. 32.

90. Source orale, Pékin, janvier 2005 ; *Huiyi Deng Zihui* [En souvenir de Deng Zihui], Pékin, Renmin chubanshe, 1996, p. 571.

91. Sa fille conclut : « Il me parlait très rarement avec son cœur » ; voir *Hunan dianshetai, op.cit.*, p. 69.

92. Yu Shiping, *op.cit.*, p. 253 ; Xiao Yun, *Wode muqin, Changzheng zhong zuixiaode nü hongjun* [Ma mère, la plus jeune soldate de l'Armée rouge durant la Longue marche], Pékin, Zhongyang wenxian chubanshe (Éditions documentaires du Comité central), 2004, p. 285.

93. Wu Jiang, *op.cit.*, p. 223.

94. *Ibid.*, p. 108.

95. D'après le récit de son épouse Wang Guangmei, *op.cit.*, p. 95.

96. Di Yansheng, Di Jiangnan, *op.cit.*, p. 194 ; Wang Fan, Dong Ping, *hongqiang jiyi... op.cit.*, p. 53 ; Liu Aiqin, *Wode fuqin Liu Shaoqi, op.cit.*, p. 274 *sqq.*

97. *Zuojia Wenzhai* [Recueils d'écrivains], 31 juillet 2009 ; Zhang Liming, *op.cit.*, p. 91 ; Yu Shiping, *op.cit.*, p. 346 ; Zhou Min, *Wode fuqin Zhu De* [Mon père Zhu De], Pékin, Renmin chubanshe (Éditions populaires), 1986, p. 372.

98. Wang Fan, Dong Ping, *Wo zai buxunchang...*, *op.cit.*, p. 63 ; *Hunan dianshetai, op.cit.*, p. 135.

99. Une source les constate simplement et une autre décrit le comportement d'enfants gâtés des enfants de Liu Shaoqi : Wang Fan, Dong Ping, *Hong Qiang Whangshi, op.cit.*, p. 239 ; Guo Simin, Tian Yu, *op.cit.*, p. 281.

100. Li Na et Li Ming, les deux filles de Mao Zedong, ont longtemps gardé des relations avec les filles de Li Yinqiao et Ye Zilong.

101. Wang Fan, Dong Ping, (2011), *op.cit.*, p. 81.

102. Wang Fan, Dong Ping, *Hongqiang jiyi...*, *op.cit.*, p. 14.

103. *Ibid.*, p. 26. Sur l'excitation produite par les délégations de retour d'URSS et leurs cadeaux, voir Zhu Heping, *op.cit.*, p. 14-15 ; Zhou Bingde (2008), p. 21. Plus tard dans la décennie viendra la mode des vélos britanniques et des montres suisses ; voir He Pin, Gao Xin, *op.cit.*, p. 720.

104. Wang Fan, Dong Ping, *Wo jia zhu...*, *op.cit.*, p. 145 et 277.

105. BNC ; 2008, n° 8, p. 37.

106. Chen Danzhun, *op.cit.*, p. 67, 359. Mais Chen Yi, lui, avait voulu une fille après trois garçons ; voir *ibid.*, p. 50.

107. Wang Fan, Dong Ping, *Wo jia zhu...*, *op.cit.*, p. 96.

108. Yu Jundao, *op.cit.*, p. 56 ; Wang Fan, Dong Ping, *Wo jia zhu...*, *op.cit.*, p. 204 et 210.

109. Luo Diandian, *op.cit., passim* ; Wang Fan, Dong Ping, *Hong Qiang Wangshi...*, *op.cit.*, p. 107-108.

110. Par exemple entre une fille de Tian Jiaying et une fille de Liu Shaoqi ; voir Wang Fan, Dong Ping, (2003), p. 126.

111. Zhu Min, (2009), p. 105-106 ; He Pin, Gao Xin, *op.cit.*, p. 704.

112. Wang Fan, Dong Ping, *Hong Qiang Wangshi...*, *op.cit.*, p. 222 ; Wang Fan, Dong Ping, *Wo jia zhu...*, *op.cit.*, p. 14 et p. 211 ; Yu Jundao, Zou Yang, *op.cit.*, p. 32. Un bon exemple de petit groupe est celui formé par Li Min, Li Na, les deux filles du secrétaire principal de Mao, et Zhou Bingde, la fille adoptive de Zhou Enlai ; voir Zhou Bingde (2006), p. 21

113. Wang Fan, Dong Ping, (2011), *op.cit.*, p. 316. À propos de Chen Xiaoda et de sa mort tragique, voir le chapitre suivant.

114. Luo Diandian, *op.cit.*, p. 159.

115. Voir : *Ibid.*, p. 306 ; Jean-Luc Domenach, *Mao, sa cour...*, *op.cit.*, p. 96-97 ; Wang Fan, Dong Ping, *Wo jia zhu...*, *op.cit.*, p. 356.

Ils ne pouvaient pas comprendre (1957-1965)

1. Voir Jean-Luc Domenach, *Mao, sa cour...*, *op.cit.*, p. 159 *sqq.* ; Cheng Hua, *Zhou Enlai he tade mishumen* [Zhou Enlai et ses secrétaires], Pékin, Zhongguo guangbodianshe chubanshe (Éditions de la radio et de la télévision chinoises), 1992, p. 235 ; Shan Feng, *op.cit.*, p. 667 ; Tong Danning, *op.cit*, p. 153 ; BNC, 2010 ; n° 2, p. 43. Les professeurs particuliers de dessin des enfants de Bo Yibo et Deng Xiaoping ont également été frappés ; voir Yu Jundao, *op.cit.*, p. 56.

2. Liu Zhende, *op.cit.*, p. 82.

3. *Wenshi cankao* [Rérences historiques], 2011, n° 9 et n° 11 ; Ye Zilong, *Huiyi lu* [Mémoires], Zhongyang wenxian chubanshe (Éditions documentaires du Comité central), Pékin, 2000, p. 218-219 ; Wang Fan, Dong Ping, *Wo jian zhu...*, *op.cit.*, p. 289 ; Pang Xianzhi, Jin Zhongji, *Mao Zedong Zhuan* [Biographie de Mao Zedong], Pékin, Zhongyang wenxian chubanshe (Éditions documentaires du Comité central), 2003, p. 481.

4. Du Weihua, *op.cit.*, p. 58-59.

5. Zhang Yi, Chen Weizhong, Huang Honglan, *op.cit.*, p. 48-49.

6. Chen Shouxin, *op.cit.*, p. 107 *sqq.* ; Xiao Weili, *op.cit.*, p. 103.

7. C'est la raison pour laquelle, en 1956 comme en 1958, Mao Zedong a toujours tout su tout de suite ce qui se passait.

8. Huang Zulin, *Liu Shaoqi jiashi* [Liu Shaoqi en famille], Shanghai, Shanghai renmin chubanshe (Éditions populaires de Shanghai), 2009, p. 151 ; Chen Renkang, *op.cit.*, p. 120-121, 334. Sur les plantations de la famille Zhu De, voir Wang Fan, Dong Ping, *Hongqiang jiyi, op.cit.*, p. 79.

9. Geremie Barme, *op.cit.*, p. 14.

10. Tout d'abord à cause d'une crise d'appendicite. Mao Zedong, très excité par le début du Grand Bond, lui écrit d'abord que sa maladie « est le signe d'une volonté insuffisante ». Voir : Li Min, *Wode fuqin Mao Zedong, op.cit.*, p. 67-68 ; Li Min, *Wode fuqin muqin, op.cit.*, p. 230 ; Di Yansheng, *op.cit.*, p. 785 *sqq.* Li Min tombe également malade dans l'hiver 1960 ; voir Quan Yanchi, *Mao intime* (traduction du chinois par Roger Darrobers), Paris, Éditions du rocher, 1991, p. 187 *sqq.* Sur les enfants de Liu Shaoqi, qui ont également faim, voir Yu Wei, Yu Zhifu, *op.cit.*, p. 9. Dans plusieurs autres familles de cadres dirigeants des enfants sont également atteints, voir Zhang Liming, *op.cit.*, p. 402.

11. Ces rations sont classées en trois niveaux : les plus hauts dirigeants, les ministres et vice-ministres, les chefs et chefs-adjoints de bureau ; voir YHCQ, n° 7, p. 16.

12. Zhang Liming, *op.cit.*, p. 248.

13. Shan Feng, *op.cit.*, p. 75.

14. Shui Jing, *op.cit.*, p. 244.

15. Jean-Luc Domenach, *Mao, sa cour…, op.cit.*, p. 176-179, 232.

16. Li Zhisui, *op.cit.*, p. 365 ; Di Jiangnan, *op.cit.*, p. 215.

17. Gu Baozin, *op.cit.*, p. 376.

18. Yu Shiping, *op.cit.*

19. Xu Nonghe, *Kaiguo yuanshuaide wannian suiyue* [Les Dernières Années des maréchaux qui avaient fondé le régime], Pékin, Beijing chubanshe, 2001, p. 40 ; Zhang Yi, Chen Weizhong, Huang Honglan, *op.cit.*, p. 59.

20. La principale source est ici le volume de souvenirs de Luo Diandian, fille de Luo Ruiqing, *op.cit.*, p. 109 *sqq.* Sur Guo Minying, voir également BNC, 2014/4, p. 57.

21. He Pin, Gao Xin, *op.cit.*, p. 718. Sur les rapports entre la Chine et Cuba, voir Cheng Yingxiang, *Idylle sino-cubaine, trouble sino-soviétique*, Paris, Armand Colin, 1973. La question posée par l'apparition du castrisme était celle du monopole de Pékin en matière d'opposition au « révisionnisme » de Moscou.

22. Lin Li, *op.cit.*, p. 156-157.

23. Xiao Weili, *op.cit.*, p. 41 ; Zhu Min, *Wode fuqin Zhu De…, op.cit.*, p. 56-57. Les ennuis politiques subis par Cai Bo donnent également à penser que son intégration dans le complexe industriel d'Anshan n'était pas parfaite.

24. À la fin des années 1950, Chen Boda vivait avec une troisième épouse. Sa vie privée scandalisait aux Murs rouges mais c'était le collaborateur tout puissant du président ; voir Ye Yonglie, n° 10, *op.cit.*, p. 182 et 188.

25. Chen Xiaonong, *op.cit.*, p. 185 *sqq.* ; *Hongqiang mishi, op.cit.*, p. 378 ; Du Weihua, *op.cit.*, p. 449.

26. Liu Aiqin, *Wode fuqin Liu Shaoqi, op.cit.*, p. 33, 143, 281, 288 ; Du Weihua, *op.cit.*, p. 142 ; He Pin, Gao Xin, *op.cit.*, p. 478 ; Huang Zulin, *op.cit.*, p. 251 *sqq.* ; Wang Fan, *Zhiqingzhe shuo* [Ceux qui savent parlent] III, 7, Zhongguo qingnian chubanshe (Éditions de la jeunesse chinoise), 2004, p. 109 ; Wang Guangmei, Liu Yuan, *Ni suo bu zhidaode Liu Shaoqi* [Liu Shaoqi

tel que vous ne le connaissez pas], Zhengzhou, Henan renmin chubanshe (Éditions populaires du Henan), 2000, p. 125.

27. Du Weihua, *op.cit.*, p. 117 *sqq.* ; He Pin Gao Xin, *op.cit.*, p. 276 ; Huang Zulin, *op.cit.*, p. 240 *sqq.* ; Liu Aiqin, *Wode fuqin muqin, op.cit.*, p. 185 ; Liu Zhende, *op.cit.*, p. 310 ; Wang Guangmei, *op.cit.*, p. 109 *sqq.* On trouvera en outre dans BNC, juin 2013, p. 10-12, le récit d'un technicien chinois qui aurait rencontré par hasard Liu Yunbin dans une ville industrielle d'URSS en 1956. D'après lui, Liu Yunbin donne alors l'impression « d'un nationaliste pas prétentieux et avant tout soucieux du développement de la Chine ».

28. Apparemment fort peu soutenu par sa famille. Les propos de Liu Yunruo sont cités dans Liu Zhende, *op.cit.*, p. 302-303 ; He Pin, Gao Xin, *op.cit.*, p. 480 *sqq.* ; et surtout dans Yu Jundao, *op.cit.*, p. 107 *sqq.*, 124. Les autres sources sont Liu Aiqin, *Wode fuqin Liu Shaoqi, op.cit.*, p. 300 *sqq.*, 341 *sqq.* ; Liu Zhende, *op.cit.*, p. 302-303 ; Wang Fan, Dong Ping, *Wo jia zhu..., op.cit.*, p. 120-121 ; Wang Guangmei, *op.cit.*, p. 114 ; Ross Terrill, *op.cit.*, p. 256.

29. Ainsi, Ye Fei, patron du Fujian, accueille royalement les patrons de Shanghai et du Jiangxi dans l'hiver 1961 ; voir Shui Jing, *op.cit.*, p. 284.

30. Jean-Luc Domenach, *Mao, sa cour..., op.cit.*, p. 280-281 ; Yu Shiping, *op.cit.*, p. 385.

31. Zhang Zuoliang, *Zhou Enlaide zuihou shinian, Yiwei baojian yishengde huiyi* [Les Dix dernières années de Zhou Enlai, les mémoires d'un médecin personnel], Shanghai, Shanghai renmin chubanshe, 1997, p. 19.

32. Voir par exemple Zhang Liming, *op.cit.*, p. 62.

33. Wu Jiang, *op.cit.*, p. 160 ; Marie Holzman et Bernard Debord, *op.cit.*, p. 51 ; Jung Chang, *Wild Swans : Three Daughters of China*, Anchor Books, 1992, p. 227 ; Shui Jing, *op.cit.*, p. 256.

34. Tel un deuxième secrétaire de la province du Henan, voir LZP, n° 53, p. 106 *sqq.*

35. Kang Keqing, *op.cit.*, p. 455 ; Liu Zhende, *op.cit.*, p. 173 *sqq.* ; Wang Guangmei (*op. cit.*, p. 236) rapporte que la sœur de son mari est morte après avoir mangé de la viande et du sucre achetés avec les secours reçus. La mère du général Zhang Zhen mourra des suites de la sous-alimentation ; voir Yu Shiping, *op.cit.* On trouvera d'autres exemples de missions d'enquête dans : Wu Faxian, *op.cit.*, p. 11 ; et Chen Pixian, *Zai « yiyue fengbao » de zhongxin, Chen Pixian huiyilu* [Au cœur de la « tempête de janvier », les mémoires de Chen Pixian], Shanghai renmin chubanshe (Éditions populaires de Shanghai), 2005, p. 229 *sqq.*

36. Jiao Ye, *Ye Qun zhi mi* [L'énigme de Ye Qun], Hong Kong, Librairie de l'univers, 1994, p. 42 et p. 256. De leur côté, Ye Jianying et d'autres sont en contact avec des collègues affectés dans des régions pauvres pour se procurer des servantes à bon compte ; voir Chen Danzhun, *op.cit.*, p. 359.

37. He Pin, Gao Xin, *op.cit.*, p. 211.

38. Wei Renzheng, *Deng Xiaoping zai Jiangxide rizi* [Le Séjour de Deng Xiaoping au Jiangxi], Pékin, Zhonggong dangshi chubanshe (Éditions d'histoire du PCC), 1997, p. 119. Citons quelques autres exemples de réussite féminine (dans les conditions de l'époque...) : Hu Ming, épouse de Bo Yibo, devenue ministre du deuxième ministère des Industries légères ; Liu Xiange, épouse de Wang Dongxing, une de ses adjointes directes à la tête du régiment des gardes ; la femme de Yang Qiqing devenue chef du secrétariat du Bureau du ministre de la Sécurité publique ; Hu Min, épouse de Qiu Huizuo, directeur de son cabinet. Voir : He Pin, Gao Xin, *op.cit.*, p. 65 ; Wu Jicheng, *Hongse jingwei* [La Garde rouge], Pékin, Dangdai zhongguo chubanshe (Éditions de la Chine actuelle), 2003, p. 179 ; Liu Xingyi, *op.cit.*, p. 444 ; Zhang Yunsheng, *Maojiawan jishi, Lin Biao mishu huiyilu* [Récits sur Maojiawan, Les mémoires d'un secrétaire de Lin Biao], Pékin, Chunqin Chubanshe, Éditions printemps et automne, 1988, p. 68-69.

39. Leur grande affaire sera de comploter ensemble pour organiser secrètement le remariage d'un homme très populaire, Cheng Zihua, qui venait de perdre son épouse ; voir Shui Jing, *op.cit.*, p. 301.

40. Xiao Weili, *op.cit.*, p. 45.

41. Wang Fan, Dong Ping, (2011), *op.cit.*, p. 122 ; Zhang Liming, *op.cit.*, p. 6 ; BNC, juillet 2014, p. 31 ; Chen Haosu, Chen Zhouzhou, Chen Xiaolu, Chen Shanshan, *Huiyi fuqin Chen Yi* [En l'honneur de notre père Chen Yi], Pékin, Huaxia chubanshe Éditions de la Chine, 2001, p. 102 ; Wang Zhongfang, *Forged in Purgatory*, Lexington, Pamir Holding International, 2011, p. 270 ; He Pin, Gao Xin, *op.cit.*, p. 328.

42. Xiao Weili, *op.cit.*, p. 5 ; Gu Baozi, *op.cit.*, p. 376.

43. Wang Xingduan, *op.cit.*, p. 385. Mao avait tout de même pris la précaution de demander des informations précises sur la famille du marié, voir Chen Jin, *op.cit.*, p. 5.

44. *Zhonghua ernü* [Garçons et filles de Chine], 1991, n° 1 ; Jean-Luc Domenach, *Mao, sa cour...*, *op.cit.*, p. 302-303.

45. Xiao Yun, *op.cit.*, p. 295 ; Zhang Liqun, Zhang Ding, Yan Ruping, Tang Fei, Li Gongtian, *Hu Yaobang Zhuan*, Renmin ribaoshe, Zhonggong dangshi chubanshe (Société du Quotidien du peuple, Éditions de l'histoire du PCC), 2005, p. 329.

46. He Pin, Gao Xin, *op.cit.*, p. 364.

47. Zhang Liming, *op.cit.*, p. 206 ; He Pin, Gao Xin, *op.cit.*, p. 351 et p. 364. Sur les campagnes menées par Lin Biao et par Jiang Qing pour leur fille, voir Wang Fan, Dong Ping (2011), *op.cit.*, p. 322. Régulièrement ou non, les trois fils de Hu Yaobang intègrent respectivement au début des années 1960 l'université de Pékin, celle de Qinghua et le lycée annexe de Qinghua ; voir Man Mei, *op.cit.*, p. 165.

48. Sergo Beria, *Beria mon père. Au cœur du pouvoir stalinien*, Paris, Plon, 1999, p. 65 ; Simon Sebag Montefiore, *Staline, le cœur du tsar rouge*, Éditions des Syrtes, 2005, p. 540.

49. Zhang Liming, *op.cit.*, p. 206.

50. Li Jingquan, patron de la puissante province du Sichuan, est parvenu, lui, à envoyer trois enfants à Qinghua pour des études d'ingénieur, de physique et de radio ; voir Zhang Liming, *ibid.*, p. 81 et 240. On trouvera des informations supplémentaires dans Wang Fan, Dong Ping, *Hong Qiang Whangshi...*, op.cit., p. 96 ; Wu Jiang, *op.cit.*, p. 160 ; Chen Danzhun, *op.cit.*, p. 363.

51. Qiu Huizuo, *Qiu Huizuo huiyilu*, Hong Kong, Xinshiyi chubanshe (Éditions du nouveau siècle), 2011 ; Xiao Weili, *op.cit.*, p. 236.

52. Zhang Liming, *op.cit.*, p. 51 ; information orale, Pékin, juin 2005.

53. Yu Shiping, *op.cit.*, p. 216.

54. *Ibid.*, p 29 ; He Pin, Gao Xin, *op.cit.*, p. 12.

55. BNC, 2013, n° 10, p. 30 *sqq.*

56. Xiao Weili, *op.cit.*, p. 228 ; Yu Shiping, *op.cit.*, p. 425 ; Wu Jiang, *op.cit.*, p. 171.

57. Zhang Liming, *op.cit.*, p. 170.

58. Anecdote racontée par le fils de Zhu De, Zhu Heping, *op.cit.*, p. 75.

59. Ce dernier paragraphe est inspiré d'une note très précise d'un familier de l'Institut communiquée par madame Xiaohong Xiao-Planes, professeur à l'INALCO, que nous remercions très vivement. Voir aussi une allusion dans Chen Haosu, Chen Zhouzhun, Chen Xiaolu, Chen Shanshan, *op.cit.*, p. 29. Yu Zhensheng, actuellement un dirigeant très élevé du PCC, entre à l'institut en 1963 ; voir He Pin, Gao Xin, *op.cit.*, p. 12, 286.

60. Il raconte tout cela dans son journal personnel, *op.cit.*, t. 2, p. 132 ; pour la réaction de Liu Shaoqi, voir Liu Aiqin, *Wode fuqin Liu Shaoqi, op.cit.*, p. 321 *sqq.*

61. Zhang Liming, *op.cit.*, p. 225 ; Wu Jiang, *op.cit.*, p. 110.

62. Voir : Wang Guangmei, *op.cit.*, p. 199 ; et Wang Fan, Dong Ping, (2011), *op.cit.*, p. 114. Voir également, pour d'autres dirigeants, Zhang Liming, *op.cit.*, p. 63 ; Shui Jing, *op.cit.*, p. 217 ; Shi Xiang, *op.cit.*, p. 257. Lorsque son fils aîné rentre du Xinjiang où il avait été expédié, Luo Ruiqing invite toute la famille au meilleur restaurant de canard laqué de Pékin ; voir Wu Jiang, *op.cit.*, p. 175.

63. Zhang Liming, *op.cit.*, p. 202 ; Wang Fan, Dong Ping, (2011), *op.cit.*, p. 348-349.

64. Wu Jiang, *op.cit.*, p. 138 ; Yang Shangkun, *op.cit.*, p. 662.

65. Yu Ruomu, *Chen Yun jiafeng* [Chen Yun chez lui], Pékin, Xinhua chubanshe (Éditions de la nouvelle Chine), 2005, p. 103 ; Xiao Weili, *op.cit.*, p. 287.
66. Wang Fan, Dong Ping, (2011), *op.cit.*, p. 368. Ce qui ne fait, comme on l'imagine, que renforcer l'intérêt de la jeune génération pour le cinéma – et aussi, d'ailleurs, la photographie, dont un fils de Yang Shangkun fera son métier.
67. Wang Fan, Dong Ping, *Hong Qiang Whangshi...*, *op.cit.*, p. 73 *sqq.*
68. Luo Diandian, *op.cit.* On apprendra plus tard que la fille de Tao Zhu a quelque peu flirté avec un aviateur ; voir He Pin, Gao Xin, *op.cit.*, p. 722.
69. Huang Zuolin, *op.cit.*, p. 279-284 ; Wang Fan, Dong Ping, *Wo jia zhu...*, *op.cit.*, p. 361-362 ; Wang Fan, Dong Ping, *Hongqiang jiyi, op.cit.*, p. 5. Les sources varient quelque peu sur la position finale de Mao Zedong, voir Wang Fan, Dong Ping, (2011), *op.cit.*, p. 114.
70. He Pin, Gao Xin, *op.cit.*, p. 322.
71. Jiao Ye, *op.cit.*, p. 59-60.
72. He Pin, Gao Xin, *op.cit.*, p. 13.
73. *Zhonghua ernü* [Garçons et filles de Chine], 1991, n° 1 ; He Pin, Gao Xin, *op.cit.*, p. 559.
74. He Pin, Gao Xin, *op.cit.*, p. 313.
75. Wang Guangmei, *op.cit.*, p. 341.
76. Ledit Mao Yuanxin devient vite célèbre. En 1965, comme il sort diplômé de l'Institut de Harbin, un des adjoints de Lin Biao, Wu Faxian, lui réserve un poste très haut placé – mais Mao exige qu'il serve d'abord comme simple soldat dans la lointaine province du Yunnan. Voir Bo Yibo, *Ruogan zhongda juece yu shijian de huigu* [Retour sur quelques décisions et quelques événements d'importance], Pékin, Renmin chubanshe (Éditions populaires), 1997, p. 1263 ; Ma Shexiang, *op.cit.*, p. 364 *sqq.* ; Yan Changgui, Wang Guangyu, *op.cit.*, p. 318 ; BNC, 2008, n° 1, p. 76 *sqq.*
77. Pang Xianzhi, Jin Zhongji, *op.cit.*, p. 833 ; Dong Baocun, *Zoujin Huairentang, op.cit.*, p. 31 ; Wang Fan, Dong Ping, *Wo jia zhu...*, *op.cit.*, p. 15 ; et Wang Fan, Dong Ping, (2011), *op.cit.*, p. 362 ; Wang Hebing, *op.cit.*, p. 444.
78. Li Zhisui, *op.cit.*, p. 261 ; Bo Yibo, *Ruogan zhongda...*, *op.cit.*, p. 1202 *sqq.* ; Li Min (2001), *op.cit.*, p. 261.
79. Dong Bian, Cai Asong, Tan Deshan, *op.cit.*, p. 52.
80. Chen Haosu, Cai Asong, Tan Deshan, *op.cit.*, p. 29-31 ; Liu Aiqin, *Wode fuqin liu Shaoqi, op.cit.*, p. 289.
81. Zhu Heping, *op.cit.*, p. 162.
82. BNC, août 2003, p. 33.

La caste menacée (1966-1971)

1. *Dangshi Bolan* [Lectures d'histoire du Parti], novembre 2003, p. 10.
2. LZP, n° 42, p. 6 ; *Koushu Lishi* [Histoire orale], n° 1, p. 138 ; Stéphanie Balme, *op.cit.*, p. 124-125. Marie Holzman et Bernard Debord, *op.cit.*, p. 59-60 avaient déjà mentionné l'apparition d'un mouvement de Gardes rouges dans les lycées d'élite en soutien au fameux article de Yao Wenyuan déclenchant l'assaut contre la culture et la municipalité de Pékin. D'autre part, une source signale l'apparition à partir de 1963 d'incidents causés par des jeunes diplômés refusant leur affectation professionnelle en se prévalant de la « lutte des classes » ; voir Zhang Liqun, Zhang Ding, Yan Ruping, Tang Fei, Li Gongtian, *op.cit.*, p. 354.
3. Respectivement vice-Premier ministre, responsable des services secrets, vice-président de la République et ministre des Affaires étrangères.
4. Lequel, dans un sarcasme qui n'apparaîtra pas à l'époque, lui suggère de changer son prénom anodin en « Yaowu », soit « qui veut des armes » (sous-entendu : pour faire triompher la révolution culturelle contre des gens bien installés comme son propre père, un proche

de Liu Shaoqi). Voir Wu Ming, *op.cit.*, p. 37 ; BNC, 2010, n° 11, p. 46-50 ; Song Yongyi, *Les Massacres de la Révolution culturelle*, Paris, Buchet Chastel, 2008, p. 47.

5. L'affaire sera révélée en juin 1979 par la revue *Beijingzhichun* [Printemps de Pékin].

6. Yu Shiping, *op.cit.*, p. 312 ; He Pin, Gao Xin, *op.cit.*, p. 671

7. *Ibid.*, p. 560.

8. Pour d'autres noms de dirigeants, voir Marie Holzman et Bernard Debord, *op.cit.*, p. 82.

9. He Pin, Gao Xin, *op.cit.*, p. 237 et p. 672 ; Gu Baozi, *op.cit.*, p. 16. Seuls cent trente-neuf furent détenus d'après une autre source ; voir Wu Faxian, *op.cit.*, p. 614 ; Wang Li, *op.cit.*, p. 862 et p. 866.

10. Marie Holzman, Bernard Debord, *op.cit.*, p. 86 *sqq.* ; Gu Baozi, Dong Baocun, Yin Jiamin, *op.cit.*, p. 783 ; Wang Nianyi, *Da dongluande niandai* [Les Années de la grande turbulence], Zhengzhou, Henan renmin chubanshe, 2005, p. 63 ; Xi Xuan, *op.cit.*, p. 118. Plus tard, on accusera le patron du Henan d'avoir manœuvré une organisation semblable ; voir Wu Jiang, *op.cit.*, p. 141.

11. YHCQ, 2011, n° 7, p. 22. Une fille de Ye Fei, un puissant responsable militaire du Fujian, fait partie de cette organisation. Pour un cas comparable, voir Wang Li, *op.cit.*, p. 719. Dans le fameux institut de Harbin, en janvier 1967, vingt-sept fils de dirigeants ont le courage de dénoncer Jiang Qing. Source aimablement communiquée par madame Xiao-Planes.

12. Yu Shiping, *op.cit.*, p. 351 ; Shi Xiang, *op.cit.*, p. 123.

13. Wu Guang, *op.cit.*, p. 88.

14. Shi Xiang, *op.cit.*, p. 24. Yang Xiguang est certainement l'un des Gardes rouges les plus brillants et qui ont poussé le plus loin la logique de la révolution culturelle. Son itinéraire, y compris par la suite dans le goulag chinois, est rapporté dans Yang Xiguang et Susan Mac Fadden, *op.cit.* Wang Guangmei, Liu Yuan, *op.cit.*, p. 187.

15. Li Yuan, *Zhi weishi, Yan Hongyan shangjiang wangshi* [Seul le réel compte, en suivant la trace du général Yan Hongyan], Kunming, Yunnan renmin chubanshe (Éditions populaires du Yunnan), 2003, p. 286. Cependant, cela n'empêcha pas leur père de se suicider.

16. Un bruit insistant veut par exemple que Liu Yandong, aujourd'hui membre de Bureau politique du PCC et femme la plus gradée de Chine, aurait dénoncé son père Li Ruilong, alors vice-ministre de l'Agriculture.

17. Deng Rong, *Deng Xiaoping and the Cultural revolution*, Pékin, Foreign Languages Press, 2002, p. 40.

18. He Pin, Gao Xin, *op.cit.*, p. 487.

19. Wang Meng, *Le papillon*, Pékin, Littérature chinoise, 1984, p. 112-113.

20. Jing Fuzi, *Zhongnanhai enchou lu* [Les Bons et les méchants à Zhongnanhai], Taibei, Lianjing chubanshe (éditions Lianjing), 2004, p. 259.

21. Ross Terrill, *op.cit.*, p. 150.

22. Un exemple de diner entre maréchaux est donné par ZGDSL, 2000, n° 6, p. 46. Voir aussi Liu Zhende, *op.cit.*, p. 319. En avril 1967, le maréchal Xu Xiangqian est invité à vivre aux « Montagnes de l'Ouest » après que son domicile a été saccagé ; voir Xu Xiangqian, *Lishide Huigu* [Souvenirs historiques], Pékin, Jiefangjun chunbashe (Éditions de l'Armée populaire de libération), 1988, p. 681.

23. Xu Nonghe, *op.cit.*, p. 5 *sqq.* ; Kang Keqing, *op.cit.*, p. 473.

24. Gao Wenqian, *Wannian Zhou Enlai* [Les Dernières Années de Zhou Enlai], Hong Kong, Mingjing chubanshe (Éditions du miroir brillant), 2003, p. 187-189 ; Jing Fuzi, *Mao Zedong...*, *op.cit.*, p. 250, 449.

25. Jung Chang, Jon Halliday, *Mao, the Unknown History*, Londres, Jonathan Cape, 2005, p. 532.

26. Jean-Luc Domenach, *Mao, sa cour...*, *op.cit.*, p. 316 *sqq.* ; Zhou Min, *Wode fuqin Zhu De, op.cit.*, p 291.

27. *Ibid.*, p. 296.

28. He Pin, Gao Xin, *op.cit.*, p. 561.

29. Li Zhisui, *op.cit.*, p. 491.

30. Gu Baozi, *op.cit.*, p. 125 *sqq.* ; Chen Jin, *op.cit.*, p. 6. Elle devra également demander l'intervention de son père pour que l'on cesse de persécuter son mari ; voir Li Min, *op.cit.*, p. 272.

31. Deng Rong, *op.cit.*, p. 43 *sqq.* Le récit de la persécution de Liu Shaoqi par ses anciens serviteurs est dans Wang Guangmei, *op.cit.*, p. 418.

32. BJQNB, 20 août 2004. Les persécutions rendent à moitié folle la femme de Tan Zhenlin ; voir Gu Baozi, Dong Baocun, Yin Jiamin, *Texie Zhongnanhai* (Écrits sur Zhongnanhai), Pékin, Zhongguo qingnian chubanshe (Éditions de la jeunesse chinoise), 2004, p. 786.

33. Yu Shiping, *op.cit.*, p. 168.

34. Man Mei, *op.cit.*, p. 180 ; Zhang Liming, *op.cit.*, p. 254. La maison de Shu Tong est transformée en exposition de dénonciation ; voir Shi Lan, *op.cit.*, p. 196-197.

35. Gao Wenqian, *Wannian Zhou Enlai, op.cit.*, p. 189. Xiao Hua, lui, est très bien logé à l'hotel mais cela le met à portée des « larges masses » ; voir Xiao Yun, *op.cit.*, p. 362.

36. Lu Tong, Feng Laigang, *Liu Shaoqi zai jianguohoude ershinian* [Liu Shaoqi durant les vingt années qui ont suivi la fondation de la République populaire], Liaoning renmin chubanshe (Éditions populaires du Laoning), 2002, p. 437.

37. Pour les enfants de Tan Zhenlin, voir Zhu Heping, *op.cit.*, p. 182 et pour ceux de Deng Xiaoping, Shi Xiang, *op.cit.*, p. 163. Dans plusieurs cas, les parents demeurent aux Murs rouges, mais les enfants sont expulsés. C'est le cas de Deng Xiaoping et sa femme qui y vivent en 1967-1968 sans serviteurs et sans famille ; voir Yu Jundao, *op.cit.*, p. 181.

38. BNC, 2008, n° 10, p. 34.

39. Ainsi se noueront plus tard des relations bien utiles pour l'un d'entre eux qui succèdera à son père. Voir : Niu Han, Deng Jiuping, *Ces jours que nous avons tous vécus*, Pékin, Éditions littéraires d'octobre à Pékin, 2001, p. 6 ; Chen Pixian, *op.cit.*, p. 152 *sqq.*

40. Informations collectées à Pékin, janvier 2005 ; He Pin, Gao Xin, *op.cit.*, p. 351. Comme souvent en Chine, cette histoire s'achève par un mariage entre une fille de He Long et Liao Ping, le deuxième fils de Liao Chengzhi ; voir *ibid.*, p. 435.

41. Liu Tao, fille de Liu Shaoqi, sera arrêtée à la frontière birmane et incarcérée durant deux ans, *ibid.*, p 481.

42. *Ibid.*, p 682 ; Shi Xiang, *op.cit.*, p. 223-224.

43. Dong Baocun, *Zoujin Huairentang, op.cit.*, p. 562.

44. Shi Xiang, *op.cit.*, p. 70 ; Xiao Weili, *op.cit.*, p. 351 ; Chen Renkang, *op.cit.*, p. 20 ; He Pin, Gao Xin, *op.cit.*, p. 667 ; Zhang Liming, *op.cit.*, p. 93 ; Zhu Heping, *op.cit.*, p. 182 ; BNC, 2008, n° 10, p. 33 *sqq.* ; Luo Diandian, *op.cit.*, p. 271 ; FT, 22 juillet 2012. À propos d'un autre camp de redressement, voir Zhu Heping, *op.cit.*, p. 182 ; et de l'évolution de l'appareil de répression durant la révolution culturelle, voir Jean-Luc Domenach, *Chine, l'archipel oublié*, Paris, Fayard, 1992, p. 259 *sqq.*

45. ZGDSZL, 2009, n° 10.

46. Par exemple un fils de Peng Zhen qui a fait ensuite une carrière de petit cadre et trois enfants de Luo Ruiqing ; voir He Pin, Gao Xin, *op.cit.*, p. 349-350. Voir d'autres exemples dans *ibid.*, p. 436, Luo Diandian, *op.cit.*, p. 271, Yu Ruomu, *op.cit.*, p. 44.

47. Marie Holzman, Bernard Debord, *op.cit.*, p. 112-113.

48. Voir par exemple le cas de la fille de Qiao Guanhua dans Liu Aiqin, *Wode fuqin muqin, op.cit.*, p. 181.

49. On trouve des exemples dans Wang Fan, *Zhiqingzhe shuo* [Ceux qui savent parlent] III, 7, Zhongguo qingnian chubanshe (Éditions de la jeunesse chinoise), 2004, p. 192 *sqq.*

50. Shi Xiang, *op.cit.*, p. 349-350. Ce flux vers les armes modernes et les industries militaires avancées prolongeait la tendance née à la fin des années 1950 ; voir Jean-Luc Domenach, *Mao, sa cour...*, p. 367.

51. Michel Bonnin, *Génération perdue. Le mouvement d'envoi des jeunes instruits à la campagne en Chine, 1968-1980*, Paris, Éditions de l'École des hautes études en sciences sociales, 2004, p. 39 et p. 231.

52. Wu Jiang, *op.cit.*, p. 177. Sur la dissémination des enfants de Peng Zhen, voir Yu Wei, Wu Zhifei, *op.cit.*, p. 8.

53. Agnès Andresy, *Princes rouges…*, *op.cit.*, p. 78.

54. He Pin, Gao Xin, *op.cit.*, p. 256-257. Tous les fils de Bo Yibo ont été à un moment ou à un autre incarcérés, voir *ibid.*, p. 666.

55. *Ibid.*, p. 435 et p. 495.

56. Gu Baozi, *Zhongnanhai renwu chunqiu* [Biographies des personnalités de Zhongnanhai], Pékin, Zhonggongdangshi chubanshe (Éditions d'histoire du PCC), 2009, p. 127.

57. Voir les souvenirs de Nie Li, la fille de Nie Rongzhen, *op.cit.*, p. 344.

58. Les enfants officiellement réprouvés de Liu Shaoqi recevaient des lettres anonymes de sympathie ; voir Wang Guangmei, Liu Yuan, *op.cit.*, p. 208.

59. Liu Jintian, *Tushuo Chen Yun* [Chen Yun en images et en paroles], Pékin, Huaxia chubanshe (Éditions de la Chine), 2008, p. 149 ; Gu Baozi, *Zhongnanhai renwu chunqiu, op.cit.*, p. 135.

60. Wei Renzheng, *op.cit.*, p. 126 *sqq.* ; Ezra Vogel, *Deng Xiaoping and the Transformation of China*, Cambridge, MA, et Londres, The Belknap Press of Harvard University Press, 2011, p. 51 ; BNC, 2003, n° 1, p. 47.

61. BNC, 2012, n° 6, p. 68 ; Ye Yonglie,n° 10, *op.cit.*, p. 213 ; Zhang Liming, *op.cit.*, p. 88.

62. Wang Guangmei, Liu Yuan, *op.cit.*, p. 208.

63. John Woodruff, *China in Search of its Future*, University of Washington Press, 1989, p. 142-143.

64. Shi Xiang, *op.cit.*, p. 265 ; He Pin, Gao Xin, *op.cit.*, p. 667. Pour d'autres cas comparables, voir : Zhang Yi, Chen Weizhong, Huang Honglan, *op.cit.*, p. 65 ; Yu Shiping, *op.cit.*, p. 207 et p. 455 ; Li Yankang, Xiao Sike, *op.cit.*, p. 207 ; Yu Ruomu, *op.cit.*, p. 63.

65. Shi Xiang, *op.cit.*, p. 265 ; He Pin, Gao Xin, *op.cit.*, p. 667. Sur la survie de la famille de Liu Shaoqi, voir Wang Guangmei, Liu Yuan, *op.cit.*, p. 208. Pour d'autres cas comparables, voir Zhang Yi, Chen Weizhong, Huang Honglan, *op.cit.*, p.65 ; Yu Shiping, *op.cit.*, p. 207 et p. 455 ; Li Yankang, Xiao Sike, *op.cit.*, p. 207 ; Yu Ruomu, *op.cit.*, p. 63.

66. YHCQ, 2012, n° 5, p. 78.

67. Zhu Tingxun, *Li Desheng zai dongluan siyue, cong junzhang dao zhongyang fuzhuxi* [Li Desheng dans les turbulences, un général devenu vice-président du Comité central], Pékin, Zhongyang wenxian chubanshe (Éditions documentaires du Comité central), 2007, p. 109 ; Gu Baozi, *Zhongnanhai renwu chunqiu, op.cit.*, p. 550 ; Jiang Bo, Li Qing, *Lin Biao 1959 nian yihou* [Lin Biao après l'année 1959], Chengdu, Sichuan renmin chubanshe, 1998, p. 321. Sur les préparatifs très politiques du mariage du fils aîné de Qiu Huizuo, voir Qiu Huizuo, *op.cit.*, p. 591. De son côté, l'épouse de Huang Yongsheng, le chef de la bande, a manœuvré quelque temps pour que son fils épouse Doudou, la fille de Lin Biao ; voir Jiao Ye, *op.cit.*, p. 223-228.

68. Et un fils de Qiu Huizuo s'est fait connaître pour avoir escaladé la clôture des Murs rouges ; voir Li Zuopeng, (2011), p. 692 ; Wu Jicheng, Wang Fan, *Hongqiang Jingwei* [Les gardes des murs rouges], Pékin, Zhongguo qingwen chubanshe (Éditions de la jeunesse de Chine), p. 236 ; YHCQ, 2013, n° 9, p. 39 et p. 43.

69. Voir Jean-Luc Domenach, *Mao, sa cour…, op. cit.*

70. Wu Jicheng, *op.cit.*, p. 124 *sqq.* ; BNC, 2004, n° 12, p. 34 *sqq.*, et 2008, n° 12, p. 33.

71. Dong Baocun, *Zoujin Huairentang, op.cit.*, p. 304-305.

72. On trouve les détails de cette romance qui paraît à peu près crédible dans Jiao Ye, *op.cit., passim.*

73. Shi Xiang, *op.cit.*, p. 388 *sqq.* ; Luo Diandian, *op.cit.*, p. 159 et p. 287 ; Qiu Huizuo, *op.cit.*, p. 805 ; Jiao Ye, *op.cit.*, p. 259 *sqq.* et Jean-Luc Domenach, *Mao, sa cour...*, *op.cit.*, p. 461.

74. Jung Chang et Jon Halliday, *op.cit.*, p. 577 ; Xu Jingxian, *Shinian Yimeng* [Dix années pour un rêve] Hong Kong, Shidai guoji chuban youxian gongsi (Société de publication internationale de l'époque), 2004, p. 243.

75. Gu Baozi, *Zhongnanhai renwu chunqiu, op.cit.*, p. 662 *sqq.* ; Shao Hua, You Hu, *Lin Biaode zheyisheng* [Telle fut la vie de Lin Biao], Wuhan, Hubei, renmin chubanshe (Éditions populaires du Hubei), 2003, p. 392 ; Wu Faxian, *op.cit.*, p. 709 et p. 768 *sqq.*

76. Wu Faxian, *op.cit.*, p. 768 *sqq.* ; Shi Xiang, *op.cit.*, p. 341 *sqq.*

77. Yin Jiamin, *op.cit.*, p. 862 *sqq.*

La revanche de la caste (1971-1976)

1. Marie Holzman, Bernard Debord, *op.cit.*, p. 125.

2. Fan Shuo, *Ye Jianying zai feichang shiqi* [Ye Jianying dans un temps extraordinaire], Huawen chubanshe (Éditions culturelles de Chine), 2002, p. 343.

3. Gao Wenqian, *Wannian Zhou Enlai, op.cit.*, p. 522.

4. He Ping, Gao Xin, *op.cit.*, p. 35 *sqq.*

5. LZP, n° 42, p. 17 ; BNC, 2008, n° 9, p. 36 *sqq.*

6. Stéphanie Balme, *op.cit.*, p. 140 ; He Pin, Gao Xin, *op.cit.*, p. 35.

7. Shi Xiang, *op.cit.*, p. 293 ; Man Mei, *op.cit.*, p. 165.

8. Pour un cas concret où Wang Zhen aide Zhang Wentian en 1974, voir *Jingu Chuanqi* [Revue d'aujourd'hui et autre fois], 2004, p. 196 ; Wang Linyu, *Zhang Wentian yu Liu Ying* [Zhang Wentian et Liu Ying], Pékin, Zhongyang wenxian chubanshe (Éditions documentaires du Comité central), 2000, p. 242 ; Liu Ying, *Wo yu Zhang Wentian mingyun yugongdelicheng* (Mon destin avec Zhang Wentian et notre histoire commune), Pékin, Zhonggong dangshi chubanshe (Éditions de l'histoire du PCC), p. 263. Sur les activités de Hu Yaobang, voir BNC, 2008, n° 9, p. 36 *sqq.*

9. Jean-Luc Domenach, *Mao, sa cour...*, *op.cit.*, p. 384-386. Les mémoires de Liu Fuzhi (2010) apportent des précisions importantes sur l'évolution de l'appareil de Sécurité.

10. Comme la fille aînée de Ren Bishi. Voir : Luo Diandian, *op.cit.*, p. 298 ; Jing Fuzi, *Zhongnanhai enchou lu, op.cit.*, p. 428 ; Wang Guangmei, Liu Yuan, *op.cit.*, p. 210 *sqq.* ; Wu Xiuquan, Wu Xiuquan huiyi lu (Mémoires), Beijing, Zhongguo qingnian chubanshe (Éditions de la jeunesse chinoise) (2009), p. 313 ; Yu Ruomu, *op.cit.*, p. 77 ; BNC, 2008, n° 10, p. 24.

11. Pour les enfants de He Long et leur visite à leur mère, voir Shi Xiang, *op.cit.*, p. 224 ; pour le processus qui conduira à la visite à Xi Zhongxun, voir BNC, n° 10, p. 8. Sur la fille de Ren Bishi, voir *ibid.*, p. 138-139.

12. Hong Yung Lee, *From Revolutionary Cadres to Party Technocrats in Socialist China*, Berkeley University of California Press, 1991, p. 166.

13. Zhonggong zhongyang wenxian chubanshe (2004), p. 129.

14. Ainsi n'ont pas été retrouvées des traces de fils de Wang Jiaxiang et Gao Gang ; voir YHCQ, 2009/5.

15. Cité par S. Balme, *op.cit.*, p. 17. Chen Pixian, dans *op.cit.*, p. 252 *sqq.*, décrit fidèlement la longue marche de son fils pour obtenir sa libération et sa réhabilitation.

16. Zhang Yaoci, *Zhongyang jingweituan tuanzhang huiyi Mao Zedong, op.cit.*, p. 212.

17. Notamment Xie Fuzhi à « gauche », Zeng Shan et Chen Zhengren à « droite ».

18. Wang Nianyi, *op.cit.*, p. 377 *sqq.*

19. Shan Feng, *op.cit.*, p. 75.

20. Li Zhisui, *op.cit.*, p. 599.

21. Zhang Zuoliang, *op.cit.*, p. 243.

22. Zhang Liming, *op.cit.*, p. 209.

23. Chen Danzhun, *op.cit.*, p. 128 ; Zhang Liming, *op.cit.*, p. 171 ; Wang Hao, Wang Jiyi, *op.cit.*, p. 486 et p. 489 ; Cheng Zhongyuan, Xia Jizhen, *Lishi zhuanzhi lun, Cong zunyi huiyi dao shiyijie sanzhong quanhui* [Les tournants de l'histoire, de la réunion de Zunyi à la troisième session du onzième Comité central], Pékin, Renmin chubanshe (Éditions populaires), 2002, p. 241.

24. Shen Kui, *Wang Jiaxiang, jiashi, qinggan, pinke* [Wang Jiaxiang, famille, affections, morale], Jinan, Jinan chubanshe (Éditions de Jinan) 2001, p. 191 ; Fan Shi, *op.cit.*, p. 609 ; YHCQ, 2011, n° 4, p. 48 ; Zhu Heping, *op.cit.*, p. 245. Plus tard se développera à l'hôpital 301 une véritable activité mondaine entre les anciens commandants militaires en traitement.

25. Marie Holzman, Bernard Debord, *op.cit.*, p. 155.

26. He Pin, Gao Xin, *op.cit.*, p. 621 *sqq.*

27. Zeng Zhi, *op.cit.*, p. 511.

28. Deng Rong, *op.cit.*, p. 124 et p. 178 ; He Pin, Gao Xin, *op.cit.*, p. 172 et p. 496 ; Yu Shiping, *op.cit.*, p. 211.

29. Zhu Heping, *op.cit.*, p. 225 ; Wu Faxian, *op.cit.*, p. 708 *sqq.*

30. He Pin, Gao Xin, *op.cit.*, p. 237.

31. Ye Yonglie, n° 6, *Yao Wenyuan*, Wulumuqi, Xinjiang renmin chubanshe (Éditions populaires du Xinjiang), 2000, p. 413.

32. Shi Xiang, *op.cit.*, p. 269.

33. Au lendemain des troubles d'avril 1976 à Pékin, il lui écrira : « J'ai de mes yeux vu la même chose que l'incident de Hongrie. », dans Ye Yonglie, n° 4, *op.cit.*, p. 342.

34. BNC, 2004, n° 6, p. 19 ; Zhang Hanzhi, *Kuaguo houde da hongmen* [L'Épaisse grande porte rouge que j'ai franchie], Shanghai, Wenhui chubanshe (Éditions Wenhui), 2002, p. 119.

35. Dong Baocun, in *Zhiqingzhe shuo* [Ceux qui savent, parlent], III, 8, Pékin, Zhongguo qingnian chubanshe (Éditions de le jeunesse chinoise), 2004, p. 265. Cette entraide dans la recherche de positions professionnelles est un facteur de la reconstitution de la caste et de la solidarité entre les fils de princes qui mériterait d'être plus documenté.

36. Ezra Vogel, *op.cit.*, p. 56 ; Luo Dongjin, *op.cit.*, p. 358 ; Chen Danzhun, Ye Weiwei, *op.cit.*, p. 133.

37. Gushibao, n° 846, p. 5 ; Chen Qingquan et Song guangwei, *Lu Dingyichuan* [Biographie de Lu Dingyi], Pékin, Zhonggong danshi chubanshe (Éditions d'histoire du PCC), 1999, p. 536.

38. He Pin, Gao Xin, *op.cit.*, p. 36.

39. Yu Shiping, *op.cit.*, p. 266.

40. Gao Xiao, *op.cit.*, p. 172.

41. YHCQ, 2008, n° 10, p. 47.

42. Luo Diandian, *op.cit.*, p. 296-297.

43. YHCQ, 2011, n° 4, p. 48.

44. Yu Shiping, *op.cit.*, p. 384-385, ; Shan Feng, *op.cit.*, p. 314 et p. 338 ; Shi Xiang, *op.cit.* ; Xiao Weili, *op.cit.*, p. 254 ; Gu Baozi, Dong Baocun, Yin Jiamin, *op.cit.*, p. 819 ; Wu Jiang, *op.cit.*, p. 178 ; Zhang Liming, *op.cit.*, p. 171 ; He Pin, Gao Xin, *op.cit.*, p. 111 et p. 209, et p. 351, et p. 395 ; Deng Rong, *op.cit.*, p. 195.

45. Wu Jiang, *op.cit.*, p. 178.

46. Deng Rong, *op.cit.*, p. 195 ; He Pin, Gao Xin, *op.cit.*, p. 223.

47. Marie Holzman, Bernard Debord, *op.cit.*, p. 139 ; He Pin, Gao Xin, *op.cit.*, p. 174.

48. Du Weihua, *op.cit.*, p. 668.

49. He Pin, Gao Xin, *op.cit.*, p. 395.

50. *Ibid.*, p. 395 et p. 209.

51. Sur Li Min, voir Li Min, *op.cit.*, p. 302 ; Li Ying, Cheng Meidong, *Yu Mao Zedong yiqi ganshou lishi* [L'Histoire que nous avons vécue avec Mao Zedong], tome 2, Wuhan, Hubei renmin chubanshe (Éditions populaires du Hubei), 2003, p. 269-270 ; *Renwu Yuekan*, 14 février 2009. Sur Li Na, voir : Ma Shexiang, *op.cit*, p. 240, Wang Fan, Dong Ping, *Wo zai buxunchang...*, *op.cit.*, p. 289 ; Xu Jingxian, *op.cit.*, p. 110.

52. Shi Xiang, *op.cit.*, p 376

53. Shan Feng, *op.cit.*, p. 75 ; Ye Yonglie, n° 11, *Ye Yonglie caifang shouji* [Notes manuscrites d'interviews par Ye Yonglie], Wulumuqi, Xinjiang renmin chubanshe (Éditions populaires du Xinjiang), 2000, p. 316.

54. Chen Pixian, *op.cit.*, p. 252 *sqq.* ; Zhu Heping, *op.cit.*, p. 273 ; Shi Xiang, *op.cit.*, p. 216 ; Gao Wenqian, *Wannian Zhou Enlai...*, *op.cit.*, p. 572 *sqq.*

55. Deng Xiaoping, *op.cit.*, p. 152.

56. Fan Shuo, *op.cit.*, p. 609.

57. Zhu Yu, Chen Zhenseng, He Guangyao, *Li Xianniande feichangzhi lu* [La Voie extraordinaire de Li Xiannian], Pékin, Renmin chubanshe (Éditions populaires), 2001, p. 221.

58. YHCQ, 2008, n° 10, p. 4. Le fils de Xiong Xianghui est également mis à contribution.

59. *Ibid.*, p. 6.

60. Liu Jintian, *op.cit.*, p. 160.

61. Chen Pixian, *op.cit.*, p. 298 ; Deng Rong, *op.cit.*, p. 440.

62. YHCQ, 2011, n° 2, p. 94.

63. Li Yankang, Xiao Sike, *op.cit.*, p. 26.

64. Ye Yonglie, n° 4, *op.cit.*, p. 352.

65. Yu Shiping, *op.cit.*, p. 163.

Sur le chemin de la succession (1977-1989)

1. Li Yantang, Xiao Sike, *op.cit.*, p. 12 et p. 70.

2. *Ibid.*, *passim*, notamment p. 73. Deng Pufang subira deux opérations au Canada en 1980 et 1981. Elles échoueront mais stopperont la progression de son mal, et lui ouvriront les yeux sur l'Occident ; voir : Shi Xiang, *op.cit.*, p. 144-145.

3. Toutes ces réhabilitations seront le résultat de savantes manœuvres qui se concluront par des échanges de politesse très précis. Yang Shangkun et son épouse par exemple, rendront une visite solennelle à Hu Yaobang pour le remercier de son aide. Il faut noter que le retour de Peng Zhen a été salué à l'aéroport par plusieurs centaines de cadres supérieurs ; voir He Pin, Gao Xin, *op.cit.*, p. 340.

4. ...où sa fille l'assistera ; voir Gao Xiao, *op.cit.*, p. 189 *sqq.* ; BNC, 2014, n° 5, p. 29.

5. D'après Ezra Vogel, *op.cit.*, p. 253, sur les dix-sept millions de jeunes envoyés à la campagne, seuls sept millions avaient été autorisés à rentrer en ville avant 1979. C'est dire le privilège des fils de princes.

6. Yu Shiping, *op.cit.*, p. 229. À noter que les fils de princes s'entraident dans leur recherche de travail.

7. Cependant, (c'est un cas assez unique) elle se poursuivit en réalité discrètement jusqu'en 1986 ou 1989 suivant les sources.

8. *Ibid.*, p. 190-194 et p. 453-454.

9. Ezra Vogel, *op.cit.*, p. 206.

10. He Pin, Gao Xin, *op.cit.*, p. 520.

11. *Ibid.*, p. 1975 ; Yu Shiping, *op.cit.*, p. 75 *sqq.* et p. 269 ; Shi Xiang, *op.cit.*, p. 73.

12. John Woodruff, *op.cit.*, p. 132 ; Marie Holzman, *Avec les chinois*, Paris, Flammarion, 1981, p. 23.

13. Yu Shiping, *op.cit.*, p. 79 ; He Pin, Gao Xin, *op.cit.*, p. 497.

14. Yu Shiping, *op.cit.*, p. 30 ; Lu Hong, *op.cit.*, p. 192 ;Gu Baozi, *Hongqiang miwen, op.cit.*, p. 96 *sqq.* ; BNC, 2009/10, p. 48.

15. Yu Shiping, *op.cit.*, p. 205-206.

16. *Hunan dianshetai, op.cit.* ;Yin Jiamin, *op.cit.*, p. 239 ; Xu Nonghe, *op.cit.*, p. 138.

17. FT, 21-22 juillet 2012. Gu Kailai s'est redue célèbre pour avoir assassiné un Britannique qui gênait son mari et a été condamnée à mort avec une peine suspensive en août 2012.

18. Souvenir personnel, Kunming, juillet 1978.

19. Ezra Vogel, *op.cit.*, p. 221.

20. *Ibid.*, p. 266 et p. 218 ; informations personnelles.

21. Li Yankang, Xiao Sike, *op.cit.*, p. 32 ; souvenirs personnels de missions à Pékin, 1978-1981.

22. Jean-Luc Domenach et Philippe Richer, *La Chine*, Paris, Seuil, 1995, p. 412 *sqq.*

23. David S.G. Goodman, *Beijing Street Voices*, Marion Boyars Publishers, 1981, p. 151 ; souvenirs personnels. Le meilleur témoignage est sans conteste celui de Marie Holzman, *Avec les Chinois, op.cit.*. Les sinisants peuvent percevoir la diversité du mouvement grâce à la remarquable collection de documents et de journaux publiée par Claude Widor (1989).

24. Ce que signale amèrement une affiche murale apposée en aôut 1979 et citée par Victor Sidane, *Le Printemps de Pékin : Oppositions démocratiques en Chine, novembre 1978-mars 1980*, Paris, Gallimard, 1980, p. 235-236.

25. Zhang Lijia, Calum Mac Leod, *China remembers*, Oxford University Press, 1999, p. 216-218.

26. Marie Holzman et Bernard Debord, *op.cit.*. Le père de Wei Jingsheng, Wei Ziling était un ancien cadre très respecté de la IVᵉ Armée nouvelle qui ne sut pas protéger son poste de premier vice-président de l'aviation civile. Il avait un rang moyennement élevé, mais la famille bénéficiait d'une bonne partie des avantages, notamment scolaires, dispensés à la caste.

27. Ezra Vogel, *op.cit.*, p. 229 *sqq.* et p. 248 *sqq.*

28. He Pin, Gao Xin, *op.cit.*, p. 86.

29. Yu Shiping, *op.cit.*, p. 79.

30. Yu Ruomu, *op.cit.*, p. 86 ; Shi Xiang, *op.cit.*, p. 117 et p. 124 ; He Pin, Gao Xin, *op.cit.*, p. 521.

31. Yu Shiping, *op.cit.*, p. 81 ; FT, 14 novembre 2012.

32. Xiao Weili, *op.cit.*, p. 186 et p. 300 ; Huang Zulin, *op.cit.* p. 298 ; Yu Shiping, *op.cit.*, p. 148 ; He Pin, Gao Xin, *op.cit.*, p. 395. La première fille de Liu Shaoqi fit carrière aux États-Unis, la seconde monta une entreprise d'agro-alimentaire en Chine ; voir Agnès Andresy, *Princes rouges…, op.cit.*, p. 56-57.

33. Agnès Andresy, *Xi Jinping, op.cit.* ; He Pin, Gao Xin, *op.cit.*, p. 616.

34. *Ibid.*, p. 305.

35. NYTI, 13 novembre 2013 ; John Woodruff, *op.cit.*, p. 139.

36. Shui Jing, *op.cit.*, p. 250.

37. Yu Shiping, *op.cit.*, p. 306. Kong Dan commence par servir Zhang Jingfu, l'un des plus puissants patrons de l'économie : il acquiert alors une expérience qui servira par la suite sa brillante carrière privée.

38. Jean-Luc Domenach et Xiaohong Xiao-Planes, *Les Nouvelles sources sur l'histoire politique de la « première Chine populaire » (1949-1976) : bilan provisoire*, « Questions de recherche », CERI, nº 37, septembre 2011. Et c'est en compulsant un ouvrage à la mémoire de Liu Shaoqi que la fille de Rao Shushi apprit ainsi la date du décès de son père en prison.

39. On en trouvera quelques exemples dans Chen Danzhun, Ye Weiwei, *op.cit.*, p. 265, p. 300 et p. 383 ; pour des visites sur les lieux saints de la geste communiste, voir Shui Jing, *op.cit.*, p. 268 ; Shi Zhe, *Zhongsu guanxi jianzhenglu* [Témoignages vécus sur les relations sino-soviétiques], Pékin, Dangdai chubanshe (Éditions du présent), 2005, p. 59 ; « Jianghua Chuan » bianshen weiyuanhui, (2007), p. 344.

40. John Woodruff, *op.cit.*, p. 128.

41. Wang Guangmei, Liu Yuan, *op.cit.*, p. 89.

42. Zhou Bingde, *op.cit.*, p. 71.

43. D'autres réunions seront organisées par la suite ; voir : BNC, 2014, n° 10, p. 72-73 ; Zhou Bingde, *op.cit.*, p. 314.

44. *Hunan dianshetai, op.cit.*, p. 17.

45. *Ibid.*, p. 26.

46. Voir l'analyse de He Pin et Gao Xin, *op.cit.*, p. 248, qui insistent sur la mise à l'écart de Xi Zhongxun, le père de Xi Jingping. Un autre sujet généralement négligé est le refus de Deng Xiaoping et Chen Yun d'approuver la proposition de Hu Yaobang de supprimer les corps de construction militaires du Xinjiang, une mesure qui aurait peut-être porté un coup fatal au goulag chinois ; voir *ibid.*, p. 36.

47. Agnès Andresy, *Xi Jingping, op.cit.*, p. 55.

48. *Ibid.*, p. 52 ; Kerry Brown, *op.cit.*, p. 17.

49. Pour un exemple concret, voir le récit par Liu Fuzhi, alors vice-ministre de la Justice : *op.cit.*, p. 334.

50. Mathieu Duchâtel et Joris Zylberman, *Les nouveaux communistes chinois*, Paris, Albin Michel, 2012, p. 42.

51. Ezra Vogel, *op.cit.*, p. 355.

52. Shi Xiang, *op.cit.*, p. 105-106.

53. Shi Xiang, *op.cit.*, p. 313 ; LM, 23 janvier 2014.

54. Shi Xiang, *op.cit.*, p. 232 *sqq.*

55. *Ibid.*, p. 339.

56. Teng Xuyan, *op.cit.*, p. 20 ; Shi Xiang, *op.cit.*, p. 339 ; IHT, 1er octobre 2010.

57. Stéphanie Balme, *op.cit.*, p. 140.

58. Yu Shiping, *op.cit.*, p. 89 ; Shi Xiang, *op.cit.*, p. 77 *sqq.* ; Chen Haosu, Chen Danzhun, Chen Xiaolu, Chen Shanshan, *op.cit.*, p. 9.

59. Agnès Andresy, *Xi Jinping, op.cit.*, p. 60. Sur Chen Haosu, voir He Pin, Gao Xin, *op.cit.*, p. 223.

60. Ezra Vogel, *op.cit.*, p. 565.

61. He Pin, Gao Xin, *op.cit.*, p. 384.

62. Stéphanie Balme, *op.cit.*, p. 338 ; He Pin, Gao Xin, *op.cit.*, p. 330.

63. En l'occurrence Deng Xiaoping, Chen Yun, Li Xianwuan, Yank Shangkun, Peng Zhen, Bo Yibo, Wang Zhen.

64. *Ibid.*, p. 140-141.

65. *Ibid.*, p. 128-129.

66. *Voice of America*, 8 mars 2013 ; *Le Monde*, 23 janvier 2014.

67. Pour quelques exemples, voir John Woodruff, *op.cit.*, p. 139 ; Willy Wo-Lap Lam, *Chinese Politics in the Hu Jintao Era*, Routledge, 2006, p. 275-276.

68. Jean-Philippe Béja, Michel Bonnin, Alain Peyraube, *Le tremblement de terre de Pékin*, Paris, Gallimard, 1991, p. 62.

69. Souvenirs personnels de voyages annuels entre 1979 et 1989.

70. Souvenir personnel, Pékin, juin 1988.

71. Shi Xiang, *op.cit.*, p. 218.

72. *Zuojia wenzhai* [Morceaux choisis d'écrivains], 31 juillet 2009.

73. Gao Xiao, *op.cit.*, p. 548.

74. Nombreux témoignages recueillis lors de missions à Pékin à la fin des années 1980.

75. Xiong Xianghui, le fameux espion politique que nous avons vu à la manœuvre lors du coup d'État d'octobre 1976 et un autre agent secret, Mi Guojun, seront d'emblée PDG adjoints

de la compagnie (où Kong Dan, fils de Kong Yuan, jouera un rôle essentiel), et le successeur de Rong Yiren, Wang Jun, fils de Wang Zhen, sera lui-même déniché dans les services secrets ; voir : Agnès Andresy, *Princes rouges...*, *op.cit.*, p. 183.

76. *Ibid.*, p. 170 et p. 183 ; YHCQ, 2014/6, p. 11 *sqq.* ; Yu Shiping, *op.cit.*, p. 255 ; Stéphanie Balme, *op.cit.*, p. 338.

77. Shi Xiang, *op.cit.*, p. 224 ; Agnès Andresy, *Princes rouges...*, *op.cit.*, p. 82.

78. He Pin, Gao Xin, *op.cit.*, p. 395 ; Roger Faligot, *Les Services secrets chinois, de Mao aux JO*, Paris, Éditions du Nouveau Monde, 2008, p. 222 *sqq.* ; informations personnelles, Pékin, 2002-2007.

79. Wang Fan, Dong Ping, (2012), *op.cit.*, p. 201 ; Deng Rong, *op.cit.*, p. 175 ; Stéphanie Balme, *op.cit.*, p. 375 *sqq.*

80. Li Cheng, « Diversification of Chinese Entrepreneurs and Cultural Pluralism in the Reforme Era », in Shiping Hua (ed.), *Chinese Political Culture*, ME Sharpo, 2001, p. 230 ; souvenirs personnels. Voir aussi Richard Baum, *op. cit.*, p. 2.

81. SCMP, 15 décembre 2013.

82. Yu Shiping, *op.cit.*, p. 40.

83. Une analyse lucide est disponible dans *Voice of America*, 8 mars 2013.

84. Informations personnelles, Paris, 2008.

85. Voir entre autres He Pin, Gao Xin*op.cit.*, p. 592 ; et Li Yankang, Xiao Sike, *op.cit.*, p. 19.

86. Voir entre autres Agnès Andresy, *Princes rouges...*, *op.cit.*, p. 239 ; Laure de Charrette, Marion Zipfel, *Les nouveaux milliardaires rouges*, Paris, L'Archipel, 2013, p. 197 ; He Pin, Gao Xin, *op.cit.*, p. 671 *sqq.*

87. L'auteur de ces lignes a participé en décembre 1979 et janvier 1980 à deux déjeuners en petit comité avec Hu Yaobang et a pu constater son goût de la rencontre qui contrastait avec la réserve de l'autre personnalité politique alors rencontrée plus souvent encore : Qiao Shi – lequel, pour autant, était intellectuellement assez ouvert. Étrangement, les sources chinoises et étrangères sur Hu Yaobang ne sont pas très précises, probablement parce que l'homme était difficile à comprendre pour des historiens issus des écoles du Parti. Pour les informations concrètes à son propos, voir He Pin, Gao Xin, *op.cit.*, p. 111 *sqq.* ; et Zhang Liming, *op.cit.*, ainsi que les souvenirs de sa fille Man Mei.

88. Shui Jing, *op.cit., passim.*

89. Voir le chapitre 9.

90. Ursula Gauthier, *Le Volcan chinois : dans les entrailles du Grand Dragon*, Paris, Denoël, 1998, p. 172.

91. Xiao Weili, *op.cit.*, p. 339 et surtout He Pin, Gao Xin, *op.cit.*, p. 413 *sqq.*, résument bien les nombreuses autres sources.

92. He Pin, Gao Xin, *op.cit.*, p. 699-706.

93. Informations personnelles, Pékin, 2005.

94. *Renmin ribao*, 21 février 1986 ; Kenneth Lieberthal, *Governing China from Revolution through Reform*, W. W. Norton & Companyp., 2003, p. 238.

95. Shen Tong, *op.cit.*, p. 159.

96. Francis Deron, *Cinquante jours de Pékin*, Paris, Christian Bourgois, 1989, p. 137 et p. 283.

97. *Le Monde*, 23 janvier 2014 ; Francis Deron, *op.cit.*, p. 93, p. 137 et p. 283 ; informations de témoins oculaires, septembre 1989

98. La position de Li Tieying était néanmoins ambiguë comme le signale l'un des témoins de Cheng Yingxiang (*op.cit.*), dont l'ouvrage rend bien compte de l'atmosphère de l'époque, p. 92-95. Voir aussi Shen Tong, *op.cit.*, p. 307.

99. He Pin, Gao Xin, *op.cit.*, p. 493 et p. 725 ; Stéphanie Balme, *op.cit.*, p. 374 ; Agnès Andresy, *Princes rouges...*, *op.cit.*, p. 86 ; informations sur Chen Xiaolu et Li Yong fournies par Xiaohong Xiao-Planes.

100. Zhang Lijia, Calum Mac Leod, *op.cit.*, p. 216 et p. 221.

101. Yu Shiping, *op.cit.*, p. 473.

102. *Ibid.*, p. 11 et p. 299.

103. He Pin, Gao Xin, *op.cit.*, p. 419.

L'ascension vers le pouvoir (1989-2012)

1. Il en existe un intéressant compendium, les fameux « Tian'anmen Papers » dans Liang Zhang, Andrew J. Nathan et Perry Link, *The Tiananmen papers*, PublicAffairs, 2006.

2. Francis Deron, *op.cit.*, p. 215.

3. Richard Baum, *Burrying Mao : Chinese politics in the age of Deng Xiaoping*, Princeton, Princeton university Press, 1994, p. 328 ; Willy Wo-Lap Lam, *op.cit.*, p. 87.

4. He Pin, Gao Xin, *op.cit.*, p. 446.

5. *Ibid.*, p. 419.

6. Ezra Vogel, *op.cit.*, p. 677.

7. He Pin, Gao Xin, *op.cit.*, p. 459.

8. Willy Wo-Lap Lam, *op.cit.*, p. 122.

9. Agnès Andresy, *Princes rouges...*, *op.cit.*, p. 190.

10. Yu Shiping, *op.cit.*, p. 321.

11. *Ibid.*, p. 17 *sqq.* ; He Pin, Gao Xin, *op.cit.*, p. 322 *sqq.* ; Agnès Andresy, *Princes rouges...*, *op.cit.*, p. 163.

12. François Godement, *Que veut la Chine ? De Mao au capitalisme*, Paris, Odile Jacob, 2012, p. 22 ; He Piu, Gao Xin, *op. cit.*, p. 671 et p. 676.

13. Yu Ruomu, *op.cit.*, p. 58 et p. 136 ; Agnès Andresy, *Princes rouges...*, *op.cit.*, p. 93-97.

14. Agnès Andresy, *Princes rouges...*, *op.cit.*, p. 18 ; Li Cheng, *op.cit.*, p. 230.

15. Agnès Andresy, *Princes rouges...*, *op.cit.*, p. 185 ; Yu Shiping, *op.cit.*, p. 262.

16. Kerry Brown, *op.cit.*, p. 328.

17. Ursula Gauthier, *op.cit.*, p. 140 ; Willy Wo-Lap Lam, *op.cit.*, p. 18 et p. 132 ; Agnès Andresy, *Princes rouges...*, *op.cit.*, p. 257 et p. 294.

18. *Ibid.*, p. 294 ; Willy Wo-Lap Lam, *op.cit.*, p. 18.

19. *Ibid.*, p. 164.

20. Willy Wo-Lap Lam, *op.cit.*, p. 338.

21. Agnès Andresy, *Princes rouges...*, *op.cit.*, p. 18, p. 193 et p. 194.

22. *The Economist*, le 17 mars 2012.

23. Willy Wo-Lap Lam, *op.cit.*, p. 90 *sqq.*

24. Gao Xiao, *op.cit.*, p. 312.

25. FT, 5 mars 2014.

26. Shui Jing *op.cit.*, p. 174, p. 286 et p. 334.

27. Voir la photo émouvante publiée dans Lu Hong, *op.cit.*, p. 196.

28. Agnès Andresy, *Princes rouges...*, *op.cit.*, p. 100 et p. 138.

29. He Pin, Gao Xin, *op.cit.*, p. 437.

30. Ezra Vogel, *op.cit.*, p. 565.

31. Zhang Lijie, Calum Mac Leod, *op.cit.*, p. 217 ; *Beijing Review*, le 3 octobre 2013.

32. Agnès Andresy, *Princes rouges...*, *op.cit.*, p. 193.

33. Ursula Gauthier, *op.cit.*, p. 136.

34. VOA, 8 mars 2013 ;Yu Shiping, *op.cit.*, p. 30 ; Agnès Andresy, *Princes rouges…, op.cit.*, p. 146, p. 149 et p. 336 ; Willy Wo-Lap Lam, *op.cit.*, p. 190.

35. Agnès Andresy, *Princes rouges…, op.cit.*, p. 106.

36. *Ibid.*, p. 18.

37. Voir un cas très éclairant dans Yu Shiping, *op.cit.*, p. 394 et p. 255.

38. *Voice of America*, 8 mars 2013.

39. *Ibid.*, p. 491.

40. Yu Shiping, *op.cit.*, p. 255.

41. Zong Hairen, *op.cit.*, p. 85.

42. Agnès Andresy, *Who's Hu ?, op.cit.*, p. 30.

43. Sur Yu Zhensheng, voir Kerry Brown (2014), p. 158 *sqq.*

44. *The Economist*, 16 avril 2011 ; Agnès Andresy, *Princes rouges…, op.cit.*, p. 39.

45. Ai Yanghua, Chen Xiaoming, *Gongqingtian shili* [Le pouvoir de la Ligue des jeunesses communistes], Hong Kong, Mingjing chubanshe (Éditions du miroir), p. 96 *sqq.*

46. Sur Wen Jiabao, voir entre autres *Aujourd'hui la Chine*, 7 octobre 2010 ; IHT, 26 novembre 2012, LM, 16 mai 2008

47. Agnès Andresy, *Princes rouges…, op.cit.*, p. 47.

48. SCMP, 24 février 2009.

49. IHT, 21 septembre 2009.

50. Voir par exemple *Le Monde*, 4 septembre 2009 ; et *Aujourd'hui la Chine*, 7 octobre 2010.

51. Information personnelle, avril 2014.

52. Li Cheng, *op.cit.*, p. 225 ; Kerry Brown, *op.cit.*, p. 66 et p. 218.

53. NYIHT, 25 avril, 14 novembre 2012.

54. Agnès Andresy, *Who's Hu ?, op.cit.*, p. 60 *sqq.*

55. *News Week*, 14 décembre 2009 ; Agnès Andresy, *Xi Jinping, op.cit.*, p. 152-153. L'auteur de ces lignes a eu l'occasion en 2008 d'entendre Lee Kuan-Yew se vanter de sa « pédagogie » à l'égard des dirigeants chinois.

56. Sur Li Keqiang et sa famille, voir Ai Yanghua, Chen Xiaoming, *op.cit.*, p. 143-144 ; Agnès Andresy, *Xi Jinping, op.cit.*, p. 143 ; FT, 5-6 mars 2011.

57. Zong Hairen, *op.cit.*, p. 132 ; *Wall Street Journal*, 26 janvier 2011 (article de Willy Lam).

58. Agnès Andresy, *Xi Jinping, op.cit.*, p. 101.

59. Yu Shiping, *op.cit.*, p. 174 *sqq.* ; IHT, 28-29 avril et 8 mai 2012. L'auteur de ces lignes a eu le privilège d'entendre en janvier 2006 à Pékin une très brillante intervention de Bo Xilai, alors ministre du Commerce extérieur, lors de la visite de Ségolène Royal en Chine. Sur le fond, elle manquait d'originalité, mais elle révélait une remarquable maîtrise oratoire et même une éloquence sans égale en Chine communiste.

60. François Godement a conduit de remarquables travaux sur cette polémique ; voir François Godement, *op.cit.*

61. *Libération*, 27 août 2013.

Xi Jingping et les siens

1. Néanmoins cette caractéristique a également pu déplaire à une élite volontiers machiste…

2. Yu Shiping, *op.cit.*, p. 94 ; Agnès Andresy, *Xi jinping*, p. 17 *sqq.* ; Wu Ming, *op.cit.*, p. 19 ; YHCQ, 2007, n° 10, p. 32 *sqq.*

3. Tong Xiaopeng, *Zai Zhou Enlai shenbian sishinian* [Quarante ans aux côtés de Zhou Enlai], Pékin, Huawu chubanshe (Éditions de la culture chinoise), 2007, p. 503 ; BNC, 2008, n° 6, p. 39-45.

4. Voir par exemple ZGDSZL, 2001, n° 3, p. 108.

5. Evan Osnos, *op. cit.*, p. 28.; Jing Fuzi, *Mao Zedong he tade nürenmen, op.cit.*, p. 261 ; YHCQ, 2011, n° 1, p. 6 *sqq.* ; He Pin, Gao Xin, *op.cit.*, p. 252.

6. Agnès Andresy, *Xi Jinping, op.cit.*, p. 79 *sqq.* ; He Pin, Gao Xin, *op.cit.*, p. 254-255. Son attitude face à la fuite massive des Cantonais vers Hong Kong en janvier 1979 sera également historique : estimant qu'ils fuient la misère, Xi Zhongxun fera relâcher nombre de fuyards, ce qui est un cas rarissime. Voir Gao Xiao, *op.cit.*, p. 198 *sqq.*

7. Agnès Andresy, *Xi Jinping, op.cit.*, p. 22.

8. Wu Ming, *op.*cit, p. 25.

9. Gao Xiao, *op.cit.*, p. 162 *sqq.* ; informations personnelles.

10. Agnès Andresy, *Xi Jinping, op.cit.*, p. 121.

11. *Ibid.*, p. 123 ; He Pin, Gao Xin, *op.cit.*, p. 261.

12. Kerry Brown, *op.cit.*, p. 118.

13. Informations personnelles, Pékin, 2006.

14. *Le Monde*, 18 octobre 2013, et 23 janvier 2014.

15. Agnès Andresy, *Xi Jinping, op.cit.*, p 126.

16. L'auteur de ce livre a eu la chance de pouvoir échanger quelques banalités avec Xi Jinping lors du dîner officiel que François Hollande donna en son honneur le 25 mars 2014.

17. Agnès Andresy, *Xi Jinping, op.cit.*, p. 129-130.

18. He Pin, Gao Xin, *op.cit.*, p. 256-257 ; Gao Xiao, *op.cit.*, p. 162 *sqq.* ; Yu Shiping, *op.cit.*, p. 108.

19. He Pin, Gao Xin, *op.cit.*, p. 257.

20. Agnès Andresy, *Xi Jinping, op.cit.*, p.110-111.

21. On trouvera dans INYT, 1er octobre 2012, une intéressante enquête sur le séjour de Xi Jinping dans le district de Zhengding qui met en avant les mesures à la fois importantes et assez « modernes » qu'il a prises alors.

22. Gao Xiao (2010), p. 280 *sqq.*

23. Gao Xiao, *op.cit.*, p. 287 *sqq.*

24. Yu Shiping, *op.cit.*, p 131 ; Agnès Andresy, *Xi Jinping, op.cit.*, p. 83 *sqq.*

25. Laure de Charrette, Marion Zipfel, *op.cit.*, p. 187.

26. Agnès Andresy, *Xi Jinping, op.cit.*, p. 118.

27. Comme le montre très justement Kerry Brown, *op.cit.*, p. 119.

28. Et Zhang Haiyang, un fils de Zhang Zhen, l'un des patrons de l'armée malgré son grand âge. Voir : FT, 23 et 24 octobre 2010; Agnès Andresy, *Xi Jinping, op.cit.*, p. 177-179.

29. *Ibid.*, p. 92 et p. 123-124. Sur le personnage de Zhang Dejiang, ancien étudiant en… Corée du Nord, voir Kerry Brown (2014) p. 173 et South China Morning Post (2013) p. 70.

30. INYT, 14 septembre 2012.

31. *Le Monde*, 16 avril 2015.

32. FT, 12 décembre 2012.

33. *Le Monde*, 11 octobre 2013 ; INYT, 5 janvier 2015 ; *The Economist*, 28 février 2015.

34. *Le Monde*, 29 avril 2015 ; FT, 5 mai 2015.

35. *China Analysis*, février 2014, p. 24 et p. 27.

36. *Ibid.*, p. 24-25.

37. *China Analysis*, février 2014, p. 2 (commentaire de François Godement).

38. *Le Monde*, 13 juin 2015.

39. *Le Monde*, 5-6 avril 2015.

40. FT, 6 et 27 février 2015.

41. Voir le chapitre 9.

42. Une liste plus vaste encore a été publiée; voirYu Shiping, *op.cit.*, p. 30; INYT, 3 mars 2015 ; *Le Monde*, 17 mars 2015.

43. Evan Osnos, *op. cit.*, p. 40.

44. *The Economist*, 28 mars 2015 ; FT, 19 mai 2015. *China News Analysis*, avril 2014.

45. FT, 30 janvier 2015.

46. *Nikkei Asian Review*, 19 mars 2015.

47. INYT, 27-28 décembre 2014 (article de Jeffrey N.Wasserstrom).

48. *The Economist*, 24 janvier 2015.

49. WSJ, 23-25, janvier 2015.

50. *Nikkei Asian Review*, 19 mars 2015 ; INYT, 17 avril 2015.

51. *China News Analysis*, 2014, n° 2. Pour une analyse de la nouvelle politique extérieure chinoise, on se reportera à l'excellent article d'Alice Ekman : « Asie-Pacifique : la priorité de la politique étrangère chinoise », dans *Politique étrangère*, automne 2014, p. 11-22.

La caste

1. On peut rapprocher ce chiffre de celui de 2 562 « cadres de haut niveau » cité par Kerry Brown, *op.cit.*, p. 20.

2. Un autre général très étoilé, qui était en 2011 candidat à la Commission des affaires militaires, était fils d'un cadre à peine plus important (directeur-adjoint de région administrative, soit le niveau au dessus du district mais très peu supérieur à celui de patron du district). Cf. Waican Bianjibu (2011) p. 135.

3. À cela s'ajoute le fait que les premiers dirigeants du PCC ne disposaient au début ni de la formation ni du goût nécessaires à leurs tâches de direction. Ils eurent donc très souvent l'intelligence de donner un vrai rôle à leurs secrétaires, ce qui leur permettait de gagner en compétence et en reconnaissance sociale. C'est pourquoi nombre de secrétaires de Mao Zedong – Hu Qiaomu, Chen Boda, Tian Jiaying – et aussi de Liu Shaoqi – notamment Deng Liqun – jouèrent aussi un rôle pleinement politique, et le cabinet de Zhou et Enlai fut par exemple une extraordinaire école de formation de hauts fonctionnaires.

4. Pour quelques exemples, voir : Wang Fan, Dong Ping (2009), *op.cit.*, p. 39, p. 135 et p. 304 ; Yu Shiping, *op.cit.*, p. 383.

5. Agnès Andresy, *Xi Jinping, op.cit.*, p. 118.

6. Dont il avait même partagé quelque temps l'exil au Jiangxi ; voir He Pin, Gao Xin, *op.cit.*, p. 276.

7. *The Economist*, 10 mai 2012 ; Du Fei, *Zhongguo buwei gaoguan* [Les hauts fonctionnaires des ministères et comités chinois], Mingjing chubanshe (Éditions du miroir), p. 135 ; FT, 8 mai 2012. Wang Fan, Dong Ding (2009) p. 39.

8. Agnès Andresy, *Princes rouges…, op.cit.*, p. 108.

9. Et l'on en connaît, comme Li Tieying, qui étaient mieux considérés comme patrons de stage que comme leaders politiques, et pour cela très populaires ; voir Zong Hairen, *op.cit.*, p. 468.

10. *The Economist*, 10 mai 2012.

11. Wang Fan, Dong Ping (2012), *op.cit.*, p. 182.

12. Voir Jean-Luc Domenach, *Mao, sa cour…, op.cit.*, p. 364 *sqq.*

13. Sur les enfants de Wu Faxian, voir *Hongbei dangan* [Dossiers rouges et noirs], mai 2005, p. 87 ; et sur ceux de Qiu Huizuo, Shi Xiang, p. 348. Ceux de Chen Yonggui paraissent avoir pu poursuivre des carrières locales ; voir Gu Baozi, Du Xiuxian, *Zhongnanhai renwu chunqiu* [Printemps et automnes des personnalités de Zhongnanhai], Pékin, Zhonggong dangshi chubanshe (Éditions historiques du PCC), 2009, p. 422. En revanche, sans occuper des postes de premier plan, les enfants de Hua Guofeng ont fait des carrières dans l'armée et dans Air China ; voir *Wenshi cankao*, 2011, n° 15, p. 39.

14. Outre les dictionnaires biographiques, voir : Shi Xiang, *op.cit.*, p. 268, p. 271 et p. 276 ; He Pin, Gao Xin, *op.cit.*, p. 671 ; Zhang Liming, *op.cit.*, p. 418.

15. Lu Hong, *op.cit.*, p. 197.

16. Ils furent de précieuses sources pour le grand livre d'Ezra Vogel sur Deng Xiaoping, *op.cit.*, p. 764, p. 780 et p. 847.

17. Ce passage repose sur des sources orales datant de nombreux contacts depuis le début des années 2000.

18. Un seul des enfants de Liu Shaoqi s'est lancé dans les affaires ; voir Liu Aiqin, *Wode fuqin muqin, op.cit.*, p. 216.

19. Deux anciens amis de la famille de Xi Jinping sont cités par Agnès Andresy, *Xi Jinping, op.cit.*, p. 82 ; et dans l'article de Na Xiong Nu dans le magazine *Dongxiang* (Tendances), mars-mai 2013.

20. Mais la postérité du général Ye Ting semble avoir décliné. Voir : Yu Xiang (1994), p. 331 ; He Pin, Gao Xin, *op.cit.*, p. 739.

21. Yu Shiping, *op.cit.*, p. 111.

22. Stéphanie Balme, *op.cit.*, p. 134.

23. On trouve tout de même une petite fille de Peng Pai, fondatrice de la revue assez libre que fut *Nanfang Zhoukan* [L'hebdomadaire du sud] de Canton.

24. He Pin, Gao Xin, *op.cit.*, p. 739 et p. 543.

25. Yu Shiping, *op.cit.*, p. 1. Li Na, pour sa part, continue à célébrer les anniversaires de Mao Zedong. Cf. Lu Hong (2010) p. 183.

26. *Ibid.*, p. 272 *sqq.* ; Agnès Andresy, *Xi Jinping, op.cit.*, p. 83 ; Liu Aiqin, *Wode fuqin muqin, op.cit.*, p. 180. Chen Xiaohong (2005) p. 145.

27. Pour Dong Biwu, voir Shi Xiang, *op.cit.*, p. 178.

28. He Pin, Gao Xin, *op.cit.*, p. 437.

29. Pour Xi Zhongxun, voir Gao Xiao, *op.cit.*, p. 523, et BNC, 2013, n° 11, p. 4. Zeng Qinghong effectuait tous les ans une visite à l'ancienne base rouge des Jinggangshan ; voir Agnès Andresy, *Who's Hu ?*, p. 138. D'anciens compagnons de Huang Kecheng se retrouvent en juillet 2006 pour accomplir ensemble une ancienne étape de la Longue Marche ; voir *Hunan dianshetai, op.cit.*, p. 39.

30. INYT, 14 novembre 2012 ; Agnès Andresy, *Xi Jinping*, p. 23.

31. He Pin, Gao Xin, *op.cit.*, p. 278, p. 244 et p. 278.

32. *Ibid.*, p. 351.

33. He Pin, Gao Xin, *op.cit.*, p. 204.

34. Information personnelle ; LM, 23 janvier 2014 et 9 avril 2015 ; François Godement, *op.cit.*, p. 215. Un fils du général Zhang Zhen se serait également marié à une femme d'affaires citoyenne de Hong Kong… voir Yu Shiping, *op.cit.*, p. 52-53.

35. Gao Xiao, *op.cit.*, p. 371 ; informations personnelles, Pékin ; 2005, 2006 et 2011. Les touristes curieux pourront aisément repérer la vaste maison de la famille de Deng Xiaoping dans le quartier de Shishahai à Pékin. Elle est située le long de la rive sud du lac et se signale par la splendeur des limousines qui y viennent et en sortent.

36. FT, 27 avril 2011 ; INYT, 28-29 avril 2012 ; *Le Monde*, 2 octobre 2012.

37. Yu Ruomu, *op.cit.*, p. 151 ; BNC, 2013, n° 11, p. 4.

38. He Pin, Gao Xin, *op.cit.*, p. 699 ; Zhang Liming, *op.cit.*, p. 262.

39. Parmi celles qui se firent voir dans l'armée, on note une nièce de Peng Dehuai ; voir Xiao Weili, *op.cit.*, p. 95. Dans des gouvernements provinciaux, une fille de Wulanfu dans le fief mongol de son père et la fille de Liu Zhidan ; voir He Pin, Gao Xin, *op.cit.*, p. 733 et p. 741. Une autre fille de prince a été importante dans la direction des affaires internationales du Comité central, mais sans y laisser un grand souvenir. Une fille de Li Xiannian a fait une petite carrière de haut fonctionnaire de même qu'une fille de Wu Xiuquan ; voir Zhang Liming, *op.cit.*, p. 108. De même pour une fille du « super-flic » qu'était Li Kenong, qui a été l'une des rares responsables féminines de la Sécurité, mais dans une province lointaine et pauvre, le Shenxi ; voir Zhiqingzhe

shuo, III, 5, p. 130. Et une fille de Wang Shoudao a obtenu un grade assez élevé dans la police armée (information personnelle).

40. BNC, n° 4, p. 71.

41. Voir Yu Ruomu, *op.cit.*, p. 116. Une fille de Luo Ruiqing, Luo Diandian, par ailleurs auteure d'un des plus intéressants volumes de souvenirs, a fondé après vingt ans de pratique médicale et en collaboration avec Chen Xiaolu, le fils bien connu de Chen Yi, un site web nommé « Choice and Dignity » qui prône la mort digne et choisie ; voir *Beijing Review*, 3 octobre 2013, p. 22 *sqq*.

42. Information due à madame Xiaohong Xiao-Planes (2013) ; Xiao Weili, *op.cit.*, p. 359 ; Yu Shiping, *op.cit.*, p. 201 ; He Pin, Gao Xin, *op.cit.*, p. 417. Liu Tao, fille de Liu Shaoqi, a publié pour sa part des poèmes dans la presse ; voir Liu Aiqin, *Wode fuqin muqin, op.cit.*, p. 266.

43. INYT, 22 août 2013.

44. He Pin, Gao Xin, *op.cit.*, pp. 445, 706.

45. Outre les dictionnaires biographiques, voir Agnès Andresy, *Princes rouges…, op.cit.*, p. 144 ; Yu Shiping, *op.cit.*, p. 289, 296 ; FT, 24 novembre 2011.

46. L'auteur de ces lignes a repéré sur des sources ouvertes plus de cinquante noms de « petits généraux » (*shaojiang*) eux-mêmes fils de gradés.

47. Yu Shiping, *op.cit.*, pp. 417, 41, 355, 397, 443 ; He Pin, Gao Xin, *op.cit.*, p. 730.

48. Yu Shiping, *op.cit.*, pp. 48-49.

49. *Honghei dangan* [dossiers rouges et noirs], mai 2005, p. 87.

50. Il s'agit de fils de Peng Xuefeng, de Luo Ronghuan et de Yang Chengwu. Voir : Agnès Andresy, *Princes rouges…, op.cit.*, p. 142 et *Who's Hu ?, op.cit.*, p. 124 ; Yu Shiping, *op.cit.*, p. 346. Par ailleurs des fils de Zhang Aiping et Zhang Zhen ainsi qu'une fille de Peng Zhen exercent des commandements dans d'autres armes d'élite.

51. D'après Agnès Andresy, *Princes rouges…, op.cit.*, p. 146. Yu Shiping, dans *op.cit.*, p. 336, donne les noms de quelques sociétés liées à l'establishment militaire.

52. *Ibid.*, p. 134.

53. Information personnelle, janvier 2013 ; Yu Shiping, *op.cit.*, pp. 220 *sqq*.

54. He Pin, Gao Xin, *op.cit.*, pp. 378 *sqq*.

55. *Voice of America*, 8 mars 2013.

56. Kerry Brown, *op.cit.*, p. 39.

57. Yu Shiping, *op.cit.*, pp. 166-167.

58. *Le Monde*, 23 janvier 2014.

59. *Le Monde*, 4 septembre 2009.

60. Li Cheng, *op.cit.*, pp. 196-197 ; VOA, 8 mars 2013 ; Yu Shiping, *op.cit.*, pp. 245 *sqq*.

61. *Le Monde*, 23 janvier 2014.

62. *Ibid.*, p. 52 ; Marie-Claire Bergère, *Chine, le nouveau capitalisme d'État*, Paris, Fayard, 2013, chap. II, p. 12.

63. Agnès Andresy, *who's Hu ?, op.cit.*, p. 133 ; FT, 30 mars 2010.

64. Kerry Brown, *op.cit.*, p. 40.

65. C'était en tout cas l'avis de Philippe Massonnet, *Pour en finir avec le miracle chinois*, Arles, Philippe Picquier, 2008, p. 148.

66. D'après une remarquable enquête de INYT, 29 mai 2015.

67. *The Economist*, 21 septembre 2012.

68. Yu Shiping, *op.cit.*, p. 419.

69. D'après une enquête du *New York Times* analysée par *Libération*, 29 octobre 2012.

70. François Godement, *op.cit.*, p. 33.

71. Un journal de Shanghai a été jusqu'à prétendre en 2009 que sur les 3 220 personnes possédant plus de cent millions de yuan, 2 932 étaient des descendants de quelqu'un ; voir *Global Times,* 26 novembre 2009.

72. La dernière injonction date de 2010 ; voir INYT, 19-20 mai 2012. Il semble qu'elle ait été récemment répétée.

73. La campagne contre la corruption initiée depuis 2014 par Xi Jinping a certainement réduit le champ des malversations, mais il reste à prouver qu'elle ait frappé beaucoup de fils de princes...

74. Gao Xiao, *op.cit.*, p. 275. Un autre exemple de corruption est celui d'un autre fils d'un prince fort secondaire qui travaille dans l'immobilier ; voir Yu Shiping, *op.cit.*, p. 394.

75. Judith Bout, *Les confessions de maître Zhang, L'avocat de la Bande des Quatre et des dissidents chinois.* Paris, François Bourin, 2013, p. 512.

76. Par exemple, l'auteur de ces lignes n'a jamais entendu une seule critique devant l'entrée de la maison familiale des héritiers de Deng Xiaoping.

77. ... et qui permettent de repérer les hauts fonctionnaires car cette marque a conquis en large part le marché de la haute fonction publique. Voir : *Le Monde*, 20 mars 2012, 6 septembre 2012 ; FT, 26 juin 2012.

78. À la fin des années 1990 déjà, c'est un fils de Wang Zhen qui présidait le principal golf chinois ; voir He Pin, Gao Xin, *op.cit.*, p. 24.

79. INYT, 5-6 novembre 2011.

80. L'honnêteté oblige pourtant à rappeler que les petites coiffeuses de quartiers, qui sont très nombreuses, ne manquent pas de clients masculins...

81. INYT, 11 août 2011. Nombre de banquets font appel à de prostituées en fin de soirée : elles arrivent souvent par cars entiers par les portes latérales des hotels...

82. On dit aussi que le fils de Li Peng a été plusieurs fois arrêté sous l'emprise de l'alcool ; voir Judith Bout, *op.cit.*, p. 513.

83. Agnès Andresy, *Princes rouges...*, *op.cit.*, p 202 ; Ursula Gauthier, *op.cit.*, p. 136.

84. Agnès Andresy, *Xi Jinping...*, *op.cit.*, p. 164.

85. *Ibid.*, p. 123.

86. Yu Shiping, *op.cit.*, pp. 52-53, 411.

87. Voir par exemple He Pin, Gao Xin, *op.cit.*, p. 732.

88. Agnès Andresy, *Princes rouges...*, *op.cit.*, p. 199.

89. Agnès Andresy, *Xi Jinping...*, *op.cit.*, p. 155 ; Yu Shiping, *op.cit.*, p. 194.

90. Information personnelle.

91. Yu Shiping, *op.cit.*, p 299 ; *Voice of America*, 8 mars 2013.

92. FT, 27 avril 2011 ; Yu Shiping, *op.cit.*, pp. 67 *sqq.*

93. *Ibid.*, p. 210.

94. Kerry Brown, *op.cit.*, p. 39. Agnès Andresy, *Princes rouges...*, *op.cit.*, p. 202 apporte un chiffre qu'on a du mal à croire de 75 000 « fils de princes » travaillant aux USA, en Europe et au Japon. Il faudrait alors intégrer nombre de fils de très petits cadres...Ce qui n'enlèverait rien à l'ampleur du mouvement.

95. Agnès Andresy, *Princes rouges...*, *op.cit.*, p. 196.

96. INYT, 22 août 2013.

97. INYT, 4 mars 2015.

98. Philippe Le Corre et Alain Sepulchre, *L'offensive chinoise en Europe*, Paris, Fayard, 2014, p. 153 ; *Le Monde*, 23 et 24 janvier 2014.

99. Yu Shiping, *op.cit.*, p. 159 ; Agnès Andresy, *Princes rouges...*, *op.cit.*, p. 147 ; *Le Monde*, 25 janvier 2014 ; FT, 28 novembre 2013 ; INYT, 22 août 2013.

100. *Le Monde*, 25 janvier 2014 ; *Libération*, 2 août 2011 ; INYT, 28 janvier 2014 ; *Le Monde*, 17-18 juillet 2011 ; *The Economist*, 19 avril 2014 ; VOA, 8 mars 2013.

Les principales familles

Voici un petit lexique des familles qui ont abrité les fils de princes les plus importants. La plupart descendent de compagnons de Mao que leurs faits d'armes et leur rôle politique ont autorisés à fonder des véritables dynasties –au prix d'une forte réduction des relations avec leur famille initiale. Les épouses qui ont joué un rôle particulièrement important sont mentionnées chaque fois que nécessaire. On notera qu'en général, l'un des enfants, un mâle, est en quelque sorte un porte-étendard, que les filles sont rarement dotées d'importantes responsabilités, mais également que certains garçons n'ont guère réussi. Les petits-enfants n'ont pas toujours pu être cités.

La descendance de Bo Yibo (1908-2007)

Important responsable de la guérilla en Chine du nord puis, après 1949, dirigeant puissant en matière économique, Bo Yibo a eu une fille d'un premier foyer puis six autres enfants de Hu Ming, qui a dirigé un ministère industriel avant d'être battue à mort au début de la Révolution culturelle. Tous ses enfants ont reçu une éducation relativement libérale pour l'époque et cinq dont trois filles ont suivi des études assez approfondies. Deux d'entre eux, apparemment très poussés par leur père, ont eu des postes importants : l'aîné Bo Xiyong dans les affaires et surtout le fameux Bo Xilai dans la politique. Devenu prodigieusement riche et de plus en plus influent politiquement, le dernier a espéré la plus haute place mais, dépassé par Xi Jinping, il a été arrêté en 2012 et condamné en 2013.

La descendance de Chen Yi (1901-1972)

Cette famille était célèbre avant le décès brutal de son chef pour l'attention que Mao lui portait, pour la beauté de la mère de famille, Zhang Qian, et ses relations orageuses avec son mari, un maréchal doublé d'un ministre des affaires étrangères et d'un poète porté vers le bouteille, ainsi que pour leur pédagogie chaleureuse.

Les deux parents sont morts jeunes, mais les enfants sont restés des personnalités très connues de la société des fils de princes. Aucun, pourtant, n'a atteint le plus haut niveau. L'aîné, Chen Haosu, a échoué dans ses tentatives de remporter la mairie de Pékin dans les années 1980. Le second, seul à choisir le métier des armes, est devenu un haut cadre assez bien placé au Département des armements de l'armée. Le troisième est entré dans les affaires, non sans quelques succès. Et leur fille, Lili, après avoir été l'une des premières étudiantes envoyées en Occident, a fait une carrière diplomatique honorable, mais c'est son mari, Wang Guangya, qui a été un brillant vice-ministre des affaires étrangères en même temps qu'un membre suppléant du Comité central : il est le vrai successeur de Chen Yi.

La descendance de Chen Yun (1905-1995)

Après une carrière politique ancienne et fournie dans les rangs du PCC, Chen Yun est devenu en 1949 le grand patron de l'économie chinoise et, à partir de 1979, le numéro deux du régime et le gardien des grands principes communistes. De santé médiocre, il doit sa longévité à une épouse qui était à l'origine son infirmière et qui fut l'une des rares épouses qui aient osé tenir tête à Jiang Qing durant la Révolution culturelle.

Ils ont donné une éducation très attentive à leurs cinq enfants, mais ceux-ci doivent surtout leur niveau social à leur frère aîné, Chen Yuan, né en 1945. Après avoir tenté en vain une carrière politique, il s'est orienté avec succès vers la banque : nommé vice-gouverneur de la Banque de Chine en 1988, il est devenu par la suite gouverneur de la China Development Bank en 1998 et occupe des fonctions honorifiques depuis 2013. Bien que fils d'un dirigeant marqué très à gauche, il n'a pas hésité à envoyer son propre fils dans une université américaine.

La descendance de Deng Xiaoping (1904-1997)

La famille fondée par Deng Xiaoping est originale à bien des égards, en bonne partie parce qu'il lui a toujours réservé une grande attention, tout en rompant moins nettement que d'autres les relations avec ses propres parents. Il a toujours soutenu son épouse Zhuo Lin dans la gestion de la tribu familiale, et il s'est occupé de ses cinq enfants dans les cas graves (par exemple celui de son fils paraplégique) et même pour leurs affaires, ce qui fit scandale à plusieurs reprises.

Une autre originalité provient de ce que, son fils le plus brillant Deng Pufang étant gravement handicapé, et l'autre manquant de relief, il s'est plus largement appuyé sur ses filles et leurs maris. Deng Lin (plus versée dans l'art et la littérature) et mieux encore Deng Nan et Deng Rong, remarquablement douées pour l'argent et la politique, auraient pu devenir de grandes dirigeantes. Se contentant de postes raisonnablement élevés, elles ont joué un rôle décisif en aidant leur père âgé à transformer la Chine, sans toutefois oublier leurs propres affaires. Deng Xiaoping a également surveillé le choix de ses gendres dont deux sont devenus d'importants hommes d'affaires et le troisième, He Ping, mari de Deng Rong, a occupé le poste lucratif entre tous de Directeur du département des armements de l'armée…

La descendance de He Long

Le maréchal He Long était à l'origine le plus pittoresque des chefs de guérilla qui dirigeaient l'Armée rouge. Non seulement il était né dans une ethnie minoritaire du sud-ouest de la Chine, mais il avait d'abord mené une vie tellement dissolue de chef de bande qu'il a toujours été incapable de se souvenir du nombre total de ses premières épouses et des enfants qu'il leur donna. Entré dans la guérilla communiste puis devenu en 1954 l'un des maréchaux les plus importants du régime, il se rangea et eut de ses deux épouses successives quatre enfants. Il les éduqua avec une affection, une attention pour leurs études, une passion pour le sport et un sens de l'humour qui en faisaient le père de famille le plus populaire des Murs rouges.

Cependant, Mao ne lui pardonna pas son indifférence à l'égard de l'idéologie et le laissa mourir durant la Révolution culturelle des privations que lui infligèrent les Gardes rouges. Pour cette raison, et bien qu'ils eussent, dit-on, plus de caractère que d'intelligence, ses descendants furent favorisés par le régime à partir des années quatre-vingt. Deux des trois filles sont entrées dans les affaires, une troisième a été l'une des rares femmes au rang de « petit général » et a épousé un secrétaire provincial du Parti. Surtout, son seul fils, He Pengfei, aura été par son indépendance de caractère et ses talents de leader une des personnalités fortes parmi les enfants des Murs rouges. Après avoir eu du mal à entrer à l'université, même par piston, il aura été l'un des gardes rouges les plus en vue puis, grâce au soutien de Deng Xiaoping et Wang Zhen, il devient en 1992 vice-commandant de la Marine puis occupe d'autres postes lucratifs avant de décéder en 2006.

La descendance de Hu Yaobang (1915-1989)

L'intérêt de cette famille vient de ce que son chef aura été le plus authentiquement convaincu et le plus « moral » des dirigeants communistes chinois, mais qu'il s'est dans l'ensemble comporté comme un membre de la caste. Sa descendance (trois garçons nommés comme le père et une fille nommée comme la mère) a toujours été très bien vue, d'autant que le père tenait table ouverte chaque dimanche. Les relations avaient été maintenues, ce qui est rare, avec une famille paysanne qui avait recueilli l'un des garçons. Tous ont soutenu leur père lorsqu'il a été mis en cause par les grands Anciens dans les dernières années de sa vie, et deux d'entre eux, Hu Deping et Hu Dehua, sont encore aujourd'hui des intellectuels connus, l'un à l'intérieur, l'autre à l'extérieur du Parti... Les enfants ont fréquenté les « bonnes » écoles et universités, et ils se sont mariés dans la caste – le gendre est même commissaire politique de la marine, ce qui n'est pas rien en Chine populaire... Pour achever le tableau, un petit-fils est déjà un homme d'affaire connu !

La descendance de Li Xiannian (1909-1992)

Comme Hu Yaobang, qu'il n'aimait guère, ce fut un dirigeant convaincu et un père moraliste. Et pourtant, ses enfants (quatre dont trois filles, l'une d'un premier lit) ont profité de la caste. Pas complètement, cependant : sur ses instances, aucun ne s'est lancé dans les affaires. Ils ont pourtant tous tiré parti du système, notamment

Li Xiaolin, la plus jeune, qui est allée étudier en Amérique (elle y a souvent été invitée chez le « vieux Bush ») avant de faire carrière à la tête de l'Association pour l'amitié avec les peuples étrangers, un pseudopode de la diplomatie chinoise. Les deux autres filles ont choisi la médecine. La carrière relativement médiocre du garçon a été compensée par celle, brillante, du mari de Li Xiaolin, Liu Yazhou : lui aussi fils de « quelqu'un », il a collectionné les hauts postes militaires tout en publiant des articles, des essais et des romans militaires qui l'ont approché de la célébrité…

La descendance de Liu Shaoqi (1898-1969)

Liu Shaoqi était incontestablement l'un des dirigeants les plus attachés à la morale, mais les aléas de sa carrière et sa rudesse de caractère expliquent qu'après un premier mariage paysan vite rompu il ait eu au moins cinq compagnes : une russe, une simple membre du Parti et Xia Fei, vite oubliées, puis trois autres qui lui ont donné une descendance. De He Baozhen, une militante déjà célèbre à laquelle il défendit de prendre part à la Longue Marche et qui fut assassinée en prison en 1934, il eut trois enfants ; de Wang Qian, deux enfants avant qu'elle soit envoyée en maison de repos en 1947 d'une façon qui inspire encore des doutes ; car elle laissa la place à Wang Guangmei, une jeune femme remarquable issue d'une famille de la haute bourgeoisie libérale de Tientsin qui venait de refuser une bourse d'étude aux Etats Unis pour choisir le Parti communiste chinois. C'est avec elle que Liu Shaoqi construisit la deuxième partie de sa carrière, la plus brillante, qui s'acheva dans la tragédie en 1969.

La famille gouvernée par Liu Shaoqi et Wang Guangmei est présentée comme un modèle par les sources chinoises, et de fait elle était remarquablement bien gouvernée : le père assurait l'idéologie, la morale et le contrôle des livrets scolaires, la mère la discipline et les contacts extérieurs. Cette famille a fait beaucoup d'envieux dans la société des Murs rouges. Les cinq enfants apportés par Liu Shaoqi ont posé des problèmes : les trois premiers, Liu Aiqin, Liu Yunbin et Liu Yunruo, à cause de leur séjour en URSS ; les deux suivants, Taotao et Yunzhen durant la Révolution culturelle, à cause de leur mère. Les quatre derniers, Pingping, Yuanyuan, Tingting et Xiaoxiao, trois filles et un garçon, d'abord éduqués de façon soigneuse et installés dans des dortoirs, ont souffert durant la Révolution culturelle mais se sont ensuite rétablis en partie grâce à l'influence de leur mère. Certains ont étudié en Occident (Pingping et Tingting, la seule qui ait accompli une carrière de haut fonctionnaire) et un seul est entré dans les affaires (Tingting), ce qui est original. Mais un unique enfant – le garçon… – est allé très haut en politique : Liu Yuan, après avoir échoué dans une carrière civile, achève actuellement en tant que commissaire politique du Département de la Logistique une carrière militaire d'autant plus étonnante qu'il n'a jamais cessé de faire des déclarations à haut risque.

La descendance de Peng Zhen (1902-1997)

Peng Zhen et son épouse ont suscité nombre de jalousies dans la caste : le premier parce qu'il fut l'un des plus brillants politiciens de la « génération Mao », et en particulier un puissant maire de Pékin, et la seconde, car elle était issue d'une famille révolutionnaire intellectuelle, riche et influente. En revanche, aucun de leurs cinq enfants n'a atteint un niveau très élevé. Leur fille, qui a fait scandale car elle avait divorcé, est dans les affaires. L'aîné vend du nucléaire. Un autre a investi dans des sociétés offshore. Finalement, celui qui a le mieux réussi est Fu Yang à qui sa carrière d'avocat a conféré une certaine influence dans la Fédération des avocats ainsi que dans le processus législatif.

La descendance de Wang Zhen (1908-1993)

Voici un personnage et une famille étranges. D'abord parce qu'il n'aurait pas dû figurer parmi les plus brillants aristocrates du communisme chinois. Fils de paysans pauvres, il s'était d'abord distingué dans la guérilla par son courage et un vrai génie tactique. Contribuant à l'occupation du Xinjiang à partir de 1949, il s'y était signalé par ses canonnades meurtrières, au point que les dirigeants du PCC eux-mêmes l'avaient ensuite casé dans des postes mineurs. C'est au milieu de la Révolution culturelle qu'il a joué son va-tout, comme dans un combat. Il a compris que Mao ne gagnerait jamais complètement et, en aidant le retour de ses vieux collègues, s'est fait auprès de lui un artisan de la réconciliation avec la caste. De même, il s'est fait auprès de Deng Xiaoping un artisan de la réforme, et pas n'importe laquelle : la réforme financière et économique. Et il a donné l'exemple.

En effet, sa famille a joué alors un rôle essentiel. Formés par une mère professeure de lycée et mettant à profit leurs liens avec les enfants de Deng Xiaoping et de nombreux autres dirigeants, ses trois enfants mâles Wang Bing, Wang Jun et Wang Zhi ainsi que son fils adoptif He Jingzhi se sont lancés : assurés de l'impunité, ils ont joué un rôle décisif dans la fondation des entreprises à la fois capitalistes et disciplinées politiquement qui ont ouvert la voie au nouveau cours, et en particulier la fameuse CITIC. Leurs enfants se sont empressés de suivre : ils sont donc devenus très, très riches, ce qui leur a permis de passer au travers de quelques scandales et de nombreux soupçons…

Le cas de Wen Jiabao (1943-)

L'ancien premier ministre entre 2003 et 2013 est un cas original. Son origine sociale est très mal connue : il est probable qu'il soit le fils d'un cadre de la région de Tien Tsin car il y a fait de très bonnes études. Son ascension a été à la fois politique à partir de 1986 et financière grâce d'une part à son épouse qui, avec son aide, contrôle, dit-on, le marché du diamant et d'autre part à l'ensemble de sa parentèle : on rencontre souvent ses frères, sœurs, enfants, gendres et sa belle-famille dans la banque (y compris dans les circuits internationaux) et la haute technologie. D'après le *New York Times*, la fortune amassée dépasserait deux milliards d'Euros. L'énigme vient de ce que Wen Jiabao a été un premier ministre compétent et de ce qu'il a maintes fois donné l'impression de souhaiter une évolution politique et morale…

La descendance de Ye Jianying (1897-1986)

Ce personnage est à la fois l'un des plus originaux et des plus classiques de l'histoire du PCC. Sa famille était fixée en Chine méridionale et avait des contacts dans les mers du sud. Mais il a fait dans l'Armée rouge une carrière très « centrale » d'officier d'état-major, ce qui a accéléré son ascension politique après 1949.

Il a ensuite agi habilement au plus haut niveau mais au plan familial n'a pas hésité devant l'originalité en profitant de la distance. Ainsi, quoique remarié, il n'a pas cessé d'abriter à Canton une épouse qu'il avait abandonnée à Yanan. Ensuite, tout en agissant contre la Bande des quatre dont il fut finalement victorieux au plan national en 1976, il a pris garde de laisser ses enfants en position favorable à Canton. Il en avait eu six ou sept selon les sources, et ses garçons les plus âgés, notamment Ye Xuanping et Ye Xuanning, ont fait de beaux mariages, et ensuite collectionné les postes politiques à Pékin et surtout dans le Guangdong. Nombre de neveux se portent également bien...

D'autres de ses enfants ont eu une carrière remarquable. L'une de ses filles a été – malgré lui – une cinéaste et actrice connue qui n'évita pas quelques scandales. Une autre a épousé Zou Jiahua, un fils de princes de la première génération qu'elle avait rencontrée à Moscou, qui a été vice-premier ministre de 1991 à 1998. Enfin la protection de Ye Jianying a permis à sa fille adoptive Dai Qing de poursuivre une carrière intellectuelle audacieusement marquée par des protestations contre l'oppression politique et les crimes écologiques du pouvoir communiste...

La descendance de Zeng Shan (1899-1972)

L'originalité de cette famille tient largement à la personnalité des parents et de leur fils aîné. Zeng Shan et Deng Liujin sont de vieux militants de la guerilla qui ont participé à la fondation de la base rouge du Jiangxi. Leur ancienneté leur a valu le respect et conféré un rang dans la caste. Zheng Shan ne valait pas son épouse qui a été à tous points de vue héroïque dans des postes réservés aux femmes tandis qu'il a collectionné les postes secondaires. Il avait déjà deux enfants quand ils se marièrent en 1938 à Yanan, et elle lui donna encore quatre fils et une fille. Elle occupait le rôle offert aux femmes entreprenantes : s'occuper des enfants des autres, et elle fonda des écoles qui sont restées célèbres.

Leurs enfants ont accompli des carrières normalement brillantes dans l'armée, mais c'est l'aîné, Zeng Qinghong, né en 1939, qui a fait la fortune de la famille. Il évita d'abord l'exil de la Révolution culturelle, fit du secrétariat chez les meilleurs dirigeants à la fin des années soixante-dix. Sa chance fut une mutation à Shanghai, et son premier talent, de devenir rapidement nécessaire à son patron, Jiang Zemin. Il le suivit ensuite au sommet à Pékin, l'aida à éliminer toutes les menaces factionnelles et devint donc l'un des grands hommes politiques chinois des années 1990 et 2000.

Son père étant décédé très tôt, Zeng Qinghong a pris sa place dans la direction de la famille, organisant des pèlerinages dans les anciennes bases rouges et faisant la police parmi ses frères, sa sœur et ses propres enfants – parmi lesquels un fils qui a investi en Australie... De cette famille illustre, le fils aîné est devenu l'un des patrons tutélaires du Parti.

Le génie sans descendance : Zhou Enlai

Loin derrière Mao Zedong mais avant Liu Shaoqi et tous les autres, Zhou Enlai est le deuxième grand homme de la première Chine populaire, mais sa biographie est aussi la plus énigmatique. Tout d'abord, parce que sa carrière politique l'a placé au-dessus de Mao Zedong jusqu'au milieu des années trente mais l'a rangé ensuite sous son autorité, au rang de Premier ministre à partir de 1949, et cela jusqu'à en mourir puisque le Président l'empêcha finalement de soigner son cancer de la prostate. Pendant toute la période où il dirigea le gouvernement, c'est à lui que la Chine dut le meilleur et le moins mauvais.

L'énigme rarissime dans le contexte chinois de cette carrière est l'absence de famille car s'il épousa une femme remarquable, Deng Yingchao, il n'en eut pas d'enfant, ce dont tous deux se montrèrent malheureux, ne serait-ce que parce qu'ils furent presque les seuls aux Murs rouges dans ce cas. Leurs rapports ne furent jamais faciles, en particulier car il ne laissa jamais d'espace professionnel à cette femme brillante et dotée d'un caractère fort, qui était censée s'être fait opérer à l'occasion d'une fausse couche au début de leur mariage. La majeure partie des témoins et des historiens ont expliqué ce choix par la prudence des deux époux et leur souhait d'éviter la charge d'enfants qui pesait tant sur leurs collègues – et aussi par le refus exprimé par Zhou Enlai de se laisser distraire de son travail. C'est l'explication la plus courante, et les historiens chinois ne cachent pas que Deng Yingchao a souffert de cette décision ainsi que de la nature superficielle des tâches qui lui étaient concédées – notamment durant les années cinquante qu'elle a passées en large part recluse. Des révélations récentes venues de Hong Kong proposent une explication qui n'est pas absurde : Zhou Enlai aurait eu depuis ses jeunes années des tendances homosexuelles et celles-ci auraient causé en grande partie les difficultés du couple[*].

S'il est beaucoup trop tôt pour évaluer cette explication, en revanche les preuves abondent de la souffrance et de la gêne ressenties par les deux époux devant une situation rare (au sommet de la hiérarchie, elle n'était partagée que par le maréchal Peng Dehuai) qui inspirait commentaires et critiques. Dès le milieu des années trente, ils s'occupèrent de façon très publique des enfants laissés par les collègues disparus : les

---

[*]. Voir dans le *International New York Times* du 30 décembre un article qui cite un ouvrage de Tsoi Wing-Mui : « The Secret Emotional Life of Zhou Enlai » publié à Hong Kong.

« fils de martyrs ». Ils en adoptèrent formellement un grand nombre, dont Li Peng, mais ne traitèrent vraiment comme une fille adoptive que la fameuse Sun Weishi qui passa pour la plus belle fille de Chine et fit tourner tant de têtes que Jiang Qing la fit assassiner durant la Révolution culturelle.

Après la prise du pouvoir, Zhou Enlai conduisit une diplomatie d'abord prudente puis plus généreuse en direction de sa vaste famille d'anciens propriétaires fonciers du Jiangsu en prodiguant des aides discrètes à ses cinq frères et sœurs ou à ses nombreux cousins et en accueillant un nombre croissant de neveux et nièces dont l'une, Zhou Bingde, fut traitée comme leur fille.

Bibliographie

Aɪ Yanghua, CHEN Xiaoming, *Gongqingtian shili* [Le pouvoir de la Ligue des jeunesses communistes], Hong Kong, Mingjing chubanshe (Éditions du miroir).

Stéphanie BALME, *Entre soi, L'élite du pouvoir dans la Chine contemporaine*, Paris, Fayard, 2004.

Geremie R. BARME, *The Forbidden City*, Londres, Profile Books, 2009.

Richard BAUM, *Burrying Mao : Chinese politics in the age of Deng Xiaoping*, Princeton, Princeton university Press, 1994.

Jean-Philippe BÉJA, Michel BONNIN, Alain PEYRAUBE, *Le tremblement de terre de Pékin*, Paris, Gallimard, 1991.

Marie-Claire BERGÈRE, *Chine, le nouveau capitalisme d'État*, Paris, Fayard, 2013.

Sergo BERIA, *Beria mon père. Au cœur du pouvoir stalinien*, Paris, Plon, 1999.

Lucien BIANCO, *Les Origines de la révolution chinoise*, Paris, Gallimard, 2007.

Bo Yibo, *Ruogan zhongda juece yu shijian de huigu* [Retour sur quelques décisions et quelques événements d'importance], Pékin, Renmin chubanshe (Éditions populaires), 1997.

Judith BOUT, *Les confessions de maître Zhang, L'avocat de la Bande des Quatre et des dissidents chinois*. Paris, François Bourin, 2013.

Kerry BROWN, *The New Emperors : Power and Princelings in China*, Londres et New York, I. B. Tauris, 2014.

John Byron et Robert Pack, *The Claws of the Dragon : Kang Sheng – The Evil Genius Behind Mao – And His Legacy of Terror in People's China*, Simon & Schuster, 1992.

Chang Jung, Jon Halliday, *Mao, the Unknown History*, Londres, Jonathan Cape, 2005.

Laure de Charrette, Marion Zipfel, *Les nouveaux milliardaires rouges*, Paris, L'Archipel, 2013.

Chen Danzhun, Ye Weiwei, *Sange Xinsijun nüling de duocai rensheng* [Trois servantes de la quatrième armée nouvelle dotées de nombreux talents !], Pékin, Renmin chubanshe, 2011.

Chen Haosu, Chen Zhouzhou, Chen Xiaolu, Chen Shanshan, *Huiyi fuqin Chen Yi* [En l'honneur de notre père Chen Yi], Pékin, Huawia chubanshe, 2001.

Chen Qingquan et Song Guangwei, *Lu Dingyichuan* [Biographie de Lu Dingyi], Pékin, Zhonggong danshi chubanshe (Éditions d'histoire du PCC), 1999.

Chen Jin, *Wenqing Mao Zedong* [Un Mao affectueux], Shenyang, Liaoning renmin chubanshe (Editions populaires du Liaoning), 2005.

Chen Pixian, *Zai « yiyue fengbao » de zhongxin, Chen Pixian huiyilu* [Au cœur de la « tempête de janvier », les mémoires de Chen Pixian], Shanghai renmin chubanshe (Éditions populaires de Shanghai), 2005.

Chen Qingquan, Song Guangwei, *Lu Dingyi zhuan* [Biographie de Lu Dingyi], Pékin, Zhonggong dangshi chubanshe (Éditions historiques du PCC), 1999.

Chen Renkang, *Yisheng jinsui Mao Zedong, Huiyi wode fuqin kaiguo jiangjun Chen shiqu* [Une vie en suivant de près Mao Zedong, souvenirs sur mon père Chen Shiqu, l'un des généraux fondateurs du régime], Pékin, Renmin chubanshe (Éditions populaires), 2007.

Chen Shouxin, *Zhongnanhaide jishi* [Histoires de Zhongnanhai] Pékin, Xiwande chubanshe (Éditions du Parc de l'Ouest), 2002.

Chen Xiaonong, *Chen Bodazuihou koushu huiyi* [Les Ultimes mémoires orales de Chen Boda], Hong Kong, Yangguang huanqiu chuban youxian gongsi (Compagnie d'édition de la planète), 2005.

Cheng Hua, *Zhou Enlai he tade mishumen* [Zhou Enlai et ses secrétaires], Pékin, Zhongguo guangbodianshe chubanshe (Éditions de la radio et de la télévision chinoises), 1992.

CHENG Yingxiang, *Idylle sino-cubaine, trouble sino-soviétique*, Paris, Armand Colin, 1973.

CHENG Zhongyuan, XIA Xingzhen, *Lishi zhuanzhi lun, Cong zunyi huiyi dao shiyijie sanzhong quanhui* [Les tournants de l'histoire, de la réunion de Zunyi à la troisième session du onzième Comité central], Pékin, Renmin chubanshe (Éditions populaires), 2002.

CHENG Zhongyuan, *Zhang Wentian*, Pékin, Zhongyang wenxian chubanshe (Éditions documentaires du Comité central), 2008.

Philippe LE CORRE, Alain SEPULCRE, *L'offensive chinoise en Europe*, Paris, Fayard, 2015.

DAI Maolin, ZHAO Xiaoguang, *Gao Gang zhuan* [Biographie de Gao Gang], Xian, Shânxi renmin chubanshe (Éditions populaires du Shânxi), 2011.

DENG Rong, *Deng Xiaoping and the Cultural revolution*, Pékin, Foreign Languages Press, 2002.

DENG Xiaoping, *Deng Xiaoping zishu* [Deng Xiaoping par lui-même], Pékin, Jiefangjun chubanshe (Éditions de l'armée de libération), 2005.

Francis DERON, *Cinquante jours de Pékin*, Paris, Christian Bourgois, 1989.

DI Yansheng, *Lishide zhen yan, Li Yinqiao zai Mao Zedong shenbian gongzuo jishi* [Paroles de vérité sur l'histoire, les souvenirs de Li Yinqiao sur son travail au côté de Mao Zedong], Xinhua chubanshe (Editions de la nouvelle Chine), 2000.

DI Yansheng, DI Jiangnan, *Mao Zedong yu tade ernümen* [Mao Zedong et ses enfants], Pékin, Renmin chubanshe, 2011.

Jean-Luc DOMENACH, *Aux origines du Grand Bond en avant, le cas d'une province chinoise*, Paris, Presses de la FNSP et Editions de l'EHESS, 1982.

Jean-Luc DOMENACH, HUA Chang-ming, *Le Mariage en Chine*, Paris, Presses de Sciences Po, 1987.

Jean-Luc DOMENACH, Philippe RICHER, *La Chine*, Paris, Seuil, 1995.

Jean-Luc DOMENACH, *Chine, l'archipel oublié*, Paris, Fayard, 1992.

Jean-Luc DOMENACH, « Chine, la succession et le successeur », Politique internationale, printemps 2011.

Jean-Luc DOMENACH et Xiaohong XIAO-PLANES, *Les Nouvelles sources sur l'histoire politique de la « première Chine populaire » (1949-1976) : bilan provisoire*, « Questions de recherche », CERI, n° 37, septembre 2011.

Jean-Luc DOMENACH, *Mao, sa cour et ses complots*, Paris, Fayard, 2012.

DONG Baocun, in *Zhiqingzhe shuo* [Ceux qui savent, parlent], III, 8, Pékin, Zhongguo qingnian chubanshe (Éditions de la jeunesse chinoise), 2004.

DONG Baocun, *Zoujin Huairentang* [En entrant au Huairentang], Zhonggong dangshi chubanshe (Éditions historiques du Comité central du PCC), 2005.

DONG Bian, CAI Asong, TAN Deshan, *Women haodajie Cai Chang* [Cai Chang, la grande dame que nous aimons], Pékin, Zhongyang wenxian chubanshe (Éditions documentaires du Comité central), 1992.

DONG Bian, TAN Deshan, ZENG Zi, *Mao Zedong he tade mishu Tian Jiaying* [Mao Zedong et son secrétaire Tian Jiaying], Pékin, Zhongyang wenxian chubanshe (Éditions documentaires du Comité central), 1996.

DU Fei, *Zhongguo buwei gaoguan* [Les hauts fonctionnaires des ministères et comités chinois], Hong Kong, Mingjing chubanshe (Éditions du miroir brillant), 2012.

DU Weihua, *Zai sulian zhangdade hongse houdai* [La Postérité rouge qui a grandi en URSS], Pékin, Shijie zhishi chubanshe (Éditions connaissance du monde), 2000.

DU Xiuxian (avec GU Baozi), *Lishide jianzheng* [Les Preuves de l'histoire], Changchun, Jilin sheying chubanshe (Éditions photographiques du Jilin), 2004.

Joseph ESHERICK, « The Ye Family in New China », in Jeremy BROWN et Paul G. PICKOWICZ, *Dilemmas of Victory. The Early Years of the* PRC, Harvard University Press, 2007.

Mathieu DUCHÂTEL et Joris ZYLBERMAN, *Les nouveaux communistes chinois*, Paris, Albin Michel, 2012.

Roger FALIGOT, *Les Services secrets chinois, de Mao aux JO*, Paris, Éditions du Nouveau Monde, 2008.

Roger FALIGOT, Remi KAUFFER, *Kang Sheng, le maître espion de Mao*, Paris, Tempus, 2014.

FAN Shuo, *Ye Jianying zai feichang shiqi* [Ye Jianying dans un temps extraordinaire], Huawen chubanshe (Éditions culturelles de Chine), 2002.

GAO Wenqian, *Wannian Zhou Enlai* [Les Dernières Années de Zhou Enlai], Hong Kong, Mingjing chubanshe (Éditions du miroir brillant), 2003.

GAO Wenqian, *Zhou Enlai, l'ombre de Mao* (traduit de l'anglais par Michel Bessières), Paris, Perrin, 2010.

GAO Xiao, *Ta jiang lingdao zhongguo, Xi Jinpingchuan* [Il va gouverner la Chine, biographie de Xi Jinping], Hong Kong, Mingjing chubanshe (Éditions du miroir brillant), 2010.

Ursula GAUTHIER, *Le Volcan chinois : dans les entrailles du Grand Dragon*, Paris, Denoël, 1998.

GU Baozi (ed.), *Hongqiang miwen* [Informations secrètes sur les Murs rouges], Canton, Guangzhou huacheng chubanshe (Éditions de la ville chinoise de Canton), 2004.

GU Baozi, *Zhongnanhai renwu chunqiu* [Biographies des personnalités de Zhongnanhai], Pékin, Zhonggongdangshi chubanshe (Éditions d'histoire du PCC), 2009.

GU Baozi, DONG Baocun, YIN Jiamin, *Texie Zhongnanhai* [Écrits sur Zhongnanhai], Pékin, Zhongguo qingnian chubanshe (Éditions de la jeunesse chinoise), 2004.

GU Baozi, DU Xiuxian, *Zhongnanhai renwu chunqiu* [Printemps et automnes des personnalités de Zhongnanhai], Pékin, Zhonggong dangshi chubanshe (Éditions historiques du PCC), 2009.

GUO Simin, TIAN Yu, *Wo Yanzhongde Liu Shaoqi* [Mes souvenirs de Liu Shaoqi], Shijiazhuang, Hebei renmin chubanshe (Éditions populaires du Hebei), 1992.

HE Husheng, *Mao Zedong chujin Zhongnanhai* [Quand Mao Zedong entra pour la première fois dans Zhongnanhai], Pékin, Zhonggong dangshi chubanshe (Éditions de l'histoire du PCC), 2008.

HE Pin, GAO Xin, *Zhonggong « Taizi dang »* [Le « Parti des princes » en Chine communiste], Hong Kong, Mingjing chubanshe (Éditions du miroir brillant), 1999.

Marie HOLZMAN, *Avec les Chinois*, Paris, Flammarion, 1981.

Marie HOLZMAN et Bernard DEBORD, *Wei Jingsheng, un Chinois inflexible*, Paris, Bleu de Chine, 2005.

Hongqiang mishi [Histoire secrète des Murs rouges], Pékin, Zuojia wenxue chubanshe (Éditions littéraires des écrivains), 2004.

HONG YUNG Lee, *From Revolutionary Cadres to Party Technocrats in Socialist China*, Berkeley, University of California Press, 1991.

HU Shaoan, *Jingbei renmin* [Respecter le peuple], Hong Kong, Tiandi chubanshe (Éditions de l'univers), 2004.

HUA Chang-ming, *La Condition féminine et les communistes chinois en action*, Paris, Éditions de l'EHESS, 1981.

HUANG Zulin, *Liu Shaoqi jiashi* [Liu shaoqi en famille], Shanghai, Shanghai renmin chubanshe (Éditions populaires de Shanghai), 2009.

JIANG Bo, LI Qing, *Lin Biao 1959 nian yihou* [Lin Biao après l'année 1959], Chengdu, Sichuan renmin chubanshe, 1998.

JIAO Ye, *Ye Qun zhi mi* [L'énigme de Ye Qun], Hong Kong, Tiandi tushuguan (Librairie de l'univers), 1994.

JING Fuzi, *Zhongnanhai enchou lu* [Les Bons et les méchants à Zhongnanhai], Taibei, Lianjing chubanshe (éditions Lianjing), 2004.

JING Fuzi, *Mao Zedong he tade nürenmen* [Mao Zedong et ses femmes], Taibei, Lianjing chubanshe (éditions Lianjing), 2005.

JING Yuchuan, *Rao Shushi*, Hong Kong, Shidai guoji chuban youxian gongsi (Société d'édition internationale de l'époque), 2010.

JUNG Chang, *Wild Swans : Three Daughters of China*, Anchor Books, 1992.

KANG Keqing, *Kang Keqing huiyilu* [Mémoires de Kang Keqing], Pékin, Jiefangjun chubanshe (Éditions de l'armée populaire de libération), 1993.

WILLY Wo-Lap LAM, *Chinese Politics in the Hu Jintao Era*, Routledge, 2006.

LI Cheng, « Diversification of Chinese Entrepreneurs and Cultural Pluralism in the Reforme Era », in Shiping Hua (ed.), *Chinese Political Culture*, ME Sharpe, 2001.

Li Jiaji, Yang Qingwang, *Lingxiu shenbian shisannian* [Treize ans aux côtés des diri-
geants], Pékin, Zhongyang wenxian chubanshe (Éditions documentaires du Comité
central), 2007.

Li Mengwen, *Shenghuozhongde Chen Yun* [Comment vivait Chen Yun], Pékin, Jiefangjun
chubanshe (Éditions de l'armée populaire), 1999.

Li Min, *Wode fuqin Mao Zedong* [Mon père Mao Zedong], Pékin, Renmin chubanshe
(Éditions populaires), 2009.

Li Yankang, Xiao Sike, *Nanlou wangshi* [Jours passés au pavillon du sud], Zhonggong
dangshi chubanshe (Éditions de l'histoire du PCC), 2008.

Li Yinqiao, Han Guixin, *Mao Zedong he tade weishizhang* [Mao Zedong et ses chefs
des gardes], Pékin, Jiefangjun chubanshe (Éditions de l'armée de libération), 2002.

Li Ying, Cheng Meidong, *Yu Mao Zedong yiqi ganshou lishi* [L'Histoire que nous avons
vécue avec Mao Zedong], tome 2, Wuhan, Hubei renmin chubanshe (Éditions populaires duHubei), 2003.

Li Yuan, *Zhi weishi, Yan Hongyan shangjiang wangshi* [Seul le réel compte, en suivant
la trace du général Yan Hongyan], Kunming, Yunnan renmin chubanshe (Éditions
populaires du Yunnan), 2003.

Li Zhisui, *La Vie privée du président Mao*, Paris, Plon, 1994.

Liang Zhang, Andrew J. Nathan et Perry Link, *The Tiananmen papers*, PublicAffairs,
2006.

Liang Zhu, He Xinhui, *Shengsi juelian, Li Sha yu Li Lisan* [Un amour à la vie à la mort, Li
Sha et Li Lisan], Zhonggong dangshi chubanshe (Éditions d'histoire du PCC), 2008.

Kenneth Lieberthal, *Governing China from Revolution through Reform*, W. W. Norton
& Companyp., 2003.

Lin Li, *Wangshi suoji* [Notes du passé], Pékin, Zhongyang wenxian chubanshe (Éditions
documentaires du Comité central), 2006.

Liu Aiqin, *Wode fuqin Liu Shaoqi* [Mon père Liu Shaoqi], Shenyang, Liaoning renmin
chubanshe (Éditions populaires du Liaoning), 2001.

Liu Fuzhi, *Liu Fuzhihuiyilu* [Les souvenirs de Liu Fuzhi], Pékin, Zhongyang wenxian chubanshe (Éditions documentaires du comité central), 2010.

Liu Hongqing, *Zuo Quan, Yituan bentude duo* [Zuo Quan, un peu éclatant], Pékin, Jiefangjun chubanshe (Éditions de l'armée populaire de libération), 2005.

Liu Jintian, *Tushuo Chen Yun* [Chen Yun en images et en paroles], Pékin, Huaxia chubanshe (Éditions de la Chine), 2008.

Liu Shousen, *Niangqingshi de Zhou Ziyang* [La jeunesse de Zhou Ziyang], Hong Kong, Taipingyang shiji chubanshe (Éditions du siècle du Pacifique), 2006.

Liu Xiaonong, *Hongse aiqing, Zhongguo geming qianbeide hunlian gushi* [Amours rouges, les histoires d'amour de la première génération révolutionnaire], Nanchang, Jiangxi renmin chubanshe (Éditions populaires du Jiangxi), 2009.

Liu Ying, *Wo de he Zhang Wentian mingyun yugong de licheng* [Mon destin avec Zhang Wentian], Pékin, Zhonggong dangshi chubanshe (Éditions de l'histoire du PCC), 1997.

Liu Ying, *Wo he Zhang Wentian mingyun yugang*, Pékin, Zhonggong dangshi chubanshe (Éditions de l'histoire du PCC), 2005.

Liu Zhende, *Wo wei Liu Shaoqi dang mishu* [J'ai été secrétaire de Liu Shaoqi], Pékin, Zhongyang wenxian chubanshe (Éditions documentaires du Comité central), 2003.

Lu Hong, « *Hong taiyang* » *de yingzi* [Les Ombres du « soleil rouge »], Hong Kong, Qixing shushe (Éditions La pléiade), 2010.

Lu Tong, Feng Laigang, *Liu Shaoqi zai jianguohoude ershinian* [Liu Shaoqi durant les vingt années qui ont suivi la fondation de la République populaire], Liaoning renmin chubanshe (Éditions populaires du Laoning), 2002.

Luo Diandian, *Hongse jiazu dangan* [Le Dossier d'une famille rouge], Haikou, Nanhai chubanshe (Éditions des mers du sud), 1999.

Luo Dongjin, *Wode fuqin Luo Ronghuan* [Mon père Luo Ronghuan], Shenyang, Liaoning renmin chubanshe (Éditions populaires du Liaoning), 2003.

Luo Yu, *Gaobie zong can mou bu* [Au revoir à un département de l'État-Major général], Hong Kong, Open Books, 2015.

MA Shexiang, *Yige nügemingzhede lishijianzheng* [Le Témoignage historique d'une révolutionnaire], Pékin, Zhonggong dangshi chubanshe (Éditions de l'histoire du PCC), 2004.

MAN Mei, *Huiyi Fuqin Hu Yaobang* [Souvenirs sur mon père Hu Yaobang], Pékin, Beijing chubanshe (Éditions de Pékin), 2005.

Philippe MASSONNET, *Pour en finir avec le miracle chinois*, Arles, Philippe Picquier, 2008.

NIE Li, *Shan Gao, Shui Chang, Huiyi Fuqin Nie Rongzhen* [La montagne est haute, les eaux vont loin, Souvenirs sur mon père Nie Rongzhen], Shanghai, Shanghai wenyi chubanshe (Éditions culturelles et artistiques de Shanghai), 2006.

NIU Han, DENG Jiuping, *Women dou jingliguo de rizi* [Ces jours que nous avons tous vécus], Pékin, Beijing Shiyue Wenyi chubanshe (Éditions littéraires d'octobre à Pékin), 2001.

PANG Xianzhi, JIN Chongji, *Mao Zedong Zhuan* [Biographie de Mao Zedong], Pékin, Zhongyang wenxian chubanshe (Éditions documentaires du Comité central), 2003.

QUAN Yanchi, *Mao intime* (traduction du chinois par Roger Darrobers), Paris, Éditions du rocher, 1991.

QUAN Yanchi, *Yang Chengwu jianzheng wenge* [Yang Chengwu témoigne de la Révolution culturelle] , Pékin, Guangming ribao chubanshe (Éditions du quotidien La Clarté), 2004.

QIU Huizuo, *Qiu Huizuo huiyilu*, Hong Kong, Xinshiyi chubanshe (Éditions du nouveau siècle), 2011.

REN Yuanzhi, *Wode fuqin Ren Bishi* [Mon père Ren Bishi], Shenyang, Liaoning renmin chubanshe (Éditions populaires du Liaoning), 1997.

Alain ROUX, *Le Singe et le tigre, Mao, un destin chinois*, Paris, Larousse, 2009.

Simon SEBAG MONTEFIORE, *Staline, le cœur du tsar* rouge, Paris, Éditions des Syrtes, 2005.

SHAN Feng, *Hongqiang neide zinümen* [Les Enfants aux Murs rouges], Yanji, Yanbian daxue chubanshe (Presses de l'université de Yanbian), 1998.

SHAO Hua, YOU Hu, *Lin Biaode zheyisheng* [Telle fut la vie de Lin Biao], Wuhan, Hubei, renmin chubanshe (Éditions populaires du Hubei), 2003.

SHEN Kui, *Wang Jiaxiang, jiashi, qinggan, pinke* [Wang Jiaxiang, famille, affections, morale], Jinan, Jinan chubanshe (Éditions de Jinan) 2001.

SHEN Tong, *Presque une révolution*, Paris, Robert Laffont, 1990.

SHI Lan, *Wo yu Shu Tong sishinian* [Mes quarante ans avec Shu Tong], Xian, Shânxi renmin chubanshe (Éditions populaires du Shânxi), 1997.

SHI Xiang, *Zhongguo Gaogan zinü chenfu lu* [Les vicissitudes des fils des princes chinois], Jilin renmin chubanshe (Éditions populaires du Jilin), 1994.

SHI Zhe, *Wode yisheng* [Ma vie], Pékin, Renmin chubanshe (Éditions populaires), 2001.

SHI Zhe, *Zhongsu guanxi jianzhenglu* [Témoignages vécus sur les relations sino-soviétiques], Pékin, Dangdai chubanshe (Éditions du présent), 2005.

SHUI Jing, *Tezhu jiaowang* [Des relations particulières], Pékin, Zhongyang wenxian chubanshe (Éditions documentaires du Comité central), 2005.

Victor SIDANE, *Le Printemps de Pékin : Oppositions démocratiques en Chine, novembre 1978-mars 1980*, Paris, Gallimard, 1980.

SONG Yongyi, *Les Massacres de la Révolution culturelle*, Paris, Buchet Chastel, 2008.

SU Duoshou, LIU Mianyu, *Zeng Shan Chuan* [Biographie de Zeng Shan], Nanchang, Jiangxi renmin chubanshe (Éditions populaires du Jiangxi), 2003.

TENG Xuyan, *Fengyu Pengmen : Peng Dehuai jiafeng jiashi* [Une famille dans la tempête : la vie et le quotidien en famille de Peng Dehuai], Pékin, Wenhua yishu chubanshe (Éditions culturelles et artistiques), 2006.

Ross TERRILL, *Madame Mao, The white-boned demon*, Stanford, Stanford University Press, 1999.

Paul THOREZ, *Les enfants modèles*, Paris, Folio, 1983.

TONG Danning, *Xihuating haizimende huainian* [En souvenir des enfants de Xihuating], Pékin, Dangdai zhongguo chubanshe (Éditions de la Chine du présent), 2008.

Ezra VOGEL, *Deng Xiaoping and the Transformation of China*, Cambridge, MA, et Londres, The Belknap Press of Harvard University Press, 2011.

WANG Fan, *Zhiqingzhe shuo* [Ceux qui savent parlent] III, 7, Zhongguo qingnian chubanshe (Éditions de la jeunesse chinoise), 2004.

WANG Fan, DONG Ping, *Wo jia zhu zai zhongnanhai, Hongqiang tonghua* [Ma famille habite Zhongnanhai, Paroles d'enfants des Murs rouges], Pékin, Zuojia chubanshe (Éditions des écrivains), 2003.

WANG Fan, DONG Ping, *Wo zai buxunchang niandaide tebie jingli* [Ce que j'ai vécu de particulier dans une période peu ordinaire], Pékin, Zhonggong dangshi chubanshe (Éditions de l'histoire du PCC), 2006.

WANG Fan, DONG Ping, *Hongqiang jiyi* [Souvenirs des Murs rouges], Dangdai zhongguo chubanshe (Éditions de la Chine actuelle), 2007.

WANG Fan, DONG Ping, *Hong Qiang Wangshi, Ji yidai hongdan hexin de mishumen* [Histoire des Murs rouges, les secrétaires importants de la première génération de dirigeants], Pékin, Zhongguo qingnian chubanshe (Éditions de la jeunesse de Chine), 2012.

WANG Guangmei, *Wang Guangmei fangtan lu* [Interview de Wang Guangmei], Pékin, Zhongyang wenxian chubanshe (Éditions documentaires du Comité central), 2006.

WANG Guangmei, LIU Yuan, *Ni suo bu zhidaode Liu Shaoqi* [Liu Shaoqi tel que vous ne le connaissez pas], Zhengzhou, Henan renmin chubanshe (Éditions populaires du Henan), 2000.

WANG Hao, WANG Jiyi, *Kaiguo shangjiang Ye Fei* [Un général fondateur du régime, Ye Fei], Pékin, Zhongyang wenxian chubanshe (Éditions documentaires du Comité central), 2004.

WANG Hebin, *Zai weiren shenbiande rizi* [Les Jours passés aux côtés des grands hommes], Pékin, Zhongguo qingnian chubanshe (Éditions de la jeunesse chinoise), 2003.

WANG Li, *Wang Li fansilu* [Les Méditations de Wang Li], Hong Kong, Xianggang beixing chubanshe (Les éditions de l'étoile polaire à Hong Kong), 2001.

WANG Linyu, *Zhang Wentian yu Liu Ying* [Zhang Wentian et Liu Ying], Pékin, Zhongyang wenxian chubanshe (Éditions documentaires du Comité central), 2000.

WANG Meng, *Le papillon*, Pékin, Littérature chinoise, 1984.

WANG Ming, *Zhonggong 50 nian* [Les Cinquante ans du PCC], Pékin, Dongfang chubanshe (Éditions de l'Orient), 2004.

WANG Nianyi, *Da dongluande niandai* [Les Années de la grande turbulence], Zhengzhou, Henan renmin chubanshe, 2005.

Nora WANG, *Mao Zedong. Enfance et adolescence*, Paris, Autrement, 1999.

WANG Pei, LENG Xinyu, ZHU Jianbang, LIU Yanbing, *Hongsezhi lian* [Des amours de couleur rouge], Pékin, Huawen chubanshe (Éditions de la culture chinoise).

WANG Zhenyu, *Zai Mao Zedongde shenbian* [Aux côtés de Mao Zedong], Pékin, Renmin chubanshe (Éditions du peuple), 2009.

WEI Renzheng, *Deng Xiaoping zai Jiangxide rizi* [Le Séjour de Deng Xiaoping au Jiangxi], Pékin, Zhonggong dangshi chubanshe (Éditions d'histoire du PCC), 1997.

Claude WIDOR, « Documents sur le mouvement démocratique, 1978-1980 », in *Revues parallèles et journaux muraux*, t. II, 1995.

John WOODRUFF, *China in Search of its Future*, University of Washington Press, 1989.

WU Faxian, *Wu Faxian huiyilu* [Mémoires de Wu Faxian], Hong Kong, beixing chubanshe (Éditions de l'étoile polaire), 2007.

WU Guang, *Bu shi meng* [Ce n'est pas un rêve], Zhonggong dangshi chubanshe (Éditions d'histoire du PCE), 2000.

WU Jicheng, *Hongse jingwei* [La Garde des Murs rouges], Pékin, Dangdai zhongguo chubanshe (Éditions de la Chine actuelle), 2003.

WU Jiang, *Hongxing zhaoyao de jiating, Gongheguo kaizhuangzhe jiashi* [Des familles éclairées par l'étoile rouge, Souvenirs sur les affaires domestiques des fondateurs du régime], Pékin, Zhonggong dangshi chubanshe (Éditions d'histoire du PCC), 2008.

WU Ming, *Xi Jingping zhuan* [Biographie de Xi Jinping], Xianggang wenhua yishu chubanshe (éditions littéraires et culturelles de Hong Kong), 2008.

WU Zhifei, Yu Wei, *Hongse zhi lian* [Un amour rouge], Pékin, Zhonggong dangshi chubanshe (Éditions d'histoire du PCE), 2006.

Xu Xiangqian, *Lishide Luigu* [Souvenirs historiques], Pékin, Jiafangjun chunbanshe (Éditions de l'Armée populaire de libération), 1988.

Xi Xuan, Jin Chunming, *Wenhua dageming jianshi* [Brève histoire de la Révolution culturelle], Pékin, Zhonggongdangshi chubanshe (Éditions d'histoire du PCC), 1996.

Xiao Weili, *Shuaifu jiafeng* [Chez les dirigeants], Pékin, Zhonggong dangshi chubanshe (Éditions d'histoire du PCC), 2007.

Xiao Yun, *Wode muqin, Changzheng zhong zuixiaode nü hongjun* [Ma mère, la plus jeune soldate de l'Armée rouge durant la Longue marche], Pékin, Zhongyang wenxian chubanshe (Éditions documentaires du Comité central), 2003.

Xiong Xianghui, *Wode qingbao yu waijiao shengya* [Ma carrière dans le renseignement et la diplomatie], Pékin, Zhonggong dangshi chubanshe (Éditions d'histoire du PCC), édition augmentée, 2005.

Xu Jingxian, *Shinian Yimeng* [Dix années pour un rêve], Hong Kong, Shidai guoji chuban youxian gongsi (Société de publication internationale de l'époque), 2004.

Xu Linxiang, Zhu Yu, *Li Kenong Chuan* [Biographie de Li Kenong], Hefei, Anhui renmin chubanshe (Éditions populaires de l'Anhui), 2003.

Xu Nonghe, *Kaiguo yuanshuaide wannian suiyue* [Les Dernières Années des maréchaux qui avaient fondé le régime], Pékin, Beijing chubanshe, 2001.

Xue Qingzhao, Li Jinglin, Xue Zhizhao, *Di yidai lingdao jiti de xingcheng* [La Formation de la première communauté de dirigeants centraux], Pékin, Qunzhong chunbanshe (Éditions des masses), 2001.

Yan Changgui, Wang Guangyu, *Wenshi laixinji* [Recueil de lettres adressées à l'histoire], Pékin, Hongqi chubanshe (Éditions du drapeau rouge), 2009.

Yang Fan, *Mengyuan ershiwu niande gonganjuzhang* [Un directeur de la Sécurité qui a été maltraité à tort durant vingt-cinq ans], Pékin, Qunzhong chubanshe (Éditions des masses), 2001.

Yang Jun, *Gongheguo buzhang dangan* [Les Dossiers des ministres de la République], Wulumuqi, Xinjiang qingshaonian chubanshe (Éditions des jeunes et des enfants du Xinjiang), 1998.

YANG Mingwei, *Zouchu kunjing, Zhou Enlai zai 1960-1965* [Sortir des difficultés, Zhou Enlai en 1960-1965], Pékin, Zhongyang wenxian chubanshe, 2005.

YANG Shangkun, *Yang Shangkun riji* [Le Journal de Yang Shangkun], Pékin, Éditions documentaires du Comité central, 2001.

YANG Shengqun, CHEN Jin, *Wushi nian de huiwang, Zhonggong bada jishi* [Retour cinquante ans en arrière, Récits sur le VIII° Congrès du PCC], Pékin, Éditions Sanlian, 2006.

YANG Wenyu, MA Xiaoxiao, *Hongse hunyin dangan* [Le Dossier des mariages rouges], Pékin, Kunlun chubanshe (Les éditions des Kunlun), 2005.

YANG Xiguang, Susan MC FADEN, *Captive spirits. Prisoners of the Cultural Revolution*, Oxford, New York, Oxford University Press, 1997.

YANG Yinlu, *Wo gei Jiang Qing dang mishu* [J'ai été secrétaire de Jiang Qing], Hong Kong, Gonghe youxian gongsi (Société de publication Gonghe), 2004.

YE Yonglie, n° 1, *Jiang Qing zhuan* [Biographie de Jiang Qing], n° 2, *Zhang Chunqiao Chuan* [Biographie de Zhang Chunqiao], n° 3, *Wang Hongwen Chuan* [Biographie de Wang Hongwen], n° 4, *Yao Wenyuan Chuan* [Biographie de Yao Wenyuan], Wulumuqi, Xinjiang renmin chubanshe (Éditions populaires du Xinjiang), 2000, n° 10, *Wang Hongwen Chuan* [Biographie de Wang Hongwen], Wulumuqi, Xinjiangrenmin chubanshe (Éditions populaires du Xinjiang), 2000, n° 11, *Ye Yonglie caifang shouji* [Notes manuscrites d'interviews par Ye Yonglie], Wulumuqi, Xinjiang renmin chubanshe (Éditions populaires du Xinjiang), 2000.

YE Yonglie, *Mao Zedong mishumen* [Les Secrétaires de Mao Zedong], Wulumuqi, Xinjiangrenmin chubnshe (Éditions populaires du Xinjiang), 2005.

YE Zilong, *Huiyi lu* [Mémoires], Zhongyang wenxian chubanshe (Éditions documentaires du Comité central), Pékin, 2000.

YIN Jiamin, *Hongqiang jianzhenglu* [Témoignages des Murs rouges], Pékin, Dangdai Zhongguo chubanshe (Éditions de la Chine actuelle), 2009.

YU Guangyuan, *Wo qinlide neici lishi zhuanzhe, shiyi jie sanzhong quanhui taiqian mouhou* [Ce tournant historique que j'ai connu avant et après la troisième session du Comité central], Pékin, Zhongyang bianyi chubanshe (Éditions de rédaction et traduction du Comité central), 1998.

Yu Jundao, *Shenghuozhongde Liu Shaoqi* [Comment vivait Liu Shaoqi], Pékin, Jiefangjun chubanshe (Éditions de l'armée de libération), 1999.

Yu Jundao, Zou Yang, *Deng Xiaoping jiaowanglu* [Propos de Deng Xiaoping], Pékin, Zhongyang wenxian chubanshe (Éditions du Service documentaire du Comité central), 2004.

Yu Qiuli, *Yu Qiuli huiyilu* [Mémoires de Yu Qiuli], Pékin, Jiefangjun chubanshe (Éditions de l'armée de libération), 1996.

Yu Ruomu, *Chen Yun jiafeng* [Chen Yun chez lui], Pékin, Xinhua chubanshe (Éditions de la nouvelle Chine), 2005.

Yu Shiping, *Xin taizijun* [La nouvelle armée des princes], Hong Kong, *Mingjing chubanshe* (Éditions du miroir brillant), 2010.

Zeng Sheng, *Zeng Sheng huiyilu* [Mémoires de Zeng Sheng], Pékin, Jiefangjun chubanshe (Éditions de l'armée de libération), 1992.

Zeng Zhi, *Yige gemingde xingcunzhe* [Une survivante de la révolution], Canton, Guangdong renmin chubanshe (Éditions populaires du Guangdong), 2000.

Zhang Hanzhi, *Kuaguo houde da hongmen* [L'Épaisse grande porte rouge que j'ai franchie], Shanghai, Wenhui chubanshe (Éditions Wenhui), 2002.

Zhang Hua, Su Caiqing (éd.), *Huishou « Wenge »* [Retour sur la « Révolution culturelle »], Pékin, Zhonggong dangshi chubanshe (Éditions d'histoire du PCC), 2003.

Zhang Mingyuan, *Wode huiyi* [Mes mémoires], Pékin, Zhonggong dangshi chubanshe (Éditions d'histoire du PCC), 2004.

Zhang Lifan (éd.), *Wanglai fuxijie* [Sur le passé], Xian, Shânxi shifan daxue chubanshe (Éditions de l'École normale du Shânxi), 2004.

Zhang Liming, *Wode fubei* [La Génération de mon père], Shanghai, Shanghai renmin chubanshe (Éditions populaires de Shanghai), 2009.

Zhang Liqun, Zhang Ding, Yan Ruping, Tang Fei, Li Gongtian, *Hu Yaobang Chuan*, Renmin ribaoshe, Zhonggong dangshi chubanshe (Société du Quotidien du peuple, Éditions de l'histoire du PCC).

ZHANG Mingyuan, *Wode Huiyi* [Mes souvenirs], Pékin, Zhongong danshi chubanshe (Éditions d'histoire du PCC), 2004.

ZHANG Shujun, *Da zhuanzhe* [Le Grand Tournant], Hangzhou, Zhejiang renmin chubanshe (Éditions populaires du Zhejiang), 1998.

ZHANG Suhua, *Bianju, qi qian ren hui shimo* [Urgence, l'histoire de la conférence des sept mille], Zhongguo qingnian chubanshe (Editions de la jeunesse chinoise), 2006.

ZHANG Wenhe, *Shenghuozhongde Zhou Enlai* [Comment vivait Zhou Enlai], Pékin, Jiefangjun chubanshe (Éditions de l'armée populaire de libération), 2000.

ZHANG Wenqiu, *Zhang Wenqiu huiyilu* [Mémoires de Zhang Wenqiu], Canton, Guangdong jiaoyu chubanshe (Éditions éducatives du Guangdong), 2002.

ZHANG Yaoci, *Zhongyang jingweituan tuanzhang huiyi Mao Zedong* [Le Commandant de la garde du Comité central se souvient de Mao Zedong], Pékin, Qunzhong chubanshe (Éditions des masses), 2001.

ZHANG Yaoci, *Huiyilu, Zai Maozhuxi shenbiande rizi* [Mémoires, Les jours passés aux côtés de Mao Zedong], Pékin, Zhonggong dangshi chubanshe (Éditions de l'histoire du PCC), 2008.

ZHANG Xiao, *Hongse fengyun* [Dans le rouge], Pékin, Zhonggong dangshi chubanshe (Éditions d'histoire du PCC), 2004.

ZHANG Xiushan, *Wode bashiwunian cong xibei dao dongbei* [Mes quatre vingt-cinq ans, du nord-ouest au nord-est], Pékin, Zhonggong dangshi chubanshe (Éditions d'histoire du PCC), 2007.

ZHANG Yunsheng, *Maojiawan jishi, Lin Biao mishu huiyilu* [Récits sur Maojiawan, Les mémoires d'un secrétaire de Lin Biao], Pékin, Éditions printemps et automne, 1988.

ZHAO Zhichao, *Mao Zedong shierci nanxun* [Les Douze Tournées dans le Sud de Mao Zedong], Pékin, Zhonggong dangshi chubanshe (Éditions d'histoire du PCC), 2000.

ZHANG Yihe, *Wangshi bu ru yan* [Le Passé n'est pas comme de la fumée], Pékin, Renmin wenxue chubanshe (Éditions de littérature populaire), 2004.

ZHANG Yun, *Pan Hannian zhuan* [Biographie de Pan Hannian], Shanghai, Shanghai renmin chubanshe (Éditions populaires de Shanghai), 2006.

ZHANG Yuwen, *Siwang lianmeng, Gao Rao shijian shimo* [Une alliance mortelle, l'affaire Gao-Rao tout au long], Pékin, Beijing chubanshe (Éditions de Pékin), 2004.

ZHANG Zuoliang, *Zhou Enlaide zuihou shinian, Yiwei baojian yishengde huiyi* [Les Dix dernières années de Zhou Enlai, les mémoires d'un médecin personnel], Shanghai, Shanghai renmin chubanshe, 1997.

ZHAO Jialiang, ZHANG Xiaoji, *Gao Gang zai beijing* [Gao Gang à Pékin], Hong Kong, Dafeng chubanshe (Éditions du grand vent), 2008.

ZHONGGONG JIANGSU SHENGDANGSHI GONGZUO BANGONGSHI, JIANGSU SHENG DANGAN-GUAN (Bureau d'histoire du PCC du comité du Parti et Archives de la province du Jiangsu), *Sanfan, wufan yundong jiangsu juan* [Les Mouvements des Trois Anti et des Cinq Anti, rouleaux du Jiangsu], Pékin, Zhonggong dangshi chubanshe (Éditions du PCC), 2003.

ZHONGGONG JIANGSU SHENGWEI DANGSHIGONGZUO BANGONGSHI (Bureau d'histoire du Parti du comité du PCC du Jiangsu), *Chen Pixian zai sunan* [Chen Pixian dans le sud du Jiangsu], Pékin, Zhonggong dangshi chubanshe, 1998.

ZHONGGONG ZHONGYANG DANGSHI YANJIUSHI, HEBEI SHENGWEI (Service central d'étude de l'histoire du PCC, comité du Hebei), *Zhongyang zai xibaibo* [*Quand le Comité central était à Xibaibo*], Pékin, Renmin chubanshe (Éditions du peuple), 2003.

ZHONGGONG ZHONGYANG WENXIAN YANJIUSHI JI ER BIENYANBU (Deuxième département d'édition et de recherche du Service de documentation du Comité central), *Deng dajie* [Dame Deng], Chongqing, Chongqing chubanshe, 2004.

ZHONGGONGZHONGYANG WENXIAN YANJIUSHI (Centre de recherches documentaires du Comité central du PCC), Éditions 1 Chongqing, 2004.

ZHOU Bingde, *Wode bofu Zhou Enlai* [Mon oncle Zhou Enlai], Shenyang, Liaoning renmin chubanshe (Éditions populaires du Liaoning) 2001.

ZHOU Ming (éd.), *Lishi zai zheli chensi (1966-1976 jishi)* [À ce point, l'histoire donne à méditer, récits sur les années 1966-1976], 2 tomes, Pékin, Huaxia chubanshe (Éditions de la Chine), 2003.

ZHOU Weiren, *Jia Tuofu Chuan* [Biographie de Jia Tuofu], Pékin, Zhonggong dangshi chubanshe (Éditions de l'histoire du PCC), 1993.

ZHU Heping, *Yongjiude jiyi* [Des souvenirs pour toujours], Pékin, Dangdai zhongguo chubanshe (Éditions de la Chine actuelle), 2004.

ZHU Hongzhao, *Yanan richang shenguo de lishi, 1937-1947* (Histoire de la vie quotidienne à Yanan), Guilin, Guangxi shifan daxue chubanshe (Éditions de l'université normale du Guangxi), 2007.

ZHU Min, *Wode fuqin Zhu De* [Mon père Zhu De], Pékin, Renmin chubanshe (Éditions populaires), 1989.

ZHU Tingxun, *Li Desheng zai dongluan siyue, cong junzhang dao zhongyang fuzhuxi* [Li Desheng dans les turbulences, un général devenu vice-président du Comité central], Pékin, Zhongyang wenxian chubanshe (Éditions documentaires du Comité central), 2007.

ZHU Yu, CHEN Zhensheng, HE Guangyao, *Li Xianniande feichangzhi lu* [La Voie extraordinaire de Li Xiannian], Pékin, Renmin chubanshe (Éditions populaires), 2001.

ZHUO Lin *et al.*, *Yongyuan de Deng Xiaoping* [L'éternel Deng xiaoping], Sichuan renmin chubanshe (Éditions populaire du Sichuan), 2004.

ZI Ding, *Li Qiang zhuan* [Biographie de Li Qiang], Pékin, Renmin chubanshe, 2004.

ZOU Yan, *Zhou Enlai he tade weishimen* [Zhou Enlai et ses gardes], Pékin, Zhongyang wenxian chubanshe (Éditions documentaires du Comité central), 2001.

Index

Remerciements

La conception de ce livre doit beaucoup à des discussions très serrées avec madame Xiao Xiao-Planes, professeure à l'INALCO.

Trois fées très généreuses de leur temps se sont penchées sur sa réalisation et méritent d'ardents remerciements : pour les éditions Fayard, Sophie Hogg-Grandjean, directrice littéraire remarquablement attentive du département Histoire, et Salomé Viaud, qui commençait auprès d'elle une carrière iné-luctablement brillante d'éditrice sinisante ; et, pour le Centre d'études et de recherches internationales, sa perspicace et chaleureuse responsable des publi-cations, Judith Burko. Elles ont été rejointes à la fin par une quatrième tout aussi efficace, Pauline Labey.

Table des matières

Composition réalisée par Belle Page

www.ingramcontent.com/pod-product-compliance
Lightning Source LLC
Chambersburg PA
CBHW070353270326
41926CB00014B/2535